高等学校管理类专业应用型本科“十四五”规划教材
辽宁省线上线下混合式一流本科课程

有效人际沟通实务

主　编　毕长春　李　佳　姜文雯
副主编　明　亮　白雪莲

武汉理工大学出版社
·武汉·

内容简介

本书旨在研究人们如何在不同场景下运用语言和非语言符号来创造和分享交际的意义，以及人与人之间如何交换信息、相互影响和互动的特点及其规律。全书共12章，涵盖如下内容：第1章为人际沟通的基本原则，介绍了人际沟通的定义、多维性，在人际关系中的作用、沟通模型、障碍与应对策略、反馈机制，以及沟通的特点与重要性，使学生充分认识到沟通在人际互动中的核心地位和建立良好人际关系策略在有效人际交往中的重要性；第2至4章为个论，分别讨论了克服人际沟通障碍、非语言沟通的力量，以及情绪智能在沟通中的作用；第5章介绍了在跨文化情境下沟通的挑战与策略；第6至11章介绍了人们在团队、职场中扮演不同角色时，如何提升沟通能力和进行技巧训练；第12章涵盖了在互联网时代背景下、数字化新趋势下人际沟通的相关知识和技巧，为学生将来做好实际工作奠定基础。每章末附有思考与练习题，便于学生掌握相关知识。

本书适合于应用型本科高校及高等职业技术教育院校开设"人际沟通"基础课程的学生使用，也可作为相关专业学生以及在职人员自学练习的参考书。

图书在版编目(CIP)数据

有效人际沟通实务 / 毕长春，李佳，姜文雯主编. -- 武汉 : 武汉理工大学出版社，2024. 6. -- ISBN 978-7-5629-7064-4

Ⅰ. C912.11

中国国家版本馆 CIP 数据核字第 2024L5L899 号

项目负责人：王利永（027-87290908）　责任编辑：王利永　廖　婧

责 任 校 对：王　旭　装帧设计：许伶俐

出 版 发 行：武汉理工大学出版社

网　　　址：http://www.wutp.com.cn

地　　　址：武汉市洪山区珞狮路122号

邮　　　编：430070

印　刷　者：湖北金港彩印有限公司

发　行　者：各地新华书店

开　　　本：787 mm×1092 mm　1/16

印　　　张：14.25

字　　　数：278千字

版　　　次：2024年6月第1版

印　　　次：2024年6月第1次印刷

定　　　价：37.00元

凡购本书，如有缺页、倒页、脱页等印装质量问题，请向出版社发行部调换。

本社购书热线电话：027-87523148　027-87391631　027-87165708(传真)

前言

随着社会的发展和科技的进步，人际沟通的形式发生了巨大变化，有效的人际沟通显得尤为重要。特别是在人工智能时代，利用信息化和智能化手段进行合理、高效和准确的人际沟通至关重要。人类具有社会性，人们在进行社会交往过程中，尤其是利用现代化信息手段进行沟通时，都离不开必要的沟通技巧。如果能掌握有效的人际沟通方法，在最短时间内找到最准确的沟通方式，就能减少无效的沟通时间，有助于提高人际沟通效果和自身的人际相容性。

近年来，各高校根据教学培养目标，尤其是经济和管理类专业，纷纷开设了与“人际沟通”相关的课程。本书是一门科学方法课程，旨在培养学生在不同沟通情境下运用不同沟通技巧和方法的能力，从而培养学生有效沟通的能力。

本书详细介绍了社会交往过程中常用的沟通情境、沟通方法与技巧，包括沟通的基本原则、克服沟通心理障碍、运用非言语沟通的力量、发挥情绪智能在沟通中的作用、跨文化沟通、不同领域中（如团队协作、领导力发展、数字时代、个人关系和职场）的沟通，以及数字化时代背景下沟通的方法和技巧。此外，本书还探讨了自我表达与自我意识的重要性，以及持续学习和提升沟通技巧的方法。这些内容旨在帮助读者在各种情境中提高沟通能力，从而在个人和职业生活中取得更大的成功。

本书主要适用于应用型高校的工商管理专业、人力资源管理专业以及其他管理类、经济类专业。采用循序渐进的方式，从初级的倾听、表达技巧，到高级的语言技巧，直至社交、家庭和公共场合的沟通技巧，涵盖了人际沟通的各种场景，涉及的技巧较为全面。本书使用了大量具体的实例来说明，并引导读者自行给出可能的反应，最后给出正确的应对方式。通过阅读本书，同时进行实践和练习，学生和读者会有所收获，并提升沟通技能、改善沟通方式、维系人际关系、增强沟通效果。本书包含的知识点多，理论体系新颖独特，实训模式简便易行。本书基于“互联网+教育”理念，开发了在线习题测试系统，扫描书中二维码，可进行在线测试，便于学生巩固所学知识，也有助于教师把握教学质量。

本书由沈阳城市建设学院的毕长春、李佳、姜文雯担任主编，明亮、白雪莲担任副主编。具体编写分工为：毕长春编写第一章至第六章，李佳编写第七至十章，姜文雯编写第十一章至十二章，明亮负责编写章后测试题内容，白雪莲负责案例解析内容，孙佳懋、张妍、侯莹莹、阚姿良、鲍宇、戴佳希负责本书格式整理及内容校对工作。全书由毕长春负责整体结构设计和最终的编稿工作。

本书在编写过程中还得到工商管理领域和心理学领域诸多专家学者的帮助，他们为本书的编写提供了宝贵的指导，同时特别感谢沈阳城市建设学院各级领导对本书的大力支持。

本书编写过程中参考了大量文献和同类书籍，在此致谢相关作者。由于作者水平有限，书中可能存在错漏，恳请读者批评指正！

编者

2024 年 3 月

目 录 Contents

1　人际沟通的基本原则

1.1　沟通的定义和内涵

在线测试

1.1.1　什么是沟通：定义与界定

沟通是一种人际互动的过程，它不仅是简单的信息传递，更涉及情感、思想与态度的交流。这个过程可以被视为一种纽带，连接着各个个体，也是构筑人际关系的基石。在这个复杂而微妙的过程中，信息在不同个体之间流动，其根本目标是达成理解和共识。沟通的核心作用在于，它允许我们在多样性中找到共通之处，无论是语言、非语言的，还是情感层面的共通，都在这个过程中得以体现。沟通的价值不仅在于信息的传递，更在于情感的传递。当我们与他人沟通时，除了信息的传达，我们也分享了自己的情感，无论是喜悦、愤怒、担忧还是兴奋等。这些情感的传递为沟通增添了层次和深度，有助于我们与他人建立更紧密的联系。

沟通也涉及思想和态度的交换。在交流中，除了分享信息，我们也分享对信息的看法和态度。这种思想和态度的交换不但有助于人们更好地理解彼此，而且能促进共识的达成。当不同的思想和态度得以交流和融合时，可能产生新的观点和理念，推动个人和社会的进步。沟通是连接个体的桥梁，它让人们有机会相互了解，分享彼此的想法和情感，从而建立牢固的关系。对于个人而言，沟通有助于解决冲突、建立信任，使人际关系更加和谐。对于组织和社会而言，沟通是协调行动、推动合作的关键。没有有效地沟通，团队协作和社会发展将受到限制。有效地沟通是连接个体、构建关系的桥梁，具有重要的社会和个人价值。通过它，我们能够更好地理解彼此，分享想法和情感，推动个人和社会的发展。因此，沟通不仅是一种技能，更是人际关系的基础，值得我们不断努力提升。

1.1.2　沟通的多维性：语言和非语言元素

沟通的多维性超越了简单的语言表达。除语言表达之外，非语言元素在沟通过程中也扮演着至关重要的角色，这些元素包括面部表情、肢体语言和声音的音调。它们的作用不容忽视，因为它们能够传达情感的深度，同时能够强化或削弱言语信息的有效性。

面部表情是一种强大的非语言元素，能够在瞬间传达出人们的情感状态。例如，微笑通常被认为是友好和愉快的象征，皱眉则可能表示不满或担忧。这些表情能够在交流中传达情感的真实性和真诚度。当一个人说话时，其面部表情可能与其话语内容相符或相悖，这会让听众更容易理解说话者的真实感受。

肢体语言是重要的非语言元素。肢体语言包括手势、姿势和动作，这些元素可以补充和强化言语信息。例如，当一个人说话时，如果伴随着肢体动作，则有助于增强他们表达的清晰度和生动性。此外，肢体语言还可以传达出个人的自信、紧张或愿意合作的态度。例如，一个人站得笔挺，并且与他人保持眼神接触，往往被视为自信和坚定。相反，一个人身体姿势松散、垂头丧气，可能会给他人传达出不安或不愿意合作的信号。

声音的语调也是尤为重要的非语言元素。声音的语调和语速可以改变一句话的含义。例如，当一个人分别用愉快和生气的语调说“你好”，可能会传达出完全不同的信息。语调的变化可以传达情感的深度和强度。此外，语调的起伏也可以吸引注意力，在交流中强调特定信息，从而增加其影响力。

沟通的多维性包括语言和非语言元素。非语言元素（如面部表情、肢体语言和声音音调）在沟通过程中发挥着举足轻重的作用，它们能够传达情感的深度，增强或削弱言语信息的有效性。因此，在人际沟通中，我们不仅需要注意言辞，还需要注意这些非语言元素，以帮助我们准确地传达自己的思想和情感，同时理解他人的意图和感受。这样的综合沟通能够促进人们更深入的交流和建立更紧密的人际关系。

1.1.3 沟通与人际关系：相互作用的角色

沟通在构建和维护人际关系方面扮演着不可或缺的角色。通过信息和情感的交流，人们既能够建立深刻的联系，也能够保持和增进已有的关系。然而，沟通并非静止不变，它是一个动态的过程，直接影响着人际关系的演变和深度。在人际关系中，沟通扮演着桥梁的角色，连接着个体之间的思想和情感。通过言语和非言语的交流，人们可以分享彼此的想法、愿望和情感。这种分享能够建立相互间的理解，从而促进人际关系的发展。当一方能够理解另一方的观点和情感时，关系往往更加和谐亲近。此外，有效地沟通还有助于建立信任。一个建立在信任基础上的关系更容易持久和稳固。通过坦诚和透明的沟通，人们能够展示自己的真实意图和感受，有助于消除猜疑和误解。信任的建立也需要时间和一致性，而沟通是实现这一目标的关键工具。

然而，不良的沟通可能导致误解和冲突。当信息传递不清晰或被误解时，可能引发不必要的纷争。此外，沟通的方式和语气也可以影响人际关系的质量。尊重和谦逊的沟通方式通常更容易被人接受，而侮辱或傲慢的言辞可能损害关系。沟通在人际关系中的作用也体现在对关系发展和深度的影响上。在初期的相识阶段，积极地沟通有助于建立初步的联系，并了解对方的兴趣和价值观。随着时间的推移，深入沟通可以帮助关系更进一步，使之更加亲密和稳定。因此，沟通是一个持续演变的过程，它推动人际关系向前发展，同时维系着已有的亲密关系（图 1-1）。在人际关系中，沟通扮演着不可或缺的角色。沟通能够建立理解和信任，促进关系的发展。然而，在沟通中需要注意方式和语气，以避免误解和冲突的发生。在不断演变的人际关系中，沟通是连接个体的纽带，使关系更加牢固和有意义。因此，我们应该持续提高沟通技巧，以建立更加健康和谐的人际关系。

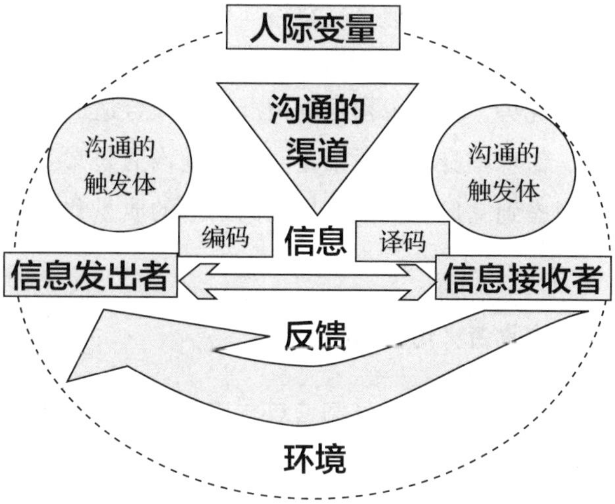

图 1-1　沟通的基本要素

1.2　沟通模型和过程

在线测试

1.2.1　沟通模型概述：基本框架

沟通模型为我们提供了一个基本框架，有助于我们理解信息传递的过程。这一框架不仅涵盖了信息的来源、信息的接收者、信息本身以及信息传递的渠道等关键要素，更强调了有效沟通的深层要素，即信息的明确性、接收者的理解能力以及合适的沟通渠道。通过深入研究这些要素，我们可以更好地领悟和提升沟通的质量和效果。首先，让我们讨论信息的来源，即信息的发送者。在沟通过程中，发送者扮演着关键的角色，因为他们负责将信息传达给接收者。在这一角色中，发送者需要清晰地表达自己的意图，以确保接收者能够准确地理解。这要求发送者具备良好的表达能力和沟通技巧。此外，发送者还需要考虑接收者的背景和知识水平，以选择合适的方式和语言传递信息。接收者是沟通模型中的另一个重要角色。接收者是信息的目标，承担着理解和解释发送者信息的责任。接收者的理解能力和背景知识对沟通的成败至关重要。如果接收者无法理解或误解信息，那么沟通就难以达成共识。因此，发送者需要考虑接收者的特点，选择合适的方式传达信息，或者在需要时提供额外的解释和支持。

沟通模型的核心是信息本身。信息可以通过文字、语言、图像、符号等形式表达，它包含了发送者想要传达的思想、情感或指令。信息的明确性和准确性尤为重要。发送者须确保信息表达清晰，不含歧义，以避免接收者的误解或混淆。此外，信息还须适应接收者的背景和需求，以确保信息有效传递和接收。沟通渠道扮演着信息传递的媒介角色。选择合适的沟通渠道取决于信息的性质和发信者与接收者的偏好。不同的渠道具有不同的特点和优势，发信者须根据情况选择最合适的方式来传达信息。了解信息的来源、接收者、信息本身和沟通渠道对有效地沟通是必要的。通过关注这些要素，并在沟通过程中考虑到它们，我们可以提高沟通的质量和效果，从而更好地实现信息的传递和理解。

1.2.2 发信者与接收者：角色和功能

在沟通模型中，发信者和接收者是沟通过程中的两个核心角色，各自拥有独特的功能和责任。他们的相互作用决定了信息的传递和理解的成败，对沟通的有效性起着举足轻重的作用。发信者是信息的源头，负责构建、准备和传送信息。这个角色需要明确地了解信息的目的和意图。发信者必须了解为何要传达这条信息，以及希望接收者从中获得什么样的信息或反馈。这种明确性有助于确保信息传递的有效性，因为它使发信者能够更好地选择适当的信息和传达方式。发信者还需要选择适当的传达方式和沟通渠道。不同的信息可能需要不同的方式来传达，如口头交流、书面文档、电子邮件、电话等。发信者需要根据信息的性质和接收者的需求做出选择。他们必须了解不同沟通渠道的特点和优势，以确保信息以最有效的方式传递给接收者。

接收者是信息的目标，负责解读和理解收到的信息。这个角色需要具备良好的接收和解释信息的能力。接收者必须仔细阅读或聆听，以确保理解信息的含义和意图。他们还需要考虑信息的背景和上下文，以更好地理解信息的内涵。接收者的功能还包括对信息做出反应。根据接收到的信息，他们可能需要回复、提问、采取行动或者仅是储存信息，以备将来使用。反馈是沟通过程中至关重要的一环，它可以帮助发信者了解信息是否被正确理解，是否需要进一步的解释或澄清。由此可见，发信者和接收者是沟通模型中的两个关键角色，承担着不可或缺的功能。

1.2.3 信息的编码与解码：传递过程

信息的编码与解码是信息传递过程中的关键环节，直接影响信息的准确性和有效性。本部分内容旨在深入探讨信息编码与解码的重要性、影响因素以及优化方法，以确保信息能够顺利传达并达到预期效果（图 1-2）。信息编码是将思想和概念转化为可传递的信息的过程。这意味着编码者必须选择适当的表达方式，无论是语言抑或非语言的方式。编码者需要将抽象的概念和观点转化为具体符号、词语、句子、图像等形式，以便传达给受众。在此过程中，编码者须仔细考虑如何最有效地传达信息，以确保信息的准确性和清晰度。

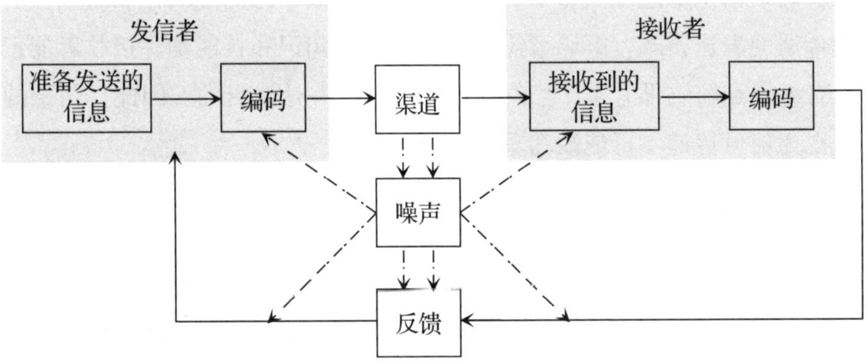

图 1-2 沟通过程模型

编码的方式多种多样，主要取决于信息的性质和受众需求。例如，编码者想要传递一则简短信息，可使用清晰简洁的语言来传达，传递复杂信息可能采用更复杂的句子结构和专业术语。此外，编码者还须考虑受众特点，以确保信息被理解和接受。不同受众可能需要不同的编码方法，编码者应灵活地适应不同的情境和受众需求。例如，一个公司的领导需要向员工传达新的战略计划，领导作为编码者可能会在公司内部会议上口头演讲来传达信息。在这种情况下，编码者可能使用清晰而简洁的语言，以确保员工能够理解和记住关键信息。然而，如果一家科技公司需要向投资者传达复杂的技术信息，编码者有可能编写一份详细的技术报告，以便投资者深入了解公司的技术优势。

在信息传递过程中，解码同样重要。解码是接收者对编码的信息的解释和理解的过程，需要具备足够的语言和文化知识，以便正确地理解编码者的意图。解码者需要注意信息中可能存在的误解或歧义，信息的含义往往会因为语言的多义性、文化差异或上下文不清晰而产生歧义。解码者就是通过分析和推理编码者的信息，来正确地理解编码者意图的。

为了更深入地理解信息编码和解码的重要性，我们可以探讨一个案例。一个国际组织需向全球员工传达关于新项目的重要信息。编码者需选用适当的方式编码信息，确保不同文化背景和语言能力的员工都能理解。他们可能使用多语言的信息传递方式，如多语言会议、多语言文档或翻译服务。解码者则需要具备良好的语言能力和跨文化沟通技能，确保他们正确地理解信息并采取相应的行动。

上下文对信息编码和解码也有重要影响。编码者和解码者需要根据环境和背景对信息的影响，提供额外的信息或依上下文来帮助受众更好地理解。例如，一位医生需要向患者解释一项复杂的医学诊断，他可能使用图表、图像等方法来帮助患者更好地理解。在这种情况下，谈话内容中一般包含了患者的医疗历史、症状和治疗计划。信息编码与解码是信息传递至关重要的环节，直接影响信息的准确性和有效性。编码者需要选择合适的表达方式，解码者需要具备充足的知识和技能确保接收者能正确理解信息。只有编码和解码都有效，信息才能顺利传达并达成目的。因此，信息的编码与解码应被视为信息传递不可或缺的重要环节。

1.2.4 沟通障碍：识别与应对

沟通障碍是信息传递过程中可能出现的问题，原因涉及多个方面，如语言差异、文化背景、个人偏见，以及环境因素等。这些障碍可能阻碍有效的沟通，因此识别并采取适当的应对措施至关重要，以确保沟通顺畅进行。

语言差异是一种常见的沟通障碍。不同的人可能使用不同的语言（包括方言），这可能引发理解上的困惑。为了应对这种情况，可以考虑使用共通的语言，如提供翻译或讲解服务，以确保信息被正确传达和理解。

文化背景也可能引发沟通障碍。不同的文化对礼仪、信仰、价值观等方面可能存在差异，这可能导致误解或冲突。在处理文化差异时，倾听和尊重对方的观点和习惯非常重要。同时，通过教育和跨文化培训提高人们的跨文化沟通能力，也是减少文化差异可能引发的障碍的有效途径。

个人偏见也可能干扰有效地沟通。偏见可能基于性别、种族、宗教等因素，它们可能导致歧视或不公平对待。应对个人偏见的关键在于提升人们的自我能力和认知水平，使其更加开放和包容。此外，法律和法规也可用来制定行为准则，减少偏见对沟通的负面影响。

环境因素也可能成为沟通障碍。嘈杂的环境、技术故障或其他外部干扰都可能妨碍信息的传递。在这种情况下，可以采取适当的措施，如选择安静的地点进行交流，修复技术问题，或使用其他有效的沟通工具解决问题。

识别沟通障碍的关键在于敏锐地观察和倾听。了解对方的需求和挑战，并采取适当的措施解决问题，能够有助于确保信息有效传达和理解。通过简化语言、提升倾听能力，以及尊重彼此之间的差异，我们可以有效地克服沟通障碍，实现顺畅地沟通。只有当这些障碍得以有效识别和应对，我们才能更好地实现沟通的目标和意图。

1.2.5 反馈机制：沟通的闭环

反馈机制在沟通过程中起着关键作用。它可被看作是沟通的闭环，帮助确保信息的准确传递和理解。这个环节允许信息的发送者了解接收者是否正确理解了信息，并根据反馈信息调整未来的沟通策略，从而实现更加有效的沟通。反馈不仅包括口头回应，还包括非言语反应，如肢体语言和面部表情。这种双向的反馈过程有助于发送者了解接收者的反应，也有助于接收者了解发送者的意图和信息的重要性。接收者在接收到信息后，可以通过口头回应或非言语方式来表达他们对信息的理解和感受。这种反馈对于发送者来说尤为重要，因为它有助于确认信息是否被准确理解，并且帮助评估接收者对信息产生积极或消极的情感反应。口头回应是一种常见的反馈形式，它通过言辞或声音来传达接收者的想法和感受，包括提出问题、提供附加信息或表达认同或不满意。例如，当接收者说“我明白了”或“请再解释一遍”时，这都属于口头回应。这些回应有助于发送者了解接收者是否需要更多的信息或解释，以便更好地满足他们的需求。

此外，非言语反应也非常重要。肢体语言和面部表情可以传达大量信息，有时比口头回应更加直接和真实。例如，一个微笑可能表明接收者对信息感到高兴或认同，而皱眉可能表示不满或困惑。这些非言语反应有助于发送者更好地理解接收者的情感和反应，从而调整沟通策略，以更好地满足他们的需求。姿态和眼神也是关键的反馈元素。姿态可以传达出接收者是否对沟通感兴趣和专注。例如，身体坐直、眼神接触和积极参与的姿态表明接收者对信息感兴趣，而涣散的眼神或倦怠的姿态可能表明其缺乏兴趣。这些反馈有助于发送者调整沟通方式，吸引更多人的注意力和参与。反馈机制是沟通过程中不可或缺的一部分，它允许信息的发送者了解接收者的理解和反应，以及对信息的情感做出反应。通过口头回应、非言语反应以及姿态和眼神接触，接收者的反馈可以帮助双方更好地沟通，实现更加有效的信息传递和理解。积极地反馈有助于沟通过程更加顺畅和成功。

1.3 沟通的特点与重要性

在线测试

1.3.1 沟通的主观性：个人差异的影响

沟通的主观性是不可忽视的。个体都拥有独特的背景、经验和情感状态，这些因素汇聚在一起，构成了他们对信息的表达和理解。即使是相同的信息，在不同的个体之间也会产生不同的解读和反应。这种主观性是沟通的常见特点之一，也是信息传递复杂性的体现。个人的背景和经验对他们的信息处理和理解方式产生了深远的影响。人的文化、教育背景、职业经历和生活经历都会影响他们对信息的解读。例如，在医学领域工作的人可能对医学术语有更深刻的理解，而艺术家可能更加注重信息中的创意和美感。因此，同一信息对这两类人可能引发不同的关注点和反应。情感状态也是影响个人主观性的一个重要方面。人的情感状态，如情绪、心情和情感偏好，可能影响他们对信息的解读和反应。当人处于愉快的情绪状态时，他们可能更容易积极接受信息；而在消极情绪下，他们可能对相同的信息产生更为负面的反应。因此，情感状态可以显著地影响信息的主观理解。

此外，个人的个性特征也在沟通中发挥作用。不同的人可能具有不同的个性特点，如外向、内向、乐观、悲观等，这些个性特点可以影响他们在沟通中的表现和反应。例如，外向的人可能更愿意参与互动和表达观点，而内向的人可能更倾向于保持沉默和聆听。因此，个性差异也会在沟通中产生主观性。

个人差异的主观性还可能体现在信息的解读和解释上。同一信息可能被不同的个体以不同的方式解读，因为他们的视角和观点不同。例如，一则新闻报道可能被不同的人解读为社会问题或经济趋势的反映，这取决于他们的兴趣和背景。因此，信息的主观性也表现在信息的解释上。在沟通中，理解和尊重个人差异的主观性是有必要的。我们需要意识到每个人都有自己独特的视角和背景，这些因素会影响他们的信息处理方式和反应。因此，与他人交流时，我们要尊重他们的观点和感受，也要开放自己的思维，以便更好地理解不同的解读和反应。这种理解和尊重有助于建立更加有效的沟通，从而促进信息的准确传达和理解。沟通的主观性是丰富的且极具特色的，它能让大多数人在信息传递过程中做出特有的贡献，并带来个人的理解。

1.3.2 目的性和意图：沟通的目标

沟通始终是一种有目的、有意图的行为，它不仅传递信息，还包含诸多复杂的目标和意图。想要通过合适的方式和内容达到预期的效果，明确沟通的目标至关重要。

分享信息是常见的沟通目标。无论是在工作场合、学习环境还是日常生活中，人们时常需要将信息传达给他人。这种类型的沟通通常侧重于提供准确、清晰和有用的信息，以满足接收者的需求。例如，一位老师需要向学生传授特定的知识，或一名员工需要将工作进展报告递交上级领导。在这种情况下，目标是确保信息被准确传达，以满足接收者的信息需求。

对他人产生影响也是常见的沟通目标。人们时常希望通过沟通来改变他人的看法、态度或行为，包括说服他人支持某个观点，鼓励人们采取特定的行动，或提醒人们注意某个问题。例如，政治家可能通过演讲来争取选民的支持，市场营销人员可能通过广告来促使消费者购买特定的产品。在这些情况下，沟通的目标是影响他人的思维或行为，通常需要使用具有说服力的方式来传达信息。

此外，建立联系也是一个重要的沟通目标。在人际关系中，人们通常通过沟通来建立亲密度和信任。这种类型的沟通强调的是情感连接和人际互动。例如，在社交聚会上，人们通过交谈来建立新的友谊或加深已有的关系。在商业环境中，建立联系也是建立合作伙伴关系和客户关系的关键步骤。在这种情况下，沟通的目标是建立积极的人际关系，促进互相理解和信任。沟通的目标还可包括教育、娱乐、咨询等形式。无论是在教室里传授知识，还是在娱乐节目中提供娱乐，或在咨询服务中提供建议，每种类型的沟通都有其特定的目标和意图。明确这些目标有助于我们确定最合适的沟通策略和内容，确保信息能够被成功传达和理解。

因此，沟通是一个多样化的过程，通常伴随着明确的目标和意图。这些目标涵盖分享信息、对他人产生影响、建立联系以及教育等领域。明确这些目标旨在确保沟通的成功和有效性，不同的目标需要不同的策略和方法。因此，在沟通开始之前需要明确目标。通过有目的、有意图的沟通，人们能够更好地实现愿望和目标，以实现更有效的信息传达和理解。

1.3.3 沟通的时效性：时效与动态

沟通是一个不断变化、动态的过程，发生在不同的环境和情境中，时效性在其中扮演着举足轻重的角色。及时的沟通有助于预防误解和冲突，也有助于满足信息的及时需求。沟通的时效性在各个领域都具有重要性。在商业领域，及时的沟通可以帮助企业把握市场机会，做出迅速的决策，以应对竞争压力。例如，当市场条件突然变化时，企业上层需要及时通知团队并调整战略，以保持竞争力。同样，在医疗领域，及时地沟通可以挽救患者的生命。医生需要迅速传达诊断结果和治疗建议，确保患者及时接受医疗救治。

时效性是保障患者生命安全的重要因素之一。沟通的动态性意味着人们需要不断适应不同的情境和环境。在不同的情境中，沟通的方式和内容需要相应调整。例如，在紧急情况（自然灾害或危机事件）中，信息传递需更迅速、简洁，以挽救生命和财产。然而，在正式商务会议或学术研讨会上，沟通则更加详尽、专业，需投入更多时间深入讨论和解释。

此外，沟通的时效性还关系到信息的准确性。在某些情况下，信息的时效性或许比准确性更为重要。例如，在股票市场中，即时的股市行情比股票价值更为关键，因为投资者需要迅速做出决策以获取最大利润。然而，在医学研究中，准确性或许比时效性更关键，错误的研究结果可能导致不良的医疗实践。最重要的是，及时沟通有助于预防误解和冲突的发生。如果信息延迟或未能及时传达，可能导致理解和期望之间的差异，进而引发误解和不满，甚至冲突和矛盾。人们通过及时沟通，可以尽早澄清信息，减少误解的机会，维护和改善人际关系。沟通的时效性是一个不容忽视的因素，影响着信息的传达和理解。在商业和医疗等领域，及时的沟通，以及紧急情况发生时，沟通的时效性都起着关键性的作用。时效性意味着人们需要根据不同的情境和需求调整沟通方式和内容，有助于预防误解和冲突，维护积极的人际关系。因此，明智地管理沟通时效性是确保信息传达和被正确理解的关键之一。

1.3.4 互动性与交换：双向沟通的重要性

沟通是互动和交流的过程，不仅是信息的单向传递，更是双向互动和信息交换。双向沟通使参与者之间建立更紧密的联系。当人们能够积极参与并响应对方的信息时，他们会感到被尊重和被重视。这种积极的互动有助于建立信任和亲密度，加强人际关系。在家庭、友谊和职业环境中，信任和亲密度是维系关系的关键，有助于解决冲突和建立团队合作。双向沟通有助于澄清信息和理解。当接收者提出问题，提供反馈或寻求进一步解释时，信息的理解和解释会变得更加准确。双向沟通有助于防止误解和混淆，确保信息被正确地传达和理解。在教育领域，学生通过提问来巩固教师讲授的内容，从而更好地理解和掌握知识。在商业领域，客户的反馈能帮助商家改善产品和服务，以满足客户的需求。

双向沟通还能促进信息的共享和协作。参与者可以自由地交流想法、观点和建议，创造开放和合作的环境，有助于团队合作，促进问题的解决。在团队工作中，每个成员都有机会分享自己的见解，为实现共同目标提供多样化的思维和方法。双向沟通还可以增加信息的深度和丰富性。参与者之间进行深入的对话和交流，探讨更多细节，有助于更全面地理解和解决问题。在学术研究中，学者们通过讨论和辩论深入地研究问题，推动认知的进步。在创意领域，团队成员共同探讨创意想法，找到最佳的解决方案。双向沟通是一种互动和交流的过程，强调信息共享、反馈和协作。这种互动性有助于建立紧密的人际关系，澄清信息，促进合作，增加信息的深度和丰富性。无论在家庭、工作、学校或社交场合，双向沟通都是成功沟通的关键因素之一。通过积极参与和反馈，人们能够更好地理解和满足彼此的需求，实现更有意义和有效的交流。

1.3.5 情境性：环境对沟通的影响

沟通是一项高度情境性的活动，其发生环境和情境会对信息的传递和接收产生显著影响。文化、社会规范和具体情境都是决定沟通方式和信息解读的重要因素。

文化是影响沟通的关键因素之一。不同的文化拥有各自的价值观、信仰、社会规范和传统习惯。这些文化差异会影响人们对信息的理解和表达方式。例如，在某些文化中，直接坦率的表达被视为诚实和值得尊重的方式；而在某些文化中，人们更倾向于委婉和间接的表达。因此，在跨文化沟通中，了解和尊重对方的文化差异至关重要，以避免误解和冲突。

社会规范也对沟通产生重要影响，每个社会都有其独特的社会规范和行为准则，其规定了在特定情境下应该如何表现和互动。例如，在正式场合，商务会议或学术讲座，人们通常需要遵守一定的礼仪和行为规范（使用礼貌用语和遵循着装要求）。在亲密的社交圈子中，人们可能更自由地表达自己，使用亲昵的语言和非正式的举止。因此，了解和遵守社会规范有助于确保在不同情境下的有效沟通。

具体情境也是影响沟通的因素之一，不同的情境和环境会对信息的传递和接收产生影响。例如，在紧急情况下（火警或自然灾害），沟通需要更加迅速和明确。在这种情况下，人们可能使用紧急通信渠道（如警报和紧急通知）以确保信息及时传达。人们在轻松的休闲情境中，沟通可能更随意和自由，更愿意分享个人观点和经历。

沟通情境还包括参与者之间的关系。在亲密关系中，如家庭或朋友之间，人们通常更加开放和坦诚，因为彼此间已建立了信任感和亲密度。而在工作关系中，如雇主和雇员之间，沟通可能更加正式和受约束，因为需要遵守工作场所的规则和要求。环境对沟通影响的关键因素及建议如表 1-1 所示。了解并适应不同的情境是成功沟通的关键。跨文化沟通需要尊重文化差异，社交沟通需要遵守社会规范，而沟通情境需要考虑具体环境和参与者关系。通过适应不同的情境和环境，我们可以更好地实现信息的有效传达和理解，建立更强大的人际关系。

表 1-1　环境对沟通影响的关键因素及建议

情境类型	影响	沟通建议
文化差异	对信息的解读和表达方式有显著影响，不同文化对沟通方式的偏好不同	了解和尊重对方的文化背景，采取适当的沟通方式，以避免误解
社会规范	规定在特定情境下人们的行为和互动方式，如正式场合与非正式场合的沟通差异	遵守社会规范，确保在不同情境下的有效沟通
具体情境	例如，紧急情况与休闲环境，不同情境下信息的传递和接收方式不同	根据不同的情境调整沟通方式，确保信息及时传达和有效接收
关系类型	例如，亲密关系与专业关系，影响沟通的开放度和正式程度	考虑与对方的关系类型，选择适当的沟通风格和内容

1.3.6　沟通的重要性：在个人与社会层面上的作用

有效的沟通技巧不仅有助于个人在各种社交、职业和文化环境中成功交流，还在更广泛的社会层面上促进了文化的交流和理解，是社会进步与和谐的基石。在个人层面上，沟通是建立和维护人际关系的关键因素。通过与他人交流，个人能够建立亲密的友谊、家庭关系和职业联系。有效的沟通技巧有助于提升人际关系的质量，提高个人的社交能力。在工作场合中，有效的沟通可以帮助个人更好地理解工作任务、协作团队，以及与同事和上级建立积极的合作关系。沟通对个人的情感健康和心理健康也起到了关键作用。通过与他人分享情感和经验，个人可以得到情感支持和理解。良好的沟通可以帮助人们应对压力、焦虑和挫折，提高自我认知和情感智慧。在心理咨询过程中，沟通是解决问题和促进康复的重要途径。

在更广泛的社会层面上，沟通促进了文化的交流和理解。不同文化之间的沟通有助于人们了解和尊重彼此的文化差异。跨文化沟通有助于消除偏见和刻板印象，促进文化多样性的发展。此外，文化交流通过文学、艺术、音乐和电影等形式，帮助人们更好地了解其他文化的价值观、信仰和传统。这有助于促进国际友谊，增进世界各地的文化交流。

沟通在社会进步与和谐中同样发挥着关键作用。在政治领域，政府和公民之间的沟通是民主社会的基石。政府需要向公众传达政策和决策，同时听取公众的声音和反馈。社会问题的解决也依赖于有效地沟通。公众通过与社会团体和政府机构之间的合作和对话，社会问题，如贫困、环境保护、教育和健康，可以得到更好的解决。社会活动家和倡导者通过媒体和社交网络等渠道传播信息，引起公众的关注和行动，推动社会的进步。沟通在个人与社会层面上都具有极大的重要性，它有助于个人发展和情感健康，促进了文化的交流和理解，有利于社会进步与和谐。有效的沟通技巧不仅影响个人的交际效果，还影响社会的未来和人们的价值观。因此，投资于发展沟通技能可以帮助个人更好地融入社会，并为社会的发展和繁荣做出贡献。

1.4 案例解析

哪种表达更得体？

王燕和杜华皆为××大学英语专业的应届毕业生。经过初步筛选，两位均获得某外贸公司的面试机会。该公司的人力资源负责人要求他们进行简要的自我介绍。

王燕自我介绍道："您好，我叫王燕，今年22岁，刚刚毕业于××大学，所学专业为英语。我来自浙江，父母均为高级工程师。我热爱音乐和旅行，性格开朗，做事认真。我非常希望能有机会加入贵公司。"

杜华的自我介绍则为："您好，我叫杜华，今年22岁，是××大学英语专业的应届毕业生。简历详细介绍了我的个人情况，包含我的个人信息、教育背景、求职目标、技能和能力、实践经验、实习经历，以及自我评价等。其中，有两点我想着重向您介绍：一是我的英语口语流利，曾在假期担任赴欧美旅行团的导游；二是本人文笔较佳，曾在报刊上发表过6篇文章。如贵司感兴趣，欢迎查阅。"

杜华的自我介绍给该外贸公司留下了良好的印象，并最终录用。

【案例解析】

王燕的自我介绍似乎没有明显的问题，内容涵盖了姓名、年龄、专业、性格特点和爱好等信息。然而，在当前场合下，这些信息已在简历中得到了体现，故显得有些冗余。另外，个人性格和能力的描述也过于笼统，缺乏实质性的信息。相比之下，杜华的回答则简洁明了，充分考虑了公司的需求，通过实际经历有效地展示了自己的能力和实践经验。

2　克服人际沟通障碍

2.1　影响沟通的主要障碍

在线测试

2.1.1　语言与文化背景差异

语言差异与文化背景差异是跨文化沟通中的主要障碍。沟通并非仅限于语言差异，还涉及不同文化背景下的表达习惯与语境理解的差异。这种文化差异可能导致人们对同一信息的不同解读，从而造成沟通障碍。语言差异是跨文化沟通中常见的障碍之一。不同语言之间存在着词汇、语法和发音的差异，这些差异可能导致信息的误解和混淆。例如，同一个词语在不同语言中可能具有不同的含义，或者同一概念可能需要用不同的词语和结构来表达。跨文化沟通时需要更多关注和解释语言差异，以确保信息被正确传达。语言差异还体现在发音和口音的不同。不同地区和文化中的发音和口音，可能导致听者难以理解说话者的话语。例如，同一个英语单词在英国和美国可能有不同的发音，这会导致听者产生困惑。此外，非母语人士的口音，也可能影响他们的口语交流，使沟通变得更具挑战。除了语言本身的差异，文化背景的差异也会对沟通产生影响。文化差异不仅涉及语言，还涵盖价值观、信仰、习惯和社会规范等方面。文化差异可能导致人们对同一信息的不同解读。例如，某个词语或手势在一个文化中可能是礼貌的体现，而在另一个文化中可能被视为无礼或冒犯。这种文化差异可能导致信息的误解和不舒适的沟通。

文化背景还影响沟通中的表达方式和语境理解。不同文化背景的人可能有不同的表达习惯，包括肢体语言、面部表情和语调。文化差异还涉及语境理解，即对语言中的隐藏含义和上下文的理解。不同文化背景的人可能对语言中隐藏的含义产生不同的解读，这可能导致信息的误解和混淆。

语言差异与文化背景差异在跨文化沟通中是常见的障碍。这些差异不仅限于词汇和语法，还包括发音和口音，以及文化中的价值观、语言习惯和表达方式。了解和尊重不同文化之间的差异是成功进行跨文化沟通的关键。人们通过积极学习和适应不同文化的方式，可以降低误解和混淆的风险，促进更有效的跨文化交流。在全球化时代，跨文化沟通的重要性日益凸显。因此，我们需要不断提升自己的跨文化沟通能力。

2.1.2 情绪状态与心理障碍

情绪状态和心理障碍会对沟通产生深刻的影响。不同的情绪状态（如愤怒、悲伤或焦虑）及心理障碍（如焦虑症或抑郁症）都可能对个体的沟通清晰度和信息接收能力产生影响。不同的情绪状态可以显著影响个体的沟通效率。例如，当一个人处于愤怒的情绪状态时，他可能更容易表现出攻击性或敌意，从而干扰沟通。愤怒可能导致个体难以冷静地思考和表达自己的观点，从而增加了误会和冲突的风险。类似地，悲伤也可能影响沟通的清晰度，因为人在情感沮丧或无助时，难以有效地表达自己的思绪和需求。焦虑也是一种情绪状态，可能使个体感到紧张和不安，导致思维混乱和语言表达的困难。

情绪状态还会影响个体对信息的接收能力。当人处于强烈的情绪状态时，其注意力可能会分散，导致对他人的言辞或行为产生误解或忽略。例如，当人处于极度焦虑的状态时，他有可能过度关注其内心感受，而忽略了他人的言辞和情感表达。这种情绪导向的注意力偏向有可能阻碍有效的沟通。

此外，心理障碍也可能对个体的沟通产生影响。焦虑症是一种常见的心理障碍，通常表现为过度担忧和紧张。在社交场合中，人们可能会感到不安，从而导致沟通困难。社交焦虑症可能使个体害怕他人的评价，有可能让其回避社交互动或表现出紧张和不自在。抑郁症是另一种常见的心理障碍，通常表现为情绪低落和对事物失去兴趣。抑郁症可能导致个体感到沮丧和无助，难以积极参与社交互动和沟通。心理障碍还可能影响个体的自我概念和自信心，进而影响沟通。一些人可能因心理障碍对自己的能力和价值产生负面的认知，导致其在社交互动中表现出不安全感和自卑感。这种自我负面认知有可能阻碍自我表达，也打击了自信心，从而影响了有效沟通。情绪状态和心理障碍在沟通中起着重要作用。不同的情绪状态可能干扰沟通，影响清晰度和效率。心理障碍可能使个体感到不安或沮丧，从而阻碍了个体积极参与社交互动和沟通。了解这些因素的影响，并提供理解和支持，对促进有效沟通和建立健康的人际关系至关重要。通过关注和处理情绪状态和心理障碍，我们可以提高沟通质量和效率，增强人际关系的稳定和健康。

2.1.3 环境因素与身体障碍

环境因素和身体障碍是影响沟通的关键因素。导致沟通障碍的因素如图 2-1 所示。嘈杂的环境、劣质的通信设备或身体障碍（如听力损失）都可能成为沟通的重要障碍，将直接影响信息的传递和接收。嘈杂的环境包括交通噪声、工作场所的机器声、餐厅的喧哗等各种噪声干扰。在这种环境中，人们往往需要提高声音的音量，或者重复信息，以确保对方能够听清楚。然而，即使采取了这些措施，噪声仍然可能导致信息的遗漏或错误传达，从而降低了沟通的效率和质量。劣质的通信设备也可能干扰沟通。通信设备的故障或不稳定性可能导致信息中断或失真。例如，在电话会议中，通信设备问题可能导致声音模糊或中断，使信息传达不清晰。同样地，网络连接的不稳定也可能导致在线沟通问题，如视频会议画面卡顿或音频延迟。这些技术问题会干扰信息的传递和接收，降低沟通的效率。

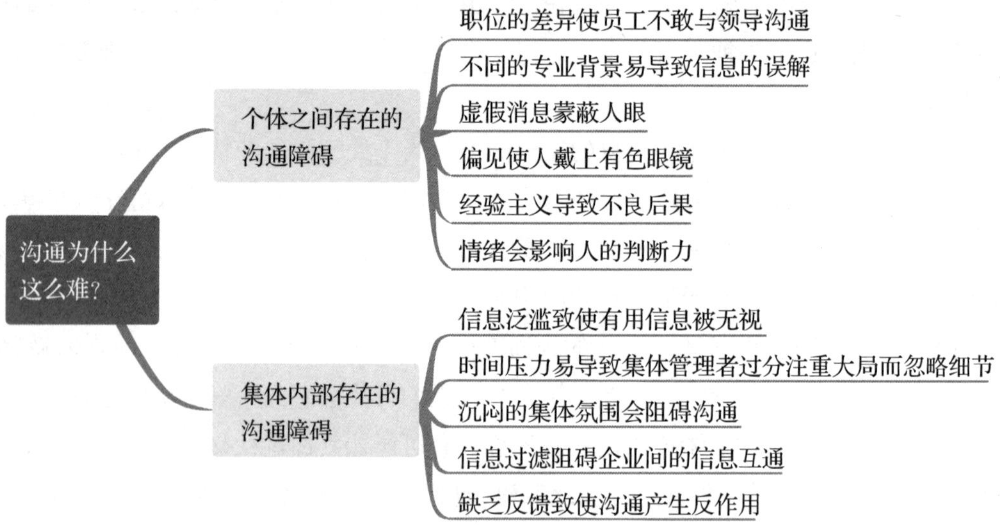

图 2-1　导致沟通障碍的因素

另一个重要的因素是身体障碍，如听力损失。听力是沟通的关键组成部分，使人们能够听到和理解他人的话语。然而，听力损失可能导致信息的遗漏或误解。听力受损的个体可能需要依赖助听器或手语翻译来理解他人的话语。然而，即使使用这些辅助工具，听力受损仍然可能导致沟通困难和挫折，因为他们可能错过重要的信息或无法听清对方的发言。除了听力损失，其他身体障碍也可能对沟通产生影响。例如，语言障碍可能使个体难以清晰地表达自己的思想，导致信息传递困难，身体障碍可能使个体难以使用手势或肢体语言来辅助沟通。这些身体障碍可能需要特殊的支持和适应措施，以确保信息有效传达和理解。

环境因素和身体障碍都可能成为沟通的障碍，直接影响信息的传递和接收。了解和适应这些因素是促进有效沟通的关键。提供支持和辅助工具，如助听器或手语翻译，可以帮助个体克服身体障碍。在嘈杂的环境中采取措施，如选择安静的地点或使用降噪设备，可以改善沟通质量。通过关注和解决这些障碍，我们可以提高沟通效率和质量，促进更有效的人际互动。

2.1.4 认知偏差与误解

认知偏差是指个体对信息的主观看法和解释与客观事实不符的倾向，这种偏差可能源自个体的经验、背景、信仰和社会化过程。个体的预设观念或刻板印象可能引起人们错误地解读信息，从而造成误解。认知偏差使个体选择性地关注和解释信息，可能导致信息的失真和误解。例如，个体可能因为过去的经历而形成特定的观点和信仰，这会影响他对特定信息的解读和接受。这种主观的认知偏差可能导致个体对信息的错误理解，因为个体可能将信息解释为符合其预设观念的方式，而忽略或排斥与其观点不符的信息。

刻板印象也是认知偏差的一种表现形式，它是对特定群体或事物的过度简化和刻板化的看法。例如，人们对不同于自己国家或文化的群体可能存在刻板印象，认为他们都具有相同的特征和行为方式。这种刻板印象可能导致人们对个体的误解和不公平地对待。在沟通中，刻板印象可能导致人们对他人的错误预期和偏见，从而影响了信息的正确理解和接受。

认知偏差还包括人们对信息的选择性关注和接收。个体可能因为其自身的偏好和偏见而选择性地关注和接收信息。这意味着个体可能更倾向于接受与其观点一致的信息，而忽略或拒绝与其观点不符的信息。这种选择性的认知偏差可能导致信息的失真和误解，因为个体可能忽略对其观点具有挑战性的信息，从而缺乏全面的理解。

认知偏差还可能导致信息的过度概括或过度归因。过度概括是指个体根据有限的信息或经验对整体进行不准确的概括。这可能导致对他人的误解，因为个体有可能基于有限的信息对他们进行不公平的评价。过度归因是指个体将某一事件或行为归结为单一原因，而忽略了多种可能性。这种偏见可能导致人们对他人的误解和过于简单的判断。

认知偏差是沟通中常见的障碍之一，它使个体对信息产生错误的解读和误解。这种偏差可能源自个体的预设观念、刻板印象、选择性关注和接收，以及信息的过度概括和过度归因。了解认知偏差的存在并采取措施来减轻其影响对促进有效地沟通是必要的。通过积极倾听和尊重他人的观点，人们可以降低认知偏差的风险，促进更深入和公正的信息交流。这有助于减少误解和冲突，提高人际关系的质量和稳定性。

2.1.5 技术限制与信息过载

技术限制与信息过载是当前数字时代沟通中的重要问题。它们不仅可能阻碍信息传递和接收的效率，还给沟通带来了一系列挑战。

技术限制是常见的沟通障碍。随着数字技术的不断发展，我们对各种通信工具和平台的依赖日益增加。然而，这些技术并非始终可靠。网络问题、设备故障或软件错误可能导致信息的中断或失真。例如，在视频会议中，如果网络连接不稳定，会导致画面模糊或音频延迟，从而降低了沟通质量。同样地，电子邮件或信息应用程序可能会出现发送失败或信息丢失的问题，这可能导致信息未能及时传达。技术限制的存在使沟通变得不可靠，需要用额外的时间和资源来解决问题，从而影响沟通的效率。

信息过载也是一个日益严重的问题。在数字时代，我们每天都面临大量的信息，包括社交媒体、新闻、电子邮件、短信和应用程序通知等。这些信息不断涌入，使个体难以有效地处理和回应。信息过载可能使个体感到茫然无措，难以筛选出重要的信息，并做出正确的决策。在这种情况下，沟通中的重要信息可能会被淹没，导致信息丢失或被忽略。信息过载还可能导致分心和注意力不集中。当个体不断接收多个来源的信息时，他们的注意力可能被分散，难以专注于特定的任务或对话。这可能导致信息被误解或片面理解，因为个体有可能错过重要的细节或上下文。分心还可能导致人们在沟通中出现错误，因为个体可能在信息处理过程中犯错或遗漏关键信息。

技术限制和信息过载对当前数字时代的沟通构成了挑战。解决技术限制需要不断改进和维护通信工具和设备，以确保它们的可靠性和稳定性。同时，个体也需要培养处理信息过载的技能，如信息筛选、时间管理和注意力控制。这些技能可以帮助个体更有效地处理和回应信息，提高沟通的质量和效率。在数字时代，面对技术限制和信息过载，提高沟通的适应能力和技能必不可少。

2.1.6 个人态度与价值观差异

个人态度和价值观的差异对沟通的效果和人际关系的建立有着深远影响。这种差异可能源于个体的教育背景、社会经验或个人信念。个人的教育背景在塑造其对人和事物的态度及价值观方面发挥着关键作用。教育不仅是知识的传授，更是对价值观和思维方式的塑造。不同的教育系统和学校可能传授不同的价值观，导致个体在某些问题上持有不同的观点。例如，一个接受过严格宗教教育的人可能对道德和伦理问题持有特定的看法，而一个接受自由主义教育的人则可能持不同的观点。这种教育背景的差异可能导致在沟通中产生分歧和不同的观点，因为个体会根据他们的教育经历来解释和评估信息。

社会经验同 样是塑造个人态度和价值观的重要因素。每个人在生活中都会经历不同的事件，这些经验会影响他们对世界的看法和对不同问题的态度。例如，一个人通过亲身经历不平等和不公正事件形成了强烈的社会正义观，而另一个人通过不同的经历形成相反的看法。这种社会经验的差异可能导致在沟通中出现不同的观点和立场，因为个体通常会根据他们的经验来看待和回应问题。

个人的信念和宗教信仰同样会对态度和价值观产生重要影响。宗教信仰通常包含了一系列道德和伦理准则，对个体的生活和决策产生深远影响。不同宗教信仰和个人信念可能导致在伦理和道德问题上存在差异，从而影响沟通的结果。例如，与一个强调自卫和武力的个体有所不同，一个深信非暴力原则的人可能在解决冲突和社会改革方面持有不同的观点。他们的态度和价值观差异可能导致沟通中出现意见分歧。当个体在某个问题上持有不同的观点和立场时，可能出现争论和分歧。这种分歧可能是建设性的，因为它可以促进不同观点的交流和辩论，有助于达成共识或更好地理解对方。然而，如果不适当处理，这种分歧也可能导致不和谐和冲突。

在沟通中，理解和尊重个人态度和价值观的差异是至关重要的。通过倾听和尊重对方的观点，人们可以促进建设性的对话和合作，降低冲突的风险。尽管个体的态度和价值观可能存在差异，但通过开放地沟通和相互尊重，我们可以建立更加包容和理解的关系，有助于解决问题，实现共同目标。这种尊重差异的态度有助于促进更加有效与和谐地沟通，无论是在个人层面还是在社会层面。

沟通障碍和解决方案见表 2-1。

表 2-1　沟通障碍和解决方案

障碍	解决方案
误解	提供清晰的解释，及时澄清
文化差异	了解并尊重不同的文化背景
情绪影响	管理情绪，保持冷静
信息过载	信息简洁，重点突出
语言障碍	使用简单的语言，必要时寻求翻译帮助

2.2　主动倾听的技巧

在线测试

2.2.1　倾听的基本原则

倾听是有效沟通的必备技能之一，它不仅需要人们简单地听到对方的话语，更需要深刻地理解话语背后的含义和情感。倾听时需要遵循一系列基本原则，以确保有效的信息传递和建立更强有力的人际关系。下文将讨论倾听的基本原则以及它们在实际沟通中的重要性。

专注是倾听的基本原则之一。专注意味着全神贯注地倾听对方,将注意力集中在他们所说的话语上,而不被外界或自己的思绪干扰。专注有助于确保不遗漏对方的重要信息和情感表达。专注倾听使我们能够更好地理解对方的意图和感受,进而建立信任和亲近感。

避免打断对方的话语是倾听的另一个基本原则。打断对方不仅会扰乱对方思绪，更可能传递出不尊重和不耐烦的信息。打断对方可能导致我们错过对方重要的观点和感受，从而影响有效沟通。避免打断是确保有效倾听的重要要点。

保持开放和接纳的态度也是倾听的基本原则之一。这意味着我们要愿意接受对方与我们不同的观点和令人不愉快的感受。保持开放和接纳的态度有助于建立开放的沟通氛围，鼓励对方分享真实的想法和情感。当对方感到被理解和接纳时，就更容易建立积极的关系。

倾听的基本原则还包括使用非言语反馈，是指通过身体语言、面部表情和声音来回应对方。这种反馈可以体现我们与对方话语的理解和共鸣，以及引起我们的关注和兴趣。例如，通过眼神接触、微笑或点头，来表达我们对对方的尊重和支持。非言语反馈有助于加强沟通的互动性，让对方感受被重视和理解。

倾听的基本原则还包括提问和澄清。通过提问，我们可以更深入地了解对方的观点和感受，澄清有助于解决潜在的误解或不明之处。提问和澄清是倾听的重要方式，有助于促进更深入的对话和更准确的理解。倾听不仅有助于解决问题和达成共识，还有助于建立更稳固的人际关系，增强互信和理解。因此，在日常生活和职场中，掌握倾听的基本原则至关重要，有助于我们更好地与他人交流，达成共同的目标。

2.2.2 非语言信号的理解与应用

非语言信号在倾听和沟通中起到举足轻重的作用，因为它们通常比言语能更直接地传达说话者的真实感受和情感状态。观察和理解这些信号有助于我们更全面地理解对方的意图和情感，从而提高沟通的质量和效果。面部表情作为一种重要的非语言信号，可以传达说话人的情感和态度。人类的面部表情是情感的重要表达方式，往往是情感状态的直接反映。通过观察对方的面部表情，我们可以快速了解他们的情绪，从而更好地理解话语背后的情感。此外，面部表情还可以用来辨别对方是否在撒谎或隐瞒某些信息。例如，闪烁的眼神、紧闭的嘴唇或不自然的微笑可能表明对方有所隐瞒。因此，观察面部表情有助于我们更全面地理解对方的内心世界，提升沟通的准确性和人与人之间的信任度。

肢体语言也是非语言信号的重要组成部分，包括姿势、手势、动作和身体位置，可以传达对方的情感和意图。例如，一个人双臂展开、坦诚站立，通常表示他们愿意合作和交流。相反，一个人若是双臂交叉、身体后退，可能传达出他们的不满或抵触情感。观察对方的肢体语言有助于我们理解他们的情感和意图，从而与他们进行更好地回应和互动。此外，肢体语言还可以增强沟通的效果。通过适当的手势和动作，我们可以强调自己的观点或增加对话的互动性，沟通会更加生动和吸引人。

眼神交流是另一种非常重要的非语言信号，它包括眼神接触、眨眼频率和注视的方向。眼神交流可以传达出对方的注意力和兴趣。当一个人与我们保持眼神接触时，通常表示他们在倾听和关注我们的话语。相反，当一个人避免眼神接触或频繁眨眼时，往往传达出他们的不安或不诚实。

此外，注视的方向也可以传达信息。例如，当一个人注视特定方向时，可能表示他们正在思考或回忆相关的信息。通过观察对方的眼神交流，我们可以更好地理解他们的兴趣和思考过程，有助于双方更有针对性地进行沟通。

非语言信号是倾听和沟通中不可或缺的一部分。观察和理解面部表情、肢体语言和眼神交流有助于我们更全面地了解对方的情感和意图,从而提高沟通的质量和效果。通过关注这些信号，我们可以更好地与他人建立联系、增进互信，并更有效地传递信息和理解他人。因此，在日常生活和职场中，培养观察和理解非语言信号的技能至关重要，它有助于我们更好地与他人互动和合作，实现共同的目标。

2.2.3 有效提问的技巧

提问是倾听和沟通过程中的关键组成部分，它有助于深入理解信息、澄清疑虑，并促进更深层次的对话。然而，要提出有效的问题，需要掌握一些技巧和策略，以确保问题能够引导对方分享更多信息，也能够帮助己方澄清信息和确认细节。

使用开放式问题是一种有效的提问技巧。开放式问题通常以“什么”“为什么”“如何”等词语开头，鼓励对方提供详细的回答和思考。这种类型的问题通常不容易回答是或否，而是鼓励对方分享更多信息和观点。例如，一个开放式问题可以是“你认为这个问题的根本原因是什么？”或者“你可以详细介绍一下你的经验吗？”使用开放式问题，我们可以促使对方深入思考，并提供更多的背景信息，从而更好地理解对方的观点和感受。鼓励对方分享更多的信息是提问的重要目标之一。有时候，对方可能只提供了有限的信息，而我们希望了解更多细节或深层次的信息。在这种情况下，使用补充性问题是一种有效的策略。补充性问题是指用于进一步探索和拓展对方回答的问题。例如，如果对方提到他们在某个项目中遇到了挑战，我们可以问“能具体说明一下这个挑战是什么，以及你是如何应对的？”这个问题可以鼓励对方提供更多关于挑战和解决方法的详细信息，有助于我们更好地理解对方的经历和思考过程。开放式问题可以引导对方思考复杂的问题，鼓励他们表达更深刻的观点和想法。同时，提问还可以用于建立更深入的联系和理解。当我们表现出对对方的关注和愿意听取他们的观点时，对方可能分享更多信息，从而建立更强有力的人际关系。

此外，使用闭合式问题可以帮助己方澄清信息和确认细节。闭合式问题通常可以回答是或否，或提供非常具体的信息。这种类型的问题通常用于确认对方的陈述或澄清模糊的信息。例如，当对方提到他们在某个会议上发表了演讲时，我们可以问“你是在上个星期的××会议上发表的演讲吗？”或者“你演讲的主题是关于市场趋势的吗？”使用闭合式问题，可以确保我们正确理解了对方的陈述，以减少误解。提问还可以用于引导对话和促进更深层次的思考。

使用开放式问题，我们鼓励对方分享更多信息；使用闭合式问题和引导对话，我们可以提高提问的效果，从而更好地理解对方的观点和感受，增进互信和有效沟通。在个人和职业生活中，掌握有效的提问技巧是非常有价值的，因为它有助于更好地与他人交流、解决问题和取得共识，实现共同的目标。

2.2.4 情感共鸣与同理心

情感共鸣和同理心是倾听和沟通中不可或缺的方面，它们不仅提高了沟通的质量，还增强了双方之间的关系。理解对方的情感和观点，并展现出对其感受的共鸣和理解，是建立有效沟通和积极人际关系的关键。

情感共鸣是指能够感同身受并表现出对对方情感的共鸣。当我们展现情感共鸣时，不仅是听取对方的话语，还试图理解他们表达的情感和感受。这意味着我们能够感受到对方的愉快、忧虑、悲伤或愤怒，并对此产生共鸣。情感共鸣不一定意味着我们必须与对方有相同的情感体验，而是表现出对其情感的尊重和理解。这种共鸣有助于建立互信，使对方感受到我们的关心和理解，从而更愿意与我们分享自己的情感和体验。例如，当朋友在困难时期向我们倾诉时，我们可以表现出理解和共鸣，可以说“我可以理解你现在感到多么困难，这真的很艰难”。这种共鸣有助于朋友感受到支持和安慰，加强了我们之间的友情。

同理心是指能够从对方的角度理解他们的观点和立场。同理心不仅关注情感共鸣，还包括对对方的观点、信仰和经历的理解。当我们展现同理心时，我们努力站在对方的角度看待事物，以便更好地理解他们的想法和行为进而建立更深层次的连接。由于对方感受到我们的尊重和关注，从而更愿意与我们分享他们的观点和经历。

情感共鸣和同理心不仅在个人关系中至关重要，也在职场中发挥着重要作用。在工作中，展现情感共鸣和同理心有助于改善与同事、客户和领导的关系。当我们能够理解对方的需求、担忧和愿望时，我们更容易满足对方的期望，达成合作共赢的目标。例如，与同事讨论团队项目时，我们可以表现出对他们观点的理解，可以说“我明白你认为这个方案是最佳选择的原因，我们可以讨论一下如何进一步完善它”。这种同理心有助于促进建设性的讨论和协作，提高团队的效率和合作水平。

情感共鸣和同理心是倾听和沟通中的关键因素，有助于提高沟通的质量，提升人际关系的深度和质量。通过展现情感共鸣和同理心，我们能够建立更稳固的联系，增强互信，促进有效的沟通和合作。情感共鸣和同理心也有助于解决冲突和减少误解。通过理解对方情感和观点，我们可以缓解紧张气氛，找到解决问题的有效途径。在个人生活和职业生涯中，培养这些能力是非常有价值的，有助于我们更好地理解他人，建立更深层次的人际关系，并实现共同的目标。

2.2.5 应对与处理干扰因素

倾听是一项需要专注力的任务。然而，在倾听过程中，我们时常会面临各种干扰因素，它们可能干扰我们的专注力，从而降低倾听的效果。因此，识别并应对这些干扰因素对提高倾听效果十分关键。环境噪声是一个常见的干扰因素。当我们试图倾听他人讲话时，周围的噪声（如交通噪声、谈话声或机器噪声等）可能会干扰我们的专注力。为了应对这些干扰因素，我们可以选择一个相对安静的地方进行倾听，或者使用耳塞、降噪耳机来减少噪声的干扰。此外，在工作或学习中，我们可以创造安静的环境，减少噪声对他人的干扰。

个人烦恼或压力也可能影响倾听效果。当我们在情绪低落或思绪混乱时，很难全神贯注地聆听他人的讲话。在这种情况下，我们可以尝试通过放松练习、冥想或运动来减轻压力和焦虑，以便更好地投入倾听。此外，与朋友或家人分享问题和情感也可以帮助我们缓解压力，从而更好地倾听他人的话。

预设观念或偏见也是常见的干扰因素。有时我们会对某人或某个话题持有固定的看法，这会影响我们对其讲话的接受和理解。为了应对这种干扰因素，我们需要保持开放的思维，努力理解对方的观点，而不是立刻进行评判。我们可以提醒自己要接纳不同的观点，并尽量避免在心里预先下结论。

数字设备和社交媒体也可能成为干扰因素。手机、平板电脑和电子邮件通知都可能在倾听过程中产生干扰。为了应对这些干扰因素，我们可以在倾听时将这些设备设置为静音或安静模式，以减少干扰。在会议或重要对话中，请他人尽量不打扰也是一种有效的策略。干扰因素可能出现在倾听过程中，但我们可以采取措施来减少它们的影响。通过选择合适的环境，减轻个人压力，保持开放的思维以及合理管理数字设备，我们可以更好地集中注意力，提高倾听效果。倾听是一项重要的沟通技巧，它有助于建立更深层次的关系，解决问题并达成共识。因此，处理干扰因素并提高倾听效果对个人生活和职业都具有重要意义。

2.3 反馈的艺术

在线测试

2.3.1 反馈的定义与目的

反馈是一种在沟通过程中提供回应和评价的行为。它在交流中具有重要作用，旨在引导沟通过程和提升沟通效果，促进有效的信息交流和相互理解。反馈是指人们通过言语、行为或其他方式来回应他人的话语、行为或观点。这个回应可以是积极、负面或中性的，具体取决于情境和反馈提供者的意图。反馈可以是口头的，如直接提供建议或评论；也可以是非口头的，如面部表情、肢体语言或书面文字。不论何种形式，反馈在信息传递过程中都发挥着举足轻重的作用，帮助信息的发送者和接收者更好地理解和调整沟通方式。

反馈的目的多种多样，其中一个主要目的是引导沟通过程和提升沟通效果。通过接收反馈，发送者可以了解他们的信息如何被接收和理解，以及是否达到了预期效果。这有助于他们更好地调整自己的表达方式，以满足接收者的需求和期望。例如，在工作环境中，如果员工收到上司的反馈，指出其报告缺乏逻辑性，该员工可以根据这一反馈优化报告的结构和语言，从而在下次的表现中取得进步。

反馈的另一个目的是帮助对方了解其表达所产生的影响。有时人们会在无意中传达出一些信息或情感，而这些信息对接收者可能具有特殊的意义。通过反馈，我们可以帮助对方认识到他们的表达方式对我们产生了怎样的影响。例如，当我们告诉朋友，他们的支持和鼓励对在困难时期的我们有多么重要时，他们会更加清晰地理解其话语和行为的积极影响，从而增进友谊。

反馈在沟通中有助于指导和改进未来的沟通效果，帮助信息的发送者和接收者更好地理解和调整表达方式。反馈可以来自不同的来源，可以是积极的或负面的，旨在促进更有效的信息交流和相互理解。在个人生活和职场中，有效地提供和接受反馈是一项宝贵的技能，它有助于建立更强有力的关系，解决问题，提高个人和团队的绩效。

2.3.2 建设性反馈

建设性反馈是一种有助于改进和发展的反馈形式，与批评性反馈相比，它更加注重从积极的方向解决问题。为了提供有效的建设性反馈，我们需要遵循一些关键原则，这些原则有助于确保反馈具体、有针对性，并鼓励和指导对方朝着改进的方向前进。

原则一：建设性反馈应当具体。反馈提供者应该尽量明确和具体地描述问题或表现，而非提供模糊或抽象的评论。具体的反馈有助于接收者更好地理解问题所在，以便采取针对性的行动。例如，一个员工想要提供建设性反馈给同事，不是简单地否定“你的工作做得不好”，而是提供更具体的信息，如“你的最近一份报告缺乏关键数据，导致我们的决策受到了影响”。

原则二：建设性反馈应该针对行为而非个人。反馈应该集中在特定的行为、表现或结果上，而不是攻击或批评个人的品格或价值。建设性反馈有助于避免防御反应，同时维护积极的工作关系。例如，当领导向下属提供反馈时，应强调问题与特定工作任务或行为相关，而非针对员工个人。

原则三：建设性反馈应该鼓励和指引改进的方向。反馈不仅应该指出问题所在，还应该提供建议，以帮助接收者改进自己的表现。这可以包括具体的建议、培训机会或资源的提供。例如，教育导师向学生提供建设性反馈时，可以建议学生参加额外的练习课程，以提高其在特定学科的成绩。建设性反馈应该是积极的。虽然反馈可能会指出问题和提供改进的办法，但应该以鼓励和支持的方式提出，而不是贬低或打压。积极的反馈可以激发接收者的积极性，增强他们的自信，并促使他们采取行动来改进。例如，体育教练可以向运动员提供积极的建设性反馈，鼓励他们继续努力，以提高竞技表现。

建设性反馈是改进和发展的重要工具。通过确保反馈具体的、有针对的建议，鼓励和指导改进的方向，我们可以有效地提供建设性反馈，促进个人和组织的成长和进步。这种反馈形式有助于建立积极的工作关系，提高绩效，并帮助人们更好地应对挑战和机会。因此，在个人职业生涯中，学会提供和接受建设性反馈是一项宝贵的技能。

2.3.3 正面与负面反馈的平衡

在提供反馈时，平衡正面和负面信息至关重要。有效的反馈需要考虑接收者的情感和需求，确保反馈既能够鼓励积极行为，又能够指出需要改进的方面。过多的负面反馈可能会打消接收者的信心和积极性，过多的正面反馈则可能忽视了问题的存在和改进的必要性。因此，了解如何平衡正面和负面反馈是一项重要的沟通技能。正面反馈是一种表达赞赏和鼓励的方式，可以强化积极行为和表现。它可以增强接收者的自信心，激发积极性，也有助于建立积极的工作关系。正面反馈可以包括称赞、感谢、肯定，以及强调成功的方面。例如，当一位老师向学生提供正面反馈时，可以说“你在这次考试中的表现非常出色，你的努力和聪明才智让我印象深刻”。正面反馈并不总能满足所有的沟通需求。有时候，负面反馈也是必要的，以指出问题和改进空间。负面反馈除了能帮助接收者认识到自己的不足之处，还能提供指导和建议，以便将来改进。它包括指出错误、提出改进建议，以及强调需要注意的问题。例如，一位经理可能需要向下属提供负面反馈，指出一个项目的进展较慢，以便找到改进的方法。

平衡正面和负面反馈的关键在于考虑接收者的情感和需求。在提供反馈之前，我们应该考虑接收者的情绪状态、自尊心和接受能力。如果接收者在某个特定时刻情感脆弱，可能需要更多的正面支持，以帮助其恢复信心。此外，如果接收者已经展现出较高的自信和成熟度，可能更容易接受负面反馈，以改进自己的表现。平衡反馈还需要考虑具体情境和目标。在某些时候，特别是在紧急情况下，可能需要更多的负面反馈，以强调问题的严重性和迫切性。在其他时候，正面反馈则更有利于鼓励创新和积极性。平衡反馈也需要双方定期和持续的沟通。通过与接收者建立稳固的沟通渠道，我们可以更好地了解他们的需求和反馈偏好，有助于确保我们的反馈在正面和负面之间保持适当平衡，以实现更好的沟通和合作。

平衡正面和负面反馈是一项重要的沟通技能，有助于鼓励积极行为，同时指出改进的方向。了解接收者的情感和需求，考虑具体情境和目标，以及建立持续的沟通渠道，都可以帮助我们有效地提供平衡的反馈，促进个人和组织的成长和进步。这种技能对个人和职业生涯具有重要意义，因为它有助于建立强大的工作关系，提高绩效，并实现共同的目标。

2.3.4 个性化反馈的重要性

个性化反馈的重要性在于它能够更有效地满足不同接收者的需求和偏好，使反馈更具针对性和影响力。每个人都具有独特的个性、背景和情感，对反馈的反应和接受程度也会有所不同。了解接收者的个性和需求，并根据这些因素调整反馈方式，是提供有价值的反馈的关键。个性化反馈须考虑接收者的个性特点，不同的人具有不同的性格特征和行为风格。一些人外向和自信，可以较容易接受直接和坦诚的反馈；而一些人内向和敏感，可能需要更加温和和支持性的反馈。例如，一位领导需要了解他的团队成员的个性特点，以便在提供反馈时调整语气和方式。对自信的团队成员，领导可以提供更加直接的反馈；对敏感的团队成员，则需要更多的关心和鼓励。个性化反馈还须考虑接收者的需求和目标。每个人在工作和生活中都有不同的目标和愿望。了解接收者的目标，有助于我们提供更具针对性的反馈，以帮助他们实现这些目标。例如，一个员工希望升职，他需要得到关于如何提高自己技能和表现的反馈；而一个学生希望获得更好的成绩，则需要关于如何改进学习方法和策略的反馈。

个性化反馈还须考虑到接收者的情感状态。每个人的情感状态在不同的时间和情境下都会有所不同。有时候，人们可能处于情感脆弱的状态，更容易受到负面反馈的影响。因此，在提供反馈时，我们需要考虑接收者的情感状态，以选择合适的时机和方式。例如，一个朋友正经历困难时期，他可能需要更多的支持和鼓励，而不是过多的批评或负面反馈。个性化反馈同样应考虑接收者的反馈偏好。一些人偏好口头反馈，另一些人则更喜欢书面反馈。一些人愿意接受私下反馈，另一些人则偏好在公开场合接受反馈。了解接收者的反馈偏好，可以帮助我们选择最合适的反馈方式和渠道。例如，一位教育导师可以与学生讨论他们对于反馈的偏好，以确定是口头反馈还是书面反馈更适合他们。

个性化反馈是一种重要的沟通技能，可让反馈更具针对性和影响力。通过考虑接收者的个性特点、需求和目标，情感状态以及反馈偏好，我们可以更好地满足他们的沟通需求，建立更强大的工作关系，促进个人和组织的成长和进步。个性化反馈有助于提高反馈的有效性和接受程度，从而实现更好的沟通和合作。这种技能对领导、教育者、朋友和家庭成员都具有重要意义，它有助于建立更强大的人际关系，增强信任，并促进共同的成功。

2.3.5 反馈接收的心态与方法

接收反馈是一项必不可少的沟通技能，接收者需要具备开放和学习的心态，从反馈中受益并改进自己的行为和表现。有效的反馈接收方法可以帮助个体更深入地理解反馈内容，并采取相应的措施来应对。保持主动倾听是接收反馈的关键。主动倾听意味着全心全意地听取反馈，专注于反馈者的话语，避免其他思绪或外界干扰。这需要接收者集中注意力，避免中途打断或过早回应。通过主动倾听，接收者可以捕捉到更多细节和信息，有助于更准确地了解反馈的内容，而不仅是表面上的应对。

此外，理解反馈的内容也十分关键。反馈通常包含对个人行为、表现或观点的评价和意见。接收者要理解反馈的内容，需要仔细阅读或听取反馈，考虑反馈的背景和上下文，以及反馈者的意图。有时，反馈可能包含赞扬和正面评价，也可能包含批评和建议。全面理解反馈的内容有助于接收者明确改进方向和保持优点。

针对收到的反馈提出问题和澄清也是有效接收反馈的重要环节。如果对反馈的内容有疑问或需要进一步的解释，不要犹豫，应提出问题或寻求澄清。这不仅可以帮助你更好地理解反馈的含义和意图，也表明你对反馈的重视和深入了解的意愿。同时，如果需要更多的信息或具体的建议，也可以主动向反馈者提出请求。这种积极的态度有助于建立良好的沟通和合作关系。

处理反馈时须保持冷静和客观。有时，反馈可能包含批评或负面评价，这可能会引发情绪或防御反应。然而，重要的是要保持冷静，不要将反馈视为个人攻击，而是将其视为改进的机会。应尽量客观地看待反馈，评估其合理性和价值。如果有必要，可以请教他人的意见，以获取更多的观点和建议。

接收反馈需要保持开放和学习的心态，采取有效的方法。通过主动倾听、理解反馈的内容、提出问题和澄清，以及保持冷静和客观，个体可以更好地利用反馈来提升自己的表现和行为。这种能力对个人和组织的成长和发展至关重要，有助于识别问题并采取行动来解决问题，从而提高效率和效果。

2.3.6 反馈的及时性与方式

反馈的及时性与方式对沟通的有效性和影响力有举足轻重的作用。在各种组织和社交情境中，及时的反馈通常比延迟的反馈更具价值。此外，选择适当的反馈方式也能够增强反馈的效果，使其更具有针对性和可接受性。及时的反馈是指在事件或行为发生后尽快提供的反馈，通常能更有效地影响个体行为并促使其改进。当反馈与事件或行为紧密相关时，个体更容易将反馈与其行为联系起来，从而可以更有动力地采取积极的改进措施。相比之下，延迟的反馈可能导致个体对事件或行为的记忆模糊，降低反馈的影响力。因此，在沟通和组织管理中，尽量提供及时反馈是一项重要的策略。

除了反馈的及时性外，另一个关键因素是反馈的方式。选择适当的反馈方式须根据具体情境和接收者的需求进行调整。有时，面对面的反馈可能是最有效的方式，因为它允许直接互动和情感表达。面对复杂或敏感的问题时，面对面的反馈可以更好地传达信息并减少误解。此外，书面形式的反馈也有其价值，尤其是在需要提供详细信息或留下记录的情况下。在需要时可以查阅书面反馈，它提供了一种持久的反馈方式。电子邮件、便笺或报告都可以用于书面反馈，具体选择取决于情境和接收者的偏好。

及时的反馈和适当的反馈方式对沟通和组织管理至关重要。及时的反馈有助于增强其影响力，选择适当的反馈方式则可以确保反馈更具有针对性和可接受性。在实际应用中，了解不同情境和接收者的需求，并灵活运用反馈策略，将有助于建立更有效的沟通和合作关系，促进个体和组织的成长和发展。

2.4 案例解析

案例 1

一次不欢而散的谈话

汪大伟正和下属李明春谈话，这是对李明春迟到和缺席的第二次警告。李明春争辩道，在同事中，他的工作做得最多。汪大伟知道李明春是一名很好的员工，但不能容忍他违反公司制度的行为。

汪大伟："小李，你知道今天早上为什么叫你来吗？上个月我们谈论过你的问题，我想你一定会改进。但当我检查月度报告时，发现你又迟到了四次。这表明你并未认真对待我们上次的谈话。小李，你的业绩很好，但态度不佳。我不能容忍这种行为再次发生。"

李明春："是的。我记得我们上个月讨论过，我也在努力准时上班，但是最近交通堵塞严重。工作的时候我是十分投入的，你应该关注我的工作效率。与我们组的老王相比，我的工作量要大得多。"

汪大伟："现在不关老王的事，而是谈你的问题。"

李明春："不，我们也应该讨论老王和其他几个同事。我相信我比很多同事工作更出色，却被批评，这不公平。"

汪大伟："小李，我承认你的工作很出色，但公司的制度也很重要。你平均每个月迟到四五次，你不能总这样。我该怎样处罚你呢？我真的不愿实施正式警告，你知道那意味着什么吗？"

李明春："是的，我了解问题的严重性，我会更加注意的。但我认为，我比别人工作努力，应该得到更多的认可。"

汪大伟："好的，小李。如果没有这些问题，你的出色业绩会得到认可的。如果你想获得更多的回报或晋升，你应遵守公司的规章制度，按时上班。"

李明春："好的，我会努力改进的。但是，我对你这样的处理方式仍持保留态度。"

汪大伟："你有自己的想法，我尊重。如果你下个月的表现没有改进，我会实施正式警告。"

李明春："我会努力的，但我还是认为这不公平。"

【案例思考】

1. 汪大伟找李明春谈话的主要内容是什么？

2. 谈话结果如何？为什么？

3. 假如你是汪大伟，你会如何做？

案例 2

“一语双解”的故事

一位秀才进京赶考，考试前两天，他连续做了两个梦。在第一个梦中，他梦见自己在墙上种白菜；第二个梦则是梦见下雨，他戴着斗笠还撑着伞。

秀才急忙前往请教算命先生为其解梦。算命先生说：“你还是回家吧！你想想，高墙上种白菜，不就是‘白费劲’吗？戴着斗笠还撑着伞，不是‘多此一举’吗？”

秀才一听，顿时感到心灰意冷，回店收拾包袱准备回家。店老板问其缘故，秀才将自己的梦境和请教算命先生的情况诉说了一番。店老板一听笑着说道：“我也会解梦，我倒觉得你应该参加考试。你想想，墙上种菜，难道不是‘高种（中）’的意思吗？戴着斗笠还撑着伞，不是更加说明你有‘双保障’吗？”

秀才一听，觉得很有道理，精神为之一振，于是充满自信地参加了考试，结果意外地考中了探花。

【案例解析】

不同的梦境解读，使秀才从心灰意冷到信心满满；不同的心态，使秀才摆脱了落魄书生的境遇，一举高中。

3 非言语沟通的力量

3.1 非言语行为的要素

在线测试

3.1.1 非言语行为的适当性与情境

非言语行为的适当性是一个复杂的问题，它受到特定的社会和文化环境的影响。不同的文化或社交情境中，相同的非言语行为可能具有不同的意义和接受度。在跨文化和不同社交情境下，了解和尊重适当性的差异对有效的沟通和人际关系至关重要。文化对非言语行为的影响不可忽视。不同文化对于肢体语言、面部表情、眼神接触等非言语行为有不同的规范和解读。如表 3-1 所示，非言语行为的适当性也受到社交情境的影响。不同的社交情境可能对非言语行为提出不同的要求和期望。例如，在正式的商务会议中，个体可能期望保持庄重的肢体语言和面部表情，以展现专业和认真的形象；而在朋友间的聚会中，个体可能更倾向于放松和自然的非言语行为，以示友好和亲近。

此外，非言语行为的适当性还可能受到社交角色和地位的影响。不同的社交角色和地位对个体的非言语行为提出不同的要求。例如，在领导者的角色中，个体需要展现自信和权威的非言语表现，以影响和领导团队；而在员工或下属的角色中，个体更注重尊重和合作的非言语行为，以维护良好的工作关系。另一个影响非言语行为适当性的因素是情感和情境。不同的情感和情境可能需要不同的非言语表现。例如，当个体感到兴奋和愉悦时，他们会自然地采取开放和放松的姿态和表情，以表达快乐；而当个体感到愤怒或悲伤时，他们更倾向于控制和表现出封闭的非言语行为，以应对负面情感。

非言语行为的适当性被文化、社交情境、社交角色、情感和情境等因素影响。了解和尊重这些差异，有助于建立有效的沟通和良好的人际关系。在跨文化沟通中，我们需要敏锐地考虑对方的文化背景，以避免误解和冲突。在不同社交情境中，我们需要根据要求和期望调整非言语行为。在不同情感和情境下，个体可能需要灵活地适应和表达自己的非言语信号。通过了解和尊重适当性的差异，我们可以建立更有效的沟通，增进互信和共鸣，从而更成功地实现人际交往和合作。

非言语沟通形式及含义如表 3-2 所示。

表 3-1　非言语行为的适当性与情境对比

非言语行为	情境 1 正式会议	情境 2 朋友聚会	情境 3 面试	情境 4 公共场所
面部表情	庄重或微笑	自然、多变	微笑、自信	自然、大方
肢体语言	正式、礼貌	松弛、随意	礼貌、镇定	得体，不过分张扬
眼神接触	适度，表示尊重	较频繁，表示亲近	坚定、不闪躲	适度，不过分凝视
身体距离	保持适当距离	较近，表示亲密	保持专业距离	保持社交距离
姿态	端正	放松、自在	端正、自然	自然、大方

表 3-2　非言语沟通形式及含义

非言语沟通形式	潜在含义
肢体语言	表达情感和态度
面部表情	显示情绪状态，如快乐或愤怒
语调	表达语句的情感色彩
眼神接触	表现关注度和诚信
姿势	显示自信或不安

3.1.2　手势的种类与表达

手势在人际交往中扮演着重要的角色，作为一种非言语沟通的方式，它不仅用来强调言辞的信息，还用来表达情感和态度。手势的多样性和文化差异使其成为一个引人注目的研究领域。不同的文化和社会背景可能会赋予特定手势不同的含义，理解这些差异对避免误解和冲突至关重要。手势可以分为多种类型，每种类型都有不同的表达方式。有些手势是跨文化通用的，在不同文化中通常都有相似的含义，因而易于理解。然而，还有一些手势特定属于某一文化或社会群体，不易被外人理解。这些手势的含义通常需要在特定文化背景下才能够正确解读。

手势不仅可以用来强调言语信息，还能增强表达的生动性。当人们讲话时，通常会用手势来突出一个重要的观点或概念，以吸引听众的注意力。手势还可以用来表达情感，如一个人可能会用手势来表示愤怒、喜悦、悲伤或焦虑。这种情感表达使交流更加丰富和深刻。手势也可传达特定的态度，不同的手势可以传达自信、谦虚、尊重、愧疚等态度。例如，一个人可以通过挺直的身体和坚定的手势来展示自信，而另一个人可能通过低头和保守的手势来表现谦虚。这些手势有助于人们更好地理解彼此的态度和意图。

需要注意的是，不同文化对手势的理解和接受程度可能会有所不同。在一些文化中，特定手势可能被视为不礼貌或冒犯，而在其他文化中则是完全正常的表达方式。因此，与不同文化背景的人交流时，我们应谨慎使用手势，以避免不必要的误解和冲突。在多元文化的社会中，了解不同文化对手势的理解和使用方式是必要的。这不仅有助于我们更好地进行跨文化交流，建立互信关系，也能避免文化差异带来的困扰。另外，通过学习和尊重不同文化的手势，我们可以增进对文化多样性的认识和尊重，促进跨文化交流的和谐和共融。

手势作为一种重要的非言语沟通方式，可以强调言辞信息，表达情感和态度。鉴于不同文化对手势的理解和使用方式可能会存在差异，我们在跨文化交流中须谨慎使用，以避免造成误解和冲突。

3.1.3 眼神交流与目光的力量

眼神交流是一种极具力量和影响力的沟通方式。它是表达诚实、建立信任、提升亲近感的重要手段。然而，眼神交流的效果取决于其使用方式，过度的眼神接触可能被视为咄咄逼人，而完全避免眼神交流可能被误解为不自信或不适。因此，了解和适度运用眼神交流是一项重要的沟通技能。眼神交流是一种表达诚实和真实情感的方式。当我们与他人交流时，通过眼神交流我们可以传达真实情感和态度。例如，当我们对他人表示真诚的感谢或道歉时，坚定的眼神交流可以增强表达的力量，使对方感受到我们的诚意和真心。相反，回避眼神交流或者眼神游离则可能被对方误解为不诚实或不坦率。此外，眼神交流有助于建立信任。在人际关系中，信任是基础，而眼神交流可以帮助我们建立信任。当我们与他人交流时，通过坚定而恰当的眼神接触，可以展现我们的诚实和可靠。这种信任的建立可以在工作场合、社交聚会和家庭生活等情境下发挥作用。

眼神交流还可以传递亲近感。当我们与亲人、朋友或亲近的人交往时，通过深情的眼神交流可以表达我们的亲情和亲密感。这种亲近感可以增强人际关系的深度，加深情感联系，并帮助我们更好地理解彼此的情感和需求。需要注意的是，过度的眼神交流可能被视为具有侵入性或攻击性。因此，在不同情境下需要适度运用眼神交流。另外，不同文化和社会背景对眼神交流的理解和接受程度可能会有所不同。在一些文化中，长时间的眼神接触被视为礼貌和尊重的表现，在另一些文化中则可能被认为是侵犯个人隐私。因此，与不同文化背景的人交往时，需要敏感地考虑文化差异，以避免对方误解和不适。

综上，眼神交流是一种强大的沟通工具，具有表达诚实、建立信任和传递亲近感的力量。适度运用眼神交流可以增强我们的沟通效果，增进人际关系，但需要注意文化差异和情境，以确保我们的眼神交流不被误解或令人不适。通过理解和运用眼神交流的力量，我们可以更好地与他人建立联系，实现有效的沟通。

3.1.4 触觉交流含义与边界

触觉交流作为一种强化人际关系的方式，通过身体接触来传递情感、亲密度和支持。这种形式的沟通，包含握手、拥抱、轻拍背部等各种动作，其含义与边界在不同文化和社会背景中有所不同。了解触觉交流的含义与边界对有效的人际交往十分关键。触觉交流可以传递情感和亲近感。当我们与亲人、朋友或亲密的人进行触觉交流时，这种身体接触可以表达爱、亲情、友情和支持。例如，一个温暖的拥抱或一个友好的握手可以传递出亲近和情感的深度，让对方感受到我们的关怀和爱意。触觉交流有助于建立情感连接，增进人际关系，使其更加稳固和亲密。不同文化对触觉交流的规范和边界可能存在较大的差异。在一些文化中，触摸被视为亲切和友好的表现，而在一些文化中可能被视为侵犯个人空间或不适当的行为。因此，在跨文化交往中，需要敏感地考虑触觉交流的文化差异，以避免引发不必要的误解或冲突。

触觉交流可以用来传递支持和安慰。在困难或痛苦的时刻，一个温暖的拥抱或轻拍背部可以表达我们的关心和支持。这种形式的触觉交流可以帮助他人感受到慰藉，减轻情感上的负担。然而，需要注意的是，并非所有人都喜欢或接受触觉交流，因此在提供支持时需要尊重对方的个人喜好和边界。触觉交流的边界也是需要考虑的重要因素。有些人可能对触碰非常敏感，不喜欢被靠近或被触摸。在这种情况下，强行进行触觉交流可能引发不适和不愉快。因此，在与他人进行触觉交流时，需要敏感地观察对方的反应，并尊重他们的个人空间和边界。

综上，不同文化和社会背景对触觉交流有不同的规范和边界，我们需要在交往中敏感地考虑文化差异，以避免误解和冲突。我们也需要尊重他人的喜好和个人空间，确保触觉交流是愉快和有意义的。通过理解触觉交流的含义和边界，我们可以更好地进行人际交往，建立亲密关系，增进相互理解和尊重。

3.1.5　个人空间与身体距离的文化差异

个人空间和身体距离在不同文化中会呈现显著的差异，这些差异对人际交往具有重要的影响。个人空间的概念和对身体距离的接受程度受到不同文化和社会背景影响，因此，了解和尊重这些差异对有效的非言语沟通至关重要。在不同文化中，个人空间的概念有所不同。在一些文化中，个人空间被定义为个体周围的虚拟边界，用来维护个体的隐私和舒适感。这种文化倾向于保持一定的身体距离，以避免侵犯他人的个人空间。例如，在北美和欧洲国家和地区的一些文化中，人们通常会在初次见面或与陌生人交往时，保持一定的距离。另一些文化对个人空间的定义和界限更加模糊，这些文化倾向于更接近的身体距离，将亲密和亲近感视为重要。例如，在拉丁美洲和地中海地区的一些文化中，人们可能更愿意接触他人，包括在交谈中靠得很近或经常亲吻和拥抱朋友和家人。

文化差异还表现在不同社会群体对身体距离的接受程度上。在一些文化中，人们可能更容易接受亲密的身体接触，在其他文化中则可能更为保守。这种差异可能与文化的价值观、传统和社会习惯有关。因此，在与不同文化背景的人交往时，我们需要敏锐地考虑他们对身体空间和距离的态度，以避免引发不适或冲突。对个人空间和身体距离的接受程度也受到个体的性格和经验的影响。有些人可能更加注重个人空间，不喜欢太过亲近的身体接触，而有些人可能更开放并愿意接受亲密的交往。因此，在与个体交往时，需要考虑他们的个人喜好和边界，以确保沟通和互动是舒适和愉快的。

图 3-1 通过锥形图说明了身体距离理论，展示了从亲密到社交再到公众的不同人际关系的身体距离。

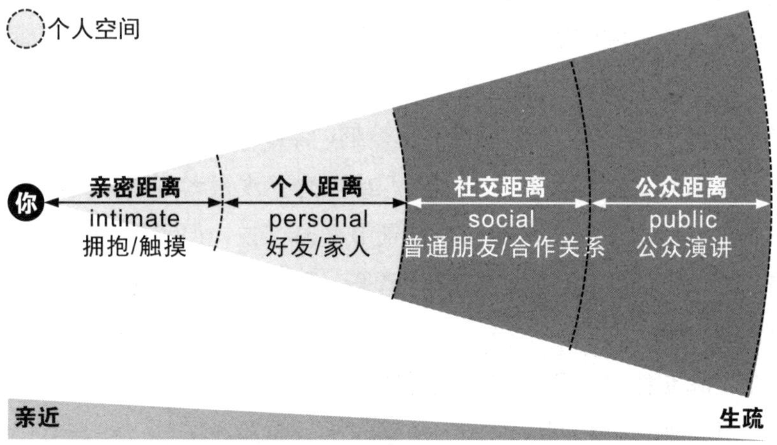

图 3-1　身体距离理论

身体空间和距离在不同文化和社会背景中会呈现显著的差异，这些差异对人际交往具有重要的影响。了解并尊重这些差异是有效的非言语沟通的关键。在跨文化交往中，需要考虑对方的文化背景和个人喜好，以确保沟通是愉快、相互尊重和有效的。通过尊重个人空间和保持距离，我们可以加深彼此理解，促进和谐的人际关系。

3.2 面部表情和微表情

在线测试

3.2.1 面部表情的识别

面部表情是一种直接表达情感的方式，在人际交往中扮演着至关重要的角色。通过观察他人的面部表情，我们可以更准确地理解他们的情感状态，从而建立联系、传递信息和增进共鸣。研究表明，一些面部表情，如开心、悲伤、愤怒、惊讶、恐惧和厌恶，在不同文化和社会环境中普遍存在，这种普遍性提醒着我们面部表情的重要性和共通性。人做出面部表情是一种本能反应，反映了我们的情感状态。这些表情是跨文化的，它们反映了人类情感的普遍性。

开心是最容易识别的面部表情。人感到快乐时面部肌肉会放松，嘴巴会微笑，眼睛会透出明亮的光芒。这种表情积极向上，往往会引发他人的积极反应和愉悦感。悲伤的面部表情通常包括嘴角下垂、眼泪汪汪，眼睛可能凝视或避开。这种表情传达了情感上的痛苦或失落，引发他人的同情和关心。愤怒的面部表情表现为眉头紧锁，嘴唇紧闭，可能伴随着咬牙切齿。这种表情反映了情感上的愤怒或不满，有时可能引发紧张或冲突的氛围。惊讶的面部表情包括睁大的眼睛、张开的嘴巴和抬高的眉毛。这种表情通常反映了意外或惊讶，观察者可能会感到好奇或震惊。恐惧的面部表情通常表现为眉毛上挑、眼睛睁大、嘴巴紧闭。这种表情反映了人在情感上的恐惧或紧张，观察者可能感到担忧或不安。厌恶的面部表情包括皱鼻子、嘴巴闭紧和眉头皱起。这种表情反映了人们对某物或某人的强烈厌恶或反感，观察者可能感到不适或厌恶。尽管这些基本面部表情在不同文化和社会背景中普遍存在，但我们仍须谨慎对待，因为每个人的表达方式可能存在细微的差异。另外，个体差异和文化差异也可能影响对这些表情的识别和理解。

综上，在人际交往中，我们需要敏锐地观察他人的面部表情，也需要考虑文化和个体差异，以更好地理解和回应他人的情感表达。面部表情是一种普遍存在的情感表达方式，有助于反映个体的情感状态。了解这些表情的特征和共通性有助于我们更好地理解他人的情感和需求。然而，需要注意的是，个体和文化差异可能影响对这些表情的识别和理解，因此在人际交往中需要谨慎对待，并倾听和尊重他人的情感表达。通过有效地识别和理解面部表情，我们可以加强与他人的联系，建立更深层次的人际关系。

3.2.2 微表情的理解与捕捉

微表情作为一种短暂而微妙的面部表情，对理解他人的真实情感和意图具有重要价值。这些表情可能仅持续不到一秒，通常出现在个体试图掩饰或控制自己情感时。然而，如果能够捕捉和理解微表情，它们可以为我们提供关键的非语言线索，帮助我们更深入地理解他人的情感和思维。微表情的出现通常与个体的情感冲突有关。当个体试图掩饰或抑制自己的真实情感时，微表情可能会在面部一闪而过。这种情况常见于社交场合、工作环境或面对敏感话题时。当微表情的瞬间出现表明了内在情感与外部表现不一致时，是一个重要的线索，提示我们情感可能并非如表面所见。捕捉和理解微表情需要敏锐的观察力和训练。首先，观察者需要关注面部的微小变化，尤其是眼睛、嘴巴和眉毛区域。这些区域通常是微表情最明显之处。其次，观察者需要注意微表情出现的时机，通常是在个体情感受到触发或激发时。这可能是由于某个话题、事件或情境引发的情感反应。最后，要成功捕捉和理解微表情，观察者还需要考虑个体的情境和背景。不同的情境可能引发不同类型的微表情，因此，了解背景信息对正确解读微表情至关重要。此外，个体差异也需要考虑，因为一些个体可能善于隐藏自己的情感，另一些个体则更容易展现微表情。

理解微表情对人际交往和沟通极为重要。通过捕捉微表情，我们可以更好地理解他人的真实情感和意图。在工作中，识别微表情有助于更好地理解同事或客户的需求和反馈，以更好地满足他们的期望。在个人生活中，理解微表情可以增进亲密关系，帮助我们更好地支持和理解亲人和朋友。然而，解读微表情并不是一项简单的任务，需要经过训练和实践。此外，不能仅凭微表情来做出决定或判断，因为它只是情感表达的一部分，还需要综合考虑其他线索和背景信息。同时，识别微表情应该始终尊重个体的隐私和尊严，不得滥用或侵犯他人的权利。

综上，微表情是一种短暂而微妙的面部表情，对了解他人的真实情感和意图具有重要价值。捕捉和理解微表情需要观察力和训练，有助于我们更深入地理解他人的情感和思维。凭借这一技能，我们会更加敏锐和理解他人，在人际交往中建立更强的关系，实现更有效的沟通。

3.2.3 面部表情与情绪的联系

面部表情与情绪之间存在着密切的联系，它们直接反映情绪的表达。通过观察和理解面部表情，我们可以更准确地洞察他人的情绪和内心感受，从而提升沟通效果和人际关系的品质。面部表情作为一种自然而直观的情感表达方式，当个体经历不同的情感体验时，面部肌肉会产生微妙而特定的变化，这便构成了不同情感的面部表情特征。

通过识别和理解面部表情，我们可以更好地了解他人的情感状态，从而引起共鸣和建立联系。例如，在工作环境中，识别同事的焦虑或不安情绪可以帮助我们提供支持和协助，促进团队合作。在个人生活中，理解伴侣或朋友的快乐或悲伤可以加深亲密关系，让彼此更加亲近。面部表情也有助于我们解读他人的情绪反应，帮助我们更好地理解他们的感受和态度。例如，我们注意到他人眉头紧锁和嘴巴紧闭，可能表明他们感到不满或生气；我们看到他人眼睛明亮、嘴角上翘，可能表明他们感到高兴或兴奋。通过观察和解读这些表情，我们可以更好地适应交往情境，避免误解和冲突。

然而，需要注意的是，面部表情并非总能准确反映个体的内心情感。有时候，个体可能试图掩盖或伪装自己的情感，导致面部表情与内心感受不一致。这时，我们需要综合考虑其他线索，如声音、言语和身体语言，以更全面地理解他人的情感状态。另外，文化和社会背景也可能影响面部表情的解读。因不同文化对情感表达的方式和程度有所不同，故需要敏感地考虑文化差异，以避免误解和冲突。情感表达的方式在一些文化中可能更加含蓄，而在其他文化中可能更开放。因此，在跨文化交往中，需要谨慎对待和尊重对方的文化背景。面部表情与情绪之间存在密切联系，是重要的情感表达的方式。正确理解面部表情有助于双方建立更深层次的人际关系，增进相互理解和尊重。

3.2.4 控制与隐藏真实情感

在特定情境下，个体可能故意控制或隐藏其真实情感，此时面部表情可能与内心感受不一致，造成表面情感与实际情感之间的差异。这种不一致性反映了情感调节和社交适应的复杂性，同时提醒我们在人际交往中需要关注更深层次的情感线索。情感调节是一种常见的社交行为，个体通过控制和调整自己的情感来适应不同的情境和交往对象。

在某些情境下，个体可能选择掩盖或减轻自己的真实情感，以维护社交和情感平衡。例如，在工作场合，当一个人不愿表现出愤怒或不满时，他会尽量维持冷静和友好的面部表情。在社交聚会中，个体可能会故意表现得高兴和愉快，尽管他们实际上可能感到疲惫或不悦。这种情感调节可能涉及多种方式，包括面部表情的控制。个体可以通过调整嘴巴、眉毛、眼睛等面部特征来表现出与内心感受不符的情感。例如，他们可以尽量保持面部肌肉的松弛，避免流露出真实情感。这种情感控制是一种社交技能，有助于个体在不同情境下维护合适的社交形象和关系。然而，需要注意的是，情感控制和隐藏并不总是成功的，面部表情可能会出现不一致。敏锐的观察者可以洞察到面部肌肉中展现出的微妙紧张或不适，从而察觉到这种不一致性，并意识到个体的真实情感可能与表面情感不符。

在人际交往中，我们需要敏感地考虑对方的情感表达，并尊重他们的隐私和情感边界。同时需要理解，不一致的面部表情可能是一种暗示，提示我们需要更深入地了解对方的感受和需求。此外，情感调节和社交表现并不一定是虚伪或不真实的。在某些情境下，情感调节是一种适应和求生策略，有助于个体在社交和职业生活中取得成功。

总之，我们应该以理解和尊重的态度对待情感控制和隐藏，同时应意识到每个人都有自己的情感表达方式和需求。情感控制和隐藏是社交交往中常见的行为，个体通过调整自己的情感来适应不同的情境和交往对象。面部表情的不一致性可能是情感调节的结果，需要敏锐地观察和理解。在人际交往中，我们应该尊重他人的情感表达方式，倾听和支持他人，以建立更坦诚和互信的人际关系。

3.2.5 面部表情在跨文化沟通中的作用

面部表情在跨文化沟通中扮演着关键角色，尽管基本的面部表情是普遍存在的，但不同文化对表情的解读和表达方式可能存在差异。理解和适应这些跨文化差异对避免误解、建立互信和提高沟通效果至关重要。

不同文化对基本面部表情的识别和解读可能存在差异。虽然开心、悲伤、愤怒、惊讶、恐惧和厌恶这些基本表情在各种文化中都有共通性，但不同文化可能对这些表情的强度、频率和社交含义有不同的理解。例如，一些文化可能强调控制情感的表达，而另一些文化可能更开放地展示情感。因此，在跨文化沟通中，需要谨慎对待和理解他人的面部表情，避免过于主观地解读。面部表情的社交含义在不同文化中可能有所不同。一部分表情在一些文化中可能被视为礼貌或尊重的表达，而在另一些文化中可能被解读为冷漠或无礼。例如，在部分亚洲文化中，人们可能通过控制面部表情来表示尊重和谦逊；而在西方文化中，更开放和直接的表达可能更受欢迎。因此，在跨文化沟通中，我们需要了解和尊重对方的文化背景和社交规范，以避免造成误解或冲突。

不同文化对面部表情的社交使用和情感表达也可能有所不同。一部分文化可能更注重非言语沟通，通过面部表情传递情感和意图，而另一部分文化可能更侧重于言语表达。因此，在跨文化沟通中，我们需要敏锐地观察和倾听，以更好地理解对方的情感表达方式。

跨文化沟通中，面部表情也受到不同文化间身体空间和距离差异的影响。不同文化对身体空间和接触的边界有不同的界定，这可能影响面部表情的展现和接受。在一些文化中，人们更倾向于亲密的身体接触，面部表情可能更加强烈和明显；而在其他文化中，个体可能更喜欢保持一定的身体距离，面部表情可能较为保守。因此，在跨文化沟通中，我们需要敏感地考虑身体空间和接触的文化规范，以确保沟通的舒适和尊重。

总之面部表情在跨文化沟通中起着举足轻重的作用，不同文化对基本面部表情的解读和社交含义可能存在差异，因此在跨文化沟通中需要敏锐地观察和倾听，尊重对方的文化背景和社交规范。正确理解和适应跨文化差异，我们可以更好地建立互信，避免误解，提高沟通效果，从而更成功地实现跨文化交流和合作。

3.3 姿态和动作的影响

在线测试

3.3.1 姿态的表达与感知

姿态作为一种重要的非言语表达方式，不仅反映了个体的情绪状态，还可能影响他人对该个体的感知。开放和放松的姿态通常传达出积极和友好的态度，而封闭或紧张的姿态可能被解读为防御或不安。姿态是身体的姿势和形态，包括身体的姿势、肢体的动作、头部的倾斜和眼神的方向等。这些元素共同构成了一个人的姿态，反映其情感状态和内心感受。例如，一个人站得笔直，肩膀放松，可能表现出自信和积极的情感；相反，驼背、双臂交叉则可能显示出紧张或防御的情感状态。

姿态与情感之间的联系是复杂而微妙的。有时，个体通过姿态表达情感，这种情况下，姿态成为一种情感表达的方式。例如，当一个人感到高兴和放松时，他可能自然地采取开放和舒展的姿态，如挺胸抬头。这种姿态传达出积极的情感和愉悦的态度，从而吸引他人的注意和积极回应。

姿态也可能影响个体的情感状态。研究表明，采取开放和放松的姿态可以促进积极情感的产生，采取封闭或紧张的姿态可能导致负面情感的增加。这意味着姿态不仅是情感的反映，还可以通过改变姿态来调整情感状态。因此，当我们感到紧张或不安时，尝试采取开放和放松的姿态可能有助于缓解情感压力。

此外，姿态还影响他人对个体的感知。人们通常根据他人的姿态推断其情感、意图和态度。开放和放松的姿态通常被解读为积极和友好的信号。例如，当一个人面带微笑、肩膀放松、手臂自然伸展时，可能被人认为是友善和愿意与人交往的。这种开放的姿态可以建立互信和积极的人际关系。相反，封闭或紧张的姿态可能被人解读为抵触或不安。当一个人交叉双臂、垂头丧气，显得紧张不安时，可能被人认为不愿与他人交流。这种封闭的姿态可能引发他人的警惕和不信任，会阻碍有效的沟通和合作。

需要注意的是，姿态的解读可能受到文化和社会背景的影响。不同文化可能对姿态的含义有不同的理解。例如，在某些文化中，人们更倾向于控制姿态，以示尊重和谦逊；而在其他文化中，开放的姿态更受欢迎。因此，在跨文化沟通中，需要考虑对方的文化背景，以避免误会和冲突。

综上所述，姿态是一种重要的非言语表达方式，反映个体的情感状态，并可能影响他人对该个体的感知。开放和放松的姿态通常传达出积极和友好的态度，封闭或紧张的姿态可能被解读为防御或不安。姿态与情感之间存在复杂而微妙的关系，它不仅是情感的反映，还可以通过改变姿态来调整情感状态。在人际交往中，姿态可以影响他人对个体的感知，了解和适应姿态，对建立积极的人际关系和有效的沟通至关重要。

3.3.2 动作的同步性与协调性

动作的同步性与协调性在人际交往和沟通中也是必要的。当个体的动作在互动中保持同步与协调时，可以增强沟通的和谐感，提高信息传达的效果。相反，不协调的动作可能导致沟通的混乱和不适。我们来探讨动作的同步性与协调性在不同情境下的重要性及其对沟通的影响。

在对话和互动中，同步性意味着个体之间的动作和行为相互协调，呈现和谐的状态。例如，在一场愉快的对话中，当两人的笑容、眼神接触、手势和言语节奏保持同步时，会增强互动的愉悦感和亲近感。同步性不仅体现在言语上，还包括肢体语言。在交往中，人们倾向于模仿对方的动作和表情，以示共鸣和亲近。这种同步性可以帮助建立情感连接，增进理解和共鸣。当两个人的动作同步时，他们更容易产生情感共鸣，感受到对方的情感状态，并更好地理解对方的意图和情感。同步性还有助于信息的有效传达。在互动中，个体之间的动作同步可以提高信息的传达效果。例如，在一场演讲中，演讲者的手势和言语同步，可以更清晰地传达信息。

在团队合作中，团队成员的动作协调可以提高工作效率，减少误解和错误。与同步性相反的是不协调的动作。当个体之间的动作和行为不协调时，可能导致沟通的混乱和不适。不协调的动作还可能让人感到困惑，难以理解对方的意图和情感状态。在某些情境下，不协调的动作甚至可能引发误解和冲突。动作的协调性与同步性有密切的关系。协调性指的是个体之间的动作和行为在一定程度上相互匹配，但不一定需要完全同步。协调的动作可以呈现一种互补和平衡的状态，有助于互动的和谐。例如，在舞蹈表演中，舞者的动作可以协调但不一定完全同步，这样可以创造出美妙的舞蹈效果。

因此，在人际交往和沟通中，理解和实践动作的同步性和协调性对建立积极的互动关系和有效的沟通至关重要。通过增强动作的同步性和协调性，我们可以更好地理解他人，建立更亲近的关系，并实现更有效的沟通。

3.3.3 动作的重复性

动作的重复性在沟通中可以用来强化言语信息，使沟通更加明确和生动。然而，过度重复的动作有可能分散个体注意力，从而影响沟通效果。本部分内容将讨论动作的重复性如何在不同情境下影响沟通，并探讨如何在适当的时候使用重复动作以增强沟通效果。在沟通中，动作可以作为言语的补充，帮助强调特定的信息或情感。通过重复某个动作，个体可以将注意力集中在特定的词语或观点上，使信息更加明确和突出。例如，当一个演讲者想要强调重要观点时，他可以多次重复一个手势或动作，以吸引听众的注意力，并强调该观点的重要性。这种重复动作的使用有助于听众更好地理解和记忆信息。

此外，动作的重复性还可以增强情感的表达。当个体在言语中表达强烈情感时，他们可能倾向于重复某个动作或手势，以传达情感的强度和真实性。例如，当一个人感到激动或兴奋时，他可能重复拍手或跳跃，以展示他的情感状态。这种重复动作可以增强情感的共鸣，使沟通更加充实和有力。需要注意的是，当动作过于频繁或不相关时，听众可能会感到困惑或不安，难以专注于言语信息。因此，我们在使用重复动作时，需要谨慎控制频率，以确保它们能增强而不是干扰沟通。

动作的重复性也受到文化和社交情境的影响。不同文化和社交情境对动作的频率和适度有不同的期望和规范。在某些文化中，重复动作可能被视为表达热情和情感的方式，而在其他文化中，则更强调节制和冷静的表达方式。因此，在跨文化沟通中，需要了解并尊重对方的文化背景，以避免引发误解或不适。

综上所述，动作的重复性可以用来强调言语信息和情感表达，在沟通中起到重要的作用。适度的重复动作有助于使信息更加明确和生动，增强情感的表达。不同文化和社交情境对重复动作的期望和规范各异，因此，我们在跨文化沟通中需要灵活适应。通过正确使用动作的重复性，我们可以提高沟通的效果，增进理解和共鸣，建立更强的人际关系。

3.3.4 动作与言语内容的一致性

动作与言语内容的一致性在沟通中扮演着重要角色。当动作与言语内容一致时，信息的可信度得以增强；反之，不一致的动作和言语内容可能导致信任度下降，从而损害有效沟通。本部分内容将深入探讨动作与言语内容的一致性对沟通的影响，以及如何优化一致性以实现更有效的信息传达。

动作与言语内容的一致性有助于增强信息的可信度。当个体的言语和动作一致时，听众更容易相信所传达的信息。动作与言语内容的一致性传递了真实感，增加了信息的信任度。例如，当演讲者说出积极的言语内容时，同时保持微笑和自信的姿态，听众更有可能相信他的话语，并对其观点持积极态度。这种一致性有助于建立信任关系，促进有效沟通。不一致的动作和言语内容可能导致信任度下降，使沟通受损。当个体的言语和动作不一致时，听众可能感到困惑和怀疑。例如，当一个人表达赞扬的言语时，却保持冷漠或封闭的身体姿态，听众可能产生疑虑，质疑其真诚性。这种不一致性可能导致信任关系的破裂，降低信息传达的效果。

当我们能够确保动作与口头表达一致时，信息的清晰度和明确性将显著提高，有助于更有效地传达和理解信息。一致的动作可以加强言语内容的表达，使信息更加生动和明确。想象一下，一个讲述者在讲述一个令人兴奋的故事时，他的兴奋表情和言辞将共同传达出故事的激动和乐趣，这会使听众更容易理解和共鸣。此外，一致性还有助于建立信任关系。当我们的言语内容与动作一致时，显得更加真诚和可信，这有助于他人更容易接受我们的观点和信息。

然而，要实现动作与言语内容的一致性，需要采取一些策略。个体可以通过自我观察和反思，了解自己的动作在不同情感和情境下的表现，以及与言语内容之间的关系。这种自我意识有助于我们更好地掌握自己的动作，使其更加一致和明确。个体可以通过练习、角色扮演和反馈来训练自己的动作，使其与言语内容更加一致。例如，如果你发现自己在表达紧张的情况下常常出现不安的手势，你可以通过反复练习在紧张的情境下保持平静和自信的动作来解决这一问题。此外，你可以寻求他人的反馈，以了解他们对你的动作的看法，从而更好地改进。个体提高对他人动作的敏感度也很重要，这有助于个体更好地理解他人的言语和情感表达。通过观察和学习他人的动作，我们可以更准确地解读他们的情感和意图，从而建立更强的人际关系，提高沟通的质量。

动作与言语内容的一致性对职场沟通、演讲和人际关系都尤为重要。一致性不仅有助于信息的清晰传达，还有助于建立信任和共鸣，通过实践和努力，我们可以提高沟通的质量，建立更强的人际关系。

3.3.5 动作在职场沟通中的角色

在职场环境中，个体的姿态、动作和肢体表现可以在职场中产生深远的影响，决定他们在组织内部的形象和权威感。本部分内容将深入探讨动作在职场沟通中的作用，以及如何利用专业的动作来增强个人在职场中的形象和权威感。职场是一个充满竞争和合作的环境，个体的形象和表现对其职业发展有一定影响。动作是非常直观的交流方式。一个人的姿态和动作会影响其在同事、上级、下属和客户眼中的形象，从而影响其在职场中获得成功和机会。专业的动作可以增强个人的权威感。在职场中，展现自信和权威感至关重要，尤其对于领导者和管理者而言。领导者坚定的姿态、自信的表情和积极的手势可以让团队成员感到安心和受尊重，从而提高工作效率和促进团队合作。此外，专业的肢体语言还可以帮助个体在面对挑战和压力时表现出冷静和应对能力。

然而，不专业的肢体语言可能削弱个体在职场中的形象。不恰当的动作或姿态可能被人解读为不自信、不专业或不成熟，从而影响个体的信任度和影响力，降低其在组织中的地位。例如，一名员工在会议中不停地摆弄手机或显得心不在焉，可能会被人认为不重视会议，从而影响其在团队中的声誉和地位。为了利用肢体语言增强个人在职场中的形象和权威感，个体可以采取以下措施。首先，个体自我观察和反思自己的肢体语言是关键。了解自己的肢体语言在不同情境下的表现和影响，有助于个体发现需要改进的方面。其次，个体接受培训和反馈能够提高肢体语言的专业性。专业的培训可以帮助个体更好地掌握姿态、手势、眼神接触等技巧，以表现自信和权威感。最后，个体通过不断练习和改进自己的肢体语言，以适应不同的职业情境和要求。

肢体语言在职业环境中具有巨大的影响力。它不仅可以增强个人的权威感，提高在组织内部的形象和信任度，还能帮助个体在职场中更好地应对挑战，提高成功的机会。然而，不专业的肢体语言可能会削弱个人的形象和影响力。通过自我观察、培训和不断地改进，个体可以优化肢体语言，在职业环境中取得更大的成就。

3.4 案例解析

没有说清楚，还是没有听清楚？

某日，总经理向新任助理小曹布置了一项任务，要求她向各部门分发岗位职责空白表格，并要求各部门于当日下午4点前填好表格并提交至总经理办公室。总经理问小曹是否明白其指示，小曹表示完全明白，于是便开始执行任务。

然而，到了下午规定的时间，技术部仍未按时上交表格。总经理问小曹是如何向技术部传达任务的。小曹回应说，自己完全按照指示进行了传达，总经理接着询问技术部没有上交的原因，小曹回答说技术部的确没有上交，但不知道原因。

总经理将小曹和技术部经理召集到办公室询问此事。技术部经理表示，他并未收到小曹传达的关于上交时间的要求；而小曹坚称自己确实传达了，并质疑为什么其他11个部门都接收到了，唯独技术部没听清楚。技术部经理则坚持表示他未收到相关通知。

究竟是小曹没有说清楚还是技术部没有听清楚？由于没有书面记录，双方各执一词，难以定论。

【案例思考】

假如你是小曹，在传达总经理布置的任务时，你会怎么做？

4　情绪智能在沟通中的作用

4.1　情绪识别与管理

在线测试

4.1.1　情绪的基本类型与识别

情绪是人类情感生活的重要组成部分，它包括快乐、悲伤、愤怒和恐惧等。这些情绪通常在人际交往和沟通中伴随着每个人。深入探讨情绪的基本类型及其识别方法，有助于更好地理解他人的感受和行为动机。情绪是情感和生理反应的综合体验，反映了个体对外界刺激和内在体验的主观反应。快乐通常与愉悦、满足和幸福感相关，表现为微笑、欢笑和积极的身体语言。悲伤则涉及失落、伤感和哀伤，表现为眼泪、低落的肢体姿态和沉重的表情。愤怒是一种针对不公正或挫折的情绪，通常伴随着愤怒的面部表情、怒视和肌肉紧张。恐惧涉及对潜在威胁的担忧和回避，表现为紧张、退缩和害怕的面部表情。识别这些情绪类型对有效沟通至关重要。

了解他人的情绪有助于我们更好地理解他们的感受和行为动机，从而更好地回应他们的需求和情感。例如，在职场中，识别同事的快乐情绪可能有助于我们在合适的时机表达祝贺和赞赏，增进合作关系。识别同事的愤怒情绪则能提示我们注意潜在的问题，及时采取行动，以避免冲突。

然而，情绪的识别并不总是容易的，因为不同个体可能以不同的方式表达相同的情绪。每个人都有自己独特的情感表达方式，这可能受到个体性格、文化背景和教育经历等因素的影响。因此，要准确识别他人的情绪，我们需要综合考虑多种线索，包括言语、面部表情、声音音调和动作等。言语是情绪表达的重要方式之一。人们常通过言语传达情感状态。例如，一个人可能用兴奋的语气和积极的话语表达快乐，而用愤怒的措辞表达不满。仔细倾听对方的言语，可以察觉其中蕴含的情感线索。

面部表情也是情绪表达的重要组成部分。人们的面部表情能够直观地反映他们的情绪状态。例如，微笑的面孔通常表示快乐或愉悦，而皱眉的面孔可能暗示不满或担忧。通过观察对方的面部表情，我们可以获得其情感状态的有用信息。

声音的音调是另一种重要的情绪表达方式。情绪常常会影响一个人说话时的音调和语速。例如，当一个人感到紧张或害怕时，声音可能颤抖或紧张，而愉悦或放松时，声音可能平稳和愉快。通过听取对方的声音音调，我们可以察觉他们的情感状态。

此外，身体动作和姿态也可以反映他们的情感状态。例如，紧握拳头可能表示愤怒或紧张，而松弛的姿势可能表示放松或舒适。通过观察对方的动作和姿态，我们可以更全面地了解他们的情感。

然而，要准确识别情绪，不仅要考虑这些情感表达方式，还需要考虑情绪的背景和语境。同样的情绪在不同情境下可能表现不同的特征。例如，一个人在婚礼上流泪可能是因为幸福，而在葬礼上流泪是因为悲伤。因此，我们需要考虑情绪所处的环境和个体的生活背景，以避免误解。

综合考虑这些因素，我们可以更准确地识别他人的情绪。情绪识别是建立良好人际关系和有效沟通的重要基础。通过理解他人的感受和情感状态，我们可以更好地回应他们的需求，增进互信和合作。在职场和日常生活中，情绪识别有助于我们更好地与他人建立联系，提高沟通质量，促进良好的人际交往。因此，情绪识别是一项重要的社交技能，值得我们不断学习和提高。

4.1.2 自我情绪意识的提升

提升自我情绪意识是有必要的，它旨在更好地理解和识别自身的情绪反应。这种自我情况意识不仅对个人的情感健康十分重要，还是有效管理情绪、改善沟通技巧以及建立更健康的人际关系的基础。我们将深入探讨自我情绪意识的重要性以及如何提升这一能力。自我情绪意识是一项关键的心理能力。它对自己的情绪体验和情感反应有清晰的认知和了解。自我情绪意识有助于个体更好地理解自己的内在世界，包括情感、需求和价值观。通过了解自己的情感反应，个体可以更好地应对挑战、压力和情感波动，从而提高情感健康和心理稳定性。

提升自我情绪意识对有效管理情绪至关重要。情绪管理是一项关键的生活技能，它旨在识别、理解和调节自己的情感反应。通过提升自我情绪意识，个体可以更好地识别情绪何时出现以及分析情感反应的原因。这使他们能够采取积极的应对策略，如情绪调节技巧，以应对不同的情感挑战。例如，一个人在意识到自己的愤怒时，他可以学会采取深呼吸、冷静思考或与他人交流以缓解情绪，而不是让愤怒情绪占据上风，造成不良后果。

自我情绪意识对改善沟通技巧和人际关系也有着举足轻重的作用。情绪是人际交往中的重要因素，可以影响我们的言行和对他人的反应。通过提升自我情绪意识，个体可以更好地理解自己在交往中的情感反应，以及这些情感反应如何影响他人，有助于个体更好地表达自己的需求和情感，避免冲突和误解，建立更健康的人际关系。

那么，如何提升自我情绪意识呢？首先，个体可以开始观察自己的情感反应，包括关注自己在不同情境下的情绪变化，以及情绪出现的触发因素。个体可以尝试记录自己的情感体验，以便更好地分析和理解。其次，个体可以通过情感反应的生理体验来提升自我情绪意识。情绪通常伴随着生理变化，如心率加快、肌肉紧张等。最后，与他人交流也是提升自我情绪意识的重要途径。与朋友、家人或心理健康专家交流有助于个体更好地理解自己的情感，获取反馈和支持。

自我情绪意识的提升对个人的情感健康、情绪管理、沟通技巧和人际关系都有重要影响。通过更好地理解和识别自身的情感反应，个体可以更好地应对生活中的情感挑战，提高情感健康和心理稳定性。通过观察、记录、关注生理体验以及与他人交流，个体可以逐渐提升自我情绪意识，从而实现更健康、更满意的情感生活。

4.1.3 识别他人情绪的技巧

识别他人情绪是一项重要的社交技巧，需要仔细观察言语和非言语线索，以理解他人的情绪状态。有效地识别他人情绪有助于我们更好地调整沟通方式，建立更有效的互动，提高人际关系的质量。识别他人情绪的关键技巧可以帮助个体在社交互动中更加敏锐地捕捉情感信号。观察面部表情是识别他人情绪的重要途径之一。人类的面部表情通常是情绪的直接反映，通过仔细观察他人的面部表情，我们可以感知他们的情绪状态。例如，一个人的嘴角上扬，眼神放松，很可能表示他感到快乐或满足。相反，如果他们的眉头紧皱，嘴巴紧闭，可能表明他感到愤怒或不满。通过观察面部表情，我们可以更好地理解他人的情绪，从而更好地回应他们的需求。

关注声音和音调也是识别他人情绪的重要方面。声音的音调、音量和语速都可以传达出情绪的信息。例如，一个人说话时声音颤抖、语速加快，可能表明他正在感到紧张或害怕。然而，声音平稳、音量适中的人往往表示他情绪较为平静。因此，通过仔细倾听他人的声音，我们可以更好地捕捉到他人的情绪。

除了言语和面部表情，人的身体语言包括姿态和肢体动作等，这些也是识别他人情绪的重要线索。例如，一个人可能在感到自信和满足时保持开放和放松的姿态，而在感到紧张或不安时会退缩或封闭自己。因此，通过观察他人的身体语言，我们可以更好地了解他们的情绪。

言语内容和用词也可以提供关于他人情绪的线索。虽然言语内容本身并不总能准确反映情绪状态，但在表达时使用的措辞可以传达出一些情绪信息。例如，一个人可能用积极的表达描述自己的情绪状态（如“我感到兴奋”或“我很高兴”）。相反，一个人使用消极的表达（如“我感到沮丧”或“我很生气”）表明其情绪状态较为负面。因此，通过仔细聆听他人的言语，我们可以更好地理解他们的情绪。

了解情境和背景也是识别他人情绪的关键因素。情绪通常受到情境和个体生活经历的影响，因此，考虑到情绪所处的环境和个体的生活背景有助于我们更好地理解他人的情绪。例如，一个人在失业后感到沮丧是可以被理解的，失业通常伴随经济困难和自尊心受挫，因此，在识别他人情绪时，要考虑到情境和背景因素，以避免敏感的反应。

识别他人情绪是一项重要的社交技能，它需要仔细观察言语和非言语线索，包括面部表情、声音和音调、身体语言、言语内容和情境因素。通过提高这些线索的敏感度，我们可以更好地理解他人的情绪，从而调整沟通方式，这种技能在个人的社交成功和情感健康中是不可或缺的，有助于建立更加积极和支持性的人际关系。

4.1.4 情绪的表达与社会规范

不同的社会规范和文化背景会对情绪表达方式产生深远影响，理解这些规范对我们在不同的沟通环境中适应和交流至关重要。我们将深入探讨情绪表达与社会规范之间的关系，以及如何在不同文化背景下更有效地表达情绪。不同社会和文化对情绪表达的规范存在显著差异。一些文化鼓励情绪的开放表达，认为情绪是人类的自然反应，应该充分展示。例如，在拉丁文化和地中海文化中，通常强调情绪的直接表达，人们常常通过大声地言语以及亲吻、拥抱、手势来表达自己的情绪。相反，一些文化更加强调情绪的内在控制，认为情绪表达应该更为克制。

社会规范和文化背景也会对不同性别、年龄和社会地位的个体的情绪表达方式产生影响。在一些社会中，男性被期望表现出坚强和克制，而女性被允许更加开放地表达情绪。这可能导致不同性别在情绪表达方面面临不同的压力和期望。此外，年龄也会影响情绪表达，年轻人愿意表现出情绪，而老年人可能更含蓄。社会地位也会影响情绪表达，高社会地位的个体可能表现出自信，而低社会地位的个体可能更谦虚和顺从。

社会规范和文化背景还会影响情绪表达的适当性和接受度。在一部分社会背景中，特定的情绪表达方式被视为合适和受欢迎的，而在其他社会背景中可能被视为不适当或冒犯的。因此，在不同的沟通环境中，个体需要了解并遵循当地的情绪表达规范，以避免冲突和误解。例如，一些文化可能鼓励人们在公共场合展示愉快的情绪。个体需要适应当地的规范，以便在社交互动中保持和谐和尊重。情绪表达在社会和文化环境中具有重要的社交功能。情绪表达可以帮助个体建立亲密关系、分享喜悦、产生共鸣，以及寻求支持和安慰。

然而，不恰当的情绪表达也可能导致冲突和误解。在社交互动中，了解和尊重社会规范和文化背景对有效地表达情绪也十分有必要。跨文化沟通时，个体可以通过学习当地的情绪表达规范，倾听他人的表达，以及避免冒犯和误解来提升跨文化沟通的有效性。

情绪表达与社会规范和文化背景密切相关，不同的社会和文化对情绪表达方式有不同的期望。了解这些规范有助于进行有效的跨文化沟通，以及建立积极和支持性的社交关系。

4.1.5　情绪的内部调节机制

内部调节机制是指个体如何管理和调整自身的情绪反应，以维持情绪平衡和提高沟通效果的能力。这一过程涉及情绪的感知、理解、接受以及调整，是人际交往中不可或缺的一环。我们将深入探讨情绪的内部调节机制以及其在沟通中的作用。情绪内部调节的第一步为感知和识别情绪。个体需要能够准确感知和识别自己的情绪，包括快乐、悲伤、愤怒、恐惧等。这种情绪识别能力对情绪调节至关重要，因为只有当个体能够准确地识别自己的情绪时，才能够采取适当的调节策略。例如，一个人无法识别自己的焦虑情绪，就无法采取相应的策略来减轻焦虑感。

情绪内部调节的第二步为理解和接受情绪。个体需要理解情绪的来源和原因，以及情绪对自己的影响。理解情绪的根本原因有助于个体更好地应对它，而不是简单地忽视或抑制它。接受情绪也是内部调节的重要步骤，拒绝或抗拒情绪往往会导致情绪的积累甚至更多负面影响。因此，个体需要学会接受自己的积极和消极情绪，以维持情绪平衡。

情绪内部调节的第三步为调整与控制情绪。一旦个体准确识别了自己的情绪并理解了它产生的原因，就可以采取适当的策略（包括情绪表达、情绪释放、情绪调节技巧等）来进行调整。例如，一个人可以通过与朋友分享自己的忧虑来释放焦虑情绪，或者通过深呼吸和冥想来调节自己的情绪状态。情绪调整是指个体根据情境的需要来调整自己的情绪表达方式。当面对悲伤时，个体可能选择表现出同情和支持；而当面对挑战时，个体可能表现出决心和坚强。情绪调整的目标是实现情绪平衡，使个体更好地应对各种情境和压力。

情绪控制是指个体有意识地控制情绪的表达和表现。这在一些情境下是必要的，如在工作场合或社交场合中，个体可能需要控制愤怒或焦虑情绪，以保持专业和礼貌。情绪的控制和调整需要情绪智慧和自我管理的能力，以便在不同情境下做出适当的情绪反应。个体需要在与他人交往时调整自己的情绪，以维持积极的人际关系。例如，在争论时，个体需要控制自己的愤怒情绪，以保持冷静和理性；在他人悲伤的时刻，个体需要表现出同情和支持，以安慰他人。

情绪的内部调节机制涉及情绪的感知、理解、接受、调整和管理。这一过程对维持情绪平衡、提高沟通效果和建立积极的人际关系至关重要。学会准确识别和理解自己的情绪，接受情绪，采取适当的调节策略，以及在社交互动中控制和调整情绪，个体可以提高情绪智慧和社交技巧，从而更好地应对各种社交情境和建立更加健康的人际关系。

4.1.6 应对负面情绪的策略

应对负面情绪是每个人在生活中都会面临的挑战。负面情绪，如愤怒、焦虑、悲伤等，不仅会影响个体的情感健康，还可能对沟通和人际关系产生负面影响。因此，采取适当的策略来处理负面情绪至关重要。情绪释放是一种常见的应对负面情绪的策略。情绪释放是指通过表达和释放情绪来减轻负面情绪的过程，通常包括哭泣、大声抱怨、发泄愤怒等方式。情绪释放的好处在于它可以帮助个体释放累积的情绪压力，减轻情感负担，从而恢复情绪平衡。然而，情绪释放也需要在适当的情境下进行，以避免不适当的情感表达对他人产生负面影响。

积极重构是另一种应对负面情绪的策略。积极重构是指重新审视和重新解释负面情绪的方式，以寻找积极的方面和应对策略。这种策略有助于个体更好地理解和应对负面情绪，使其从中获取教训和成长。例如，面临挫折和失败时，个体可以通过积极重构来认识到这是一个学习的机会，而不是完全的失败。通过积极重构，个体可以更好地应对挫折，并保持乐观的态度。

寻求支持是处理负面情绪的重要策略之一。个体可以通过与亲友、家人、心理医生或专业咨询师交流来寻求支持。向他人倾诉可以提供情感释放的机会，也可以获得他人的支持和理解。这种支持可以减轻个体的情感负担，有助于更好地应对困难和挑战。针对面临严重情绪问题的个体，他们也可以寻找心理医生和专业咨询师的支持。

学习并掌握情绪调节技巧是应对负面情绪的策略之一。这些技巧包括深呼吸、冥想、渐进性肌肉松弛疗法、正念等。运用这些技巧，个体可以在情绪激动或不适当的情境中保持冷静和平衡，从而更好地应对负面情绪。深呼吸和冥想可以帮助放松紧张的身体，正念可以帮助我们集中注意力并减少负面思维。

建立情绪智慧是一种更全面的策略，它涉及理解和管理自己的情绪反应以及与他人建立更健康的情感关系。情绪智慧包括情绪识别、情绪理解、情绪表达和情绪管理等方面。通过发展情绪智慧，个体可以更好地理解自己的情绪，理解他人的情绪，表达并管理情绪，从而更好地应对负面情绪和建立更加健康的人际关系。

应对负面情绪是每个人生活中的挑战，通过采取适当的策略，我们可以更好地处理这些情绪，减少其对沟通和关系的负面影响。情绪释放、积极重构、寻求支持、学习并掌握情绪调节技巧并建立情绪智慧都是有效的应对策略，可以根据情境和个体需求进行选择和应用。学会有效地处理负面情绪，个体可以提高情绪健康和生活质量，建立更加积极的人际关系。

如图 4-1 所示，应对负面情绪的策略包括向人倾诉、运动旅游、逛街购物、唱歌跳舞、读书看报、改变认知、转移注意力、寻求心理咨询等。

图 4-1　应对负面情绪的策略

4.1.7　通过沟通转化情绪

沟通不仅是情感表达的渠道，更是情绪转化的有效手段。通过有效的沟通，个体可以将情感从一种状态转化为另一种状态，从而缓解紧张情绪，增强积极情绪，改善人际关系和互动效果。许多人在面对社交场合或做重大决策时会感到紧张和焦虑。通过与他人进行开放和诚实地沟通，个体可以分享自己的感受和担忧，获得他人的理解和支持。这种情感的分享和共鸣有助于减轻紧张情绪，使个体感到更加放松和自在。

此外，与他人交流，个体还可以获取建议和反馈，有助于应对紧张情绪并找到解决问题的方法。因此，沟通是减轻紧张情绪的重要途径。沟通可以增强积极情绪。积极情绪（如喜悦、满足、爱和希望）对人际关系和生活质量至关重要。分享喜悦和积极的经验，个体可以将积极情绪传递给他人，从而增强共鸣和情感连接。积极情绪的传播不仅可以提高个体的幸福感，还可以促进积极的互动和合作。此外，通过积极的沟通，个体还可以提高自己和他人的情绪智慧，从而更好地理解和应对情绪，建立更加健康的人际关系。

一方面，沟通可以促进情绪的调整和转化。情绪不是静止不变的，它可以在互动中发生变化。通过与他人沟通，个体可以表达自己的情绪，并听取他人的反馈和意见。这种互动有助于个体更好地理解自己的情绪，并可能导致情绪的转化。例如，一个人在争论中感到愤怒和不满，但通过倾听对方的观点和解释，可以逐渐转化为理解和宽容。这种情绪的转化有助于改善人际关系和解决冲突。

另一方面，情绪的转化也可以通过积极的情绪表达来实现。当个体表达自己的情绪时，他们可以选择以积极和建设性的方式来表达，从而促进情绪的转化。例如，一个人可以冷静和理性地表达不满，而不是以愤怒和攻击性的方式表达。这种积极的情感表达有助于改善沟通效果，并促使他人更愿意与个体合作和解决问题。

通过沟通转化，个体还可以促进情绪智慧的发展。情绪智慧是指个体对自己和他人的情绪有敏感性、理解性和应对能力。通过积极的沟通，个体可以不断提高自己的情绪智慧，更好地理解和应对情绪，建立更加健康的人际关系。情绪智慧也有助于个体更好地管理自己的情绪，提高个体的情绪稳定性有助于情绪健康。沟通是情绪表达和情绪转化的重要手段。通过与他人进行开放、诚实和积极的沟通，个体可以缓解紧张情绪，增强积极情绪，促进情绪的调整和转化，提高情绪智慧，从而改善人际关系和互动效果。

4.2 同理心的培养

在线测试

4.2.1 同理心的定义与重要性

同理心是一种关键的人际交往和沟通能力，涵盖了理解和感受他人的情感、观点和经历的能力。同理心不仅是一种情感体验，还是一种认知过程。它使个体能够将自己置于他人的位置，试图理解他们的感受和需求。在沟通和人际关系中，同理心起着重要的作用，有助于建立更深层次的理解和连接，提高沟通的质量和效果。

同理心的核心是情感理解。这意味着个体能够感受到他人的情感，包括喜悦、悲伤、愤怒和恐惧等。通过同理心，个体可以产生共鸣和共情，与他人建立情感上的联系。例如，当朋友分享喜悦时，同理心使你能够感受到他的快乐并与之分享。同样，当朋友面临挫折或悲伤时，同理心使你能够体验到他们的痛苦，并提供支持和安慰。因此，同理心在情感支持和情感连接方面至关重要。

除了情感理解，同理心还包括认知理解。这意味着个体努力理解他人的观点、需求和经历。通过同理心，个体可以尝试看事情从他人的角度，理解他们的思维和感受。这种认知理解有助于减少误解和冲突，促进更好地沟通和合作。例如，当与同事讨论工作问题时，通过同理心，你可以理解他们的立场和担忧，从而更好地协调解决方案。同理心有助于建立信任和亲近感。当他人感受到你的同理心时，他们更有可能信任你，愿意与你分享他们的想法和感受。这种信任和亲近感是建立健康人际关系的基础。

同理心在各个领域产生积极的影响，不仅有助于解决冲突和改善沟通，还有助于建立深层次的人际关系、提高领导力和促进团队合作。同理心在解决冲突方面发挥了关键作用。冲突在人际关系中是不可避免的，但如何处理这些冲突可以决定关系的走向。通过运用同理心，我们可以更好地理解对方的立场和感受，而不只是关注自己的观点。这种理解有助于减少敌对情绪，打破僵局，促使双方更愿意进行建设性对话。例如，在工作环境中，如果同事之间存在分歧，那么具有同理心的领导者应积极倾听双方的看法，理解他们的需求和担忧，然后协助找到共同的解决方案。这种方式有助于减轻紧张局势，提高团队的协作效率。

同理心对改善日常沟通也是必不可少的。在日常生活中，我们经常需要与他人交流，无论是与家人、朋友、同事还是陌生人。运用同理心，我们可以更好地理解对方的需求、感受和期望，从而更有效地传递信息。例如，家长可以通过理解孩子的情感和需求，更好地与他们沟通，建立亲密的家庭关系。

同样地，在商务环境中，销售人员可以通过了解客户的需求和痛点，更好地定制产品或服务，提高销售效率。同理心有助于减少误解、提高信息传递的准确性，从而改善人际关系的质量。

同理心也有助于提高个体的情绪智慧。通过与他人建立情感连接和共情，个体可以更好地理解和应对情绪，建立更加健康的人际关系。情绪智慧包括情绪识别，即准确识别自己和他人的情绪；情绪理解，即理解情绪产生的根本原因和影响；情感表达，即有效地表达情感；情绪管理，即能够调整情绪以适应不同情境。同理心有助于个体从上述各方面不断提高情绪智慧，从而更好地理解和应对自己和他人的情绪，更好地处理情绪挑战，建立更加健康的人际关系。

培养和发展同理心并不是那么容易的，它需要个体的意识和努力，以及不断地实践和反思。个体需要意识到同理心的重要性，并愿意投入时间和精力来发展这一能力。个体可以通过倾听他人的需求和感受，主动询问他人的想法，以及尝试看事情从他人的角度来锻炼同理心。例如，与家人或朋友建立更深层次的交流，积极倾听他们的故事和感受，可以帮助我们更好地理解他们的感受和情绪需求。此外，不同文化和社会背景的人表达同理心的方式不同。个体需要适应不同文化和情境，灵活运用同理心。

同理心是一种关键的人际交往和沟通能力，它有助于解决冲突、改善沟通、建立深层次的人际关系、提高领导力和促进团队合作。通过意识、实践和不断反思，个体可以培养同理心，提高情绪智慧，更好地理解和应对他人的情绪，建立健康和谐的人际关系。同理心不仅有益于个体的个人发展，还有助于建立更加和谐的社会和工作环境。

4.2.2 倾听与同理心的关系

倾听和同理心之间存在着密切的关系，它们互相促进，共同构建有效的人际交往和沟通体系，如表 4-1 所示。倾听是一种积极的沟通技巧，涵盖了听取他人言语和感受的过程，同理心是指对他人情感和观点的理解和感受。在人际关系中，倾听是培养同理心的关键步骤，因为它为个体提供了认识和理解他人内心世界的机会。

倾听是同理心的起点。当个体倾听他人时，他们聚焦于对方的言语和情感，试图理解对方的观点、需求和感受。这种专注和关注是同理心的前提，因为要理解和感受他人，需要先听取他们的声音。通过倾听，个体可以了解他人的故事、经历和情感，从而建立起对他们的理解和共鸣。

倾听促进了情感连接。当个体倾听他人时，他们传递出一种关心和尊重的信息，这有助于建立情感上的联系。在倾听的过程中，个体表现出对对方情感的关切，这种情感关怀可以让对方感受到被理解和被重视，从而加深了彼此之间的情感连接。这种情感连接是同理心的表现之一，它可以提高人际关系的质量，提高互动的积极性。

表 4-1 倾听与同理心在人际交往中的相互关系与作用

特点	倾听	同理心
定义	积极的沟通技巧，涵盖听取他人言语和感受的过程	对他人情感和观点的理解和感受
在人际关系中的作用	为理解和感受他人的情感提供机会，减少误解和冲突	增强情感连接和理解，提高互动的积极性
互相促进的方式	倾听是同理心的起点和基础，通过倾听他人的言语和感受，促进情感的理解	通过倾听加深同理心，使对方感受到被理解和重视，增强了双方的情感联系
在有效沟通中的应用	聚焦对方的言语和情感，尝试理解对方的观点、需求和感受	感受和理解他人的情感状态，促进更深入的连接和共鸣

倾听有助于减少误解和冲突。通过仔细聆听他人的言语，个体可以更好地理解他们的意图和需求。这有助于减少因误解而引发的冲突，促进沟通和合作。倾听还可以减少不必要的误导和误解，使信息传递更加清晰和准确。

在人际互动中，倾听不仅是听取对方的言语，更是尝试理解和感受对方的情感、需求和意图。通过倾听，我们可以更好地了解他人的内心世界，增强同理心，从而建立更健康和有意义的人际关系。倾听是同理心的重要组成部分。同理心是一种情绪智慧，涉及理解和感受他人的情感。要理解和感受他人的情感，需要先倾听他们的言语。倾听不仅包括听取字面意义的话语，还包括捕捉言语背后的情感和意图。通过仔细聆听他人的言语，我们可以更好地理解他们的情感状态，如他们是否愉快、焦虑、沮丧或兴奋。这种情感的理解是同理心的基础，使我们能够更深入地连接和共鸣他人的感受。

在日常沟通中，误解往往是导致不必要的冲突和矛盾的原因之一。通过积极倾听，我们可以避免过早下结论或错误解读他人的意图给对方提供更多时间和空间来表达自己的观点和感受，从而减少误解。此外，倾听也可以减轻紧张局势，提高沟通效率。在工作场合或团队合作中，倾听有助于建立共识和协作，促进更有效的问题解决。然而，要实现有效的倾听并培养同理心并不容易。它需要个体的专注和自我控制，以确保他们真正理解和感受他人的情感。这意味着人们在倾听时要避免分心，要专注于对方的言语和情感。同时，倾听也需要时间和耐心，因为每个人都有自己独特的经历和情感，需要时间来表达和分享。

要培养倾听技巧和同理心，个体可以采取以下具体的措施：

（1）主动提问：通过主动提问，可以鼓励对方更多地分享他们的感受和观点。询问开放性问题，如“你觉得怎么样？”或“你有什么想法？”，有助于激发对话，让对方感到被理解和重视。

（2）反馈他人的感受：在倾听的过程中，可以用自己的话语反馈对方的感受，以确认自己的理解是否准确，如“听起来你很生气，是吗？”，这种反馈有助于表明我们关心对方的感受。

（3）避免打断对话：在对话中避免打断对方，尊重他们的发言权，让他们充分表达自己的观点和情感。

（4）练习专注力：培养专注的能力，确保在倾听时不受干扰，集中注意力于对方。

通过这些措施，个体可以不断提升自己的倾听技巧和同理心水平。

倾听是一项关键的人际交往技能，它为我们提供了与他人建立情感连接、减少误解和冲突、提高同理心的机会。因此，倾听应该被视为一项重要的生活技能，值得不断地发展和提高。通过倾听，我们可以更好地理解他人，建立更深刻的联系，并共同创造和谐的工作环境。

4.2.3 在沟通中体现同理心

在沟通中体现同理心是建立深刻和有意义人际关系的重要组成部分。通过适当的言语回应和非言语行为表达，可以有效地传达出我们对他人情感的认可、尊重和共鸣。本部分内容将探讨如何在沟通中体现同理心，以促进更有效的互动和更亲密的关系。

首先，适当的言语回应是在沟通中表现同理心的重要方面之一，这包括表达对他人感受的理解和关注。当他人分享他们的情感或经历时，我们可以使用肯定的言辞来回应，如“我可以理解你为什么会感到伤心”或“我明白你的担忧”。这种回应传达出我们对他人情感的认可，表明我们愿意倾听和支持他们。其次，提问也是表现同理心的有效方式，通过询问对方更多关于他们感受的信息，可以进一步深化对他们情感的理解，如“你想和我分享更多吗？”或“你觉得有什么可以帮助你的？”再次，非言语行为在表现同理心中起着至关重要的作用。身体语言、面部表情和姿态等都可以传达我们的情感理解和共鸣。例如，通过与对方保持眼神接触，微笑或轻拍对方的背部，可以传达出我们的关心和支持。最后，姿态也非常重要，一个放松和开放的姿态表明我们愿意倾听和理解，而一个紧张或封闭的姿态可能产生距离感。因此，在沟通中保持积极、开放和支持性的非言语行为是体现同理心的关键。另外，通过情感共鸣来建立联系也是表现同理心的方式。这意味着我们试图将自己置入他人的立场，感受到他们所经历的情感。这并不意味着我们必须经历相同的情感，而是要尝试理解和感受对方的情感。通过情感共鸣，我们可以更深入地理解对方的内心世界，并传达我们的共鸣和支持。例如，当朋友告诉你他们感到沮丧时，你可以说“我可以想象你现在的感觉，这一定很难受”。以这种表达方式传达你对他们情感的共鸣，让他们对你产生理解和支持。

主动提供帮助和支持也是表现同理心的一种方式。当我们意识到他人需要帮助时，可以主动伸出援手。这种行为表明我们关心对方的需求，并愿意为他们提供支持，不仅体现了同理心，还加强了人际关系的亲近感和信任。在表现同理心时要避免评判和急于解决问题。

表现同理心的目的是理解和支持，而不是评判或提供解决方案。当他人分享他们的情感时，我们应该尊重他们的感受，而不是试图马上解决问题或提出建议。这可以通过倾听、共鸣和提供情感支持来实现。如果对方需要解决问题，他们通常会明确提出请求，这时我们可以提供帮助和建议，但在此之前，尊重对方的情感是非常重要的。

在沟通中体现同理心是建立深刻人际关系的关键。适当的言语回应、非言语行为、情感共鸣、提供帮助和避免评判都是表现同理心的方式。通过这些方式，我们可以传达我们的理解、支持和共鸣，建立更加亲密和有意义的关系。同理心不仅有助于他人感到被理解和支持，还可以提高沟通效果和人际关系的质量。因此，在日常生活中积极实践同理心是非常重要的。

4.2.4 同理心与情绪感染

同理心是一种强大的情感体验，使我们更深刻地理解他人的情感和观点。然而，同理心也可能引起情绪感染，即他人的情绪状态会影响个体自身的情绪。情绪感染在人际关系中可以发挥积极作用，但也可能带来情绪负担。我们将探讨同理心与情绪感染之间的关系，及其对人际关系的影响。

同理心可以促使个体与他人建立更深层次的情感联系。当我们能够理解和感受他人的情感时，更容易与他们建立亲近和有意义的关系。这种情感联系可以增强彼此的信任和支持，有助于构建健康的人际关系。例如，当朋友感到伤心或愤怒时，同理心使我们能够共鸣并表达出支持。这不仅使朋友感到温暖，也增进了我们之间的亲密感。

然而，情绪感染也可能导致情绪负担，尤其是在他人的情感较为负面或沉重时。当我们共鸣他人的负面情感时，可能会受到情感的传染，使自己也感到不适。这种情绪感染在家庭、工作或社交环境中都可能发生，特别是与情感强烈的人交往时。例如，与朋友谈论她的失意时，我们可能会感受到她的悲伤，进而导致我们自己也感到沮丧。情绪感染的负面影响可能引发情感疲劳、焦虑或抑郁等。

情绪感染并非总是负面的。在某些情况下，情绪感染可以带来积极影响，特别是在与充满喜悦和快乐的人互动时，他们的情绪可以感染我们，使我们感到更加愉快和积极。这种情绪感染可以提高我们的情绪状态，增加生活的幸福感。要更好地管理情绪感染，关键在于情绪自我调节。这包括意识到情绪感染何时发生，以及如何处理它。

在与他人建立深度关系时，情绪感染是难以避免的，但我们可以采取一些策略来减轻其负面影响。首先，我们可以学会更好地识别和理解自己的情绪反应，以便更好地处理它们。其次，我们可以采取积极的情绪调节策略，如放松、冥想或与积极的人交谈，以减轻负面情绪的影响。最后，建立情绪边界，学会在必要时与他人保持一定距离，以减少负面情绪感染的风险。

同理心与情绪感染之间存在着复杂的关系。同理心可以促进情绪联系和亲近感，但也可能引起情绪感染，带来情绪负担。了解这种关系并采取适当的情绪调节策略，有助于更好地管理情绪感染，维护健康的人际关系，增加情绪幸福感。情绪感染在人际交往中很常见，我们需要学会处理和应对它，以实现更健康、更和谐的人际关系。

4.2.5 同理心的界限与平衡

在人际互动和社交交往中，表现同理心是一种非常重要的能力。同理心使我们能够理解和感受他人的情感和观点，从而建立更深层次的人际关系。然而，在展现同理心的过程中，我们也需要设置一定的界限，以保护自己不受过度的情绪影响。这需要我们保持情感平衡和自我关怀。虽然同理心是一种宝贵的品质，但过度的同理心可能对自身产生不利影响。当我们过于投入他人的情感和问题中时，可能会感到身心疲惫和情感消耗。这种情况下，我们可能会忽视自身的情感需求和自我关怀，导致身体和心理的不适。因此，我们需要明确界定同理心的范围，了解何时应该提供支持，何时应该保护自己。一种常见的方式是设立情感边界。情感边界是我们与他人之间的情感和情绪的分界线，它可以帮助我们区分哪些是我们自身的情感，哪些是他人的情感。设定明确的情感边界后，我们可以更好地管理自己的情感，避免过度投入情感，并保护自己的情感平衡。例如，如果我们的朋友正经历一段困难的时期，我们可以提供支持和倾听，但同时也需要确保自己的情感不受过多的负面影响。

平衡是维持有效同理心的关键。在快节奏的现代生活中，我们往往会忽视自己的情感需求和自我关怀，将大部分精力投入关心他人之中。然而，过度关注他人可能会对我们的健康和幸福产生负面影响。因此，平衡是保持长期有效同理心的必要条件之一。平衡并不意味着放弃对他人的关心和同情，而是在关心他人的同时也关心自己。这意味着我们需要敏锐地察觉自己的情感状态，不忽视自己的情感需求。就像飞行员在驾驶飞机时需要不断调整飞行姿势以保持平衡一样，我们也需要时刻调整自己的情感需求，以确保情感的平衡和稳定。

如何才能实现这种平衡呢？定期休息和放松是非常重要的。在忙碌的工作和生活中，我们往往容易忽视自己的身体和心灵需求。因此，定期安排时间来休息和放松是有必要的，包括做瑜伽、冥想、散步，或者只是坐下来享受一杯咖啡。这些活动有助于减轻压力，恢复情感平衡，使我们更好地应对他人的情感需求。寻求支持和建立社交网络也是维持平衡的关键之一。与朋友和家人保持联系，分享彼此的感受和经历，可以帮助我们建立互相支持的关系。这些支持系统不仅可以提供情感支持，还可以帮助我们更好地理解自己和他人的情感需求。此外，参加社交活动和社交团体也是一个很好的方式，可以扩展我们的社交网络，与各种各样的人交往，从中学习不同的情感体验。

此外，培养个人兴趣和爱好也是保持情感平衡的重要因素。每个人都有自己的兴趣和爱好，这些兴趣可以帮助我们放松身心，充实自己的生活。不管是阅读、绘画、音乐、运动还是任何其他的爱好，都可以成为我们的情感出口，帮助我们更好地理解和表达自己的情感。通过培养这些兴趣，我们可以建立更加坚实的自我，从而更好地应对他人的情感需求。在展现同理心时，我们也需要明确边界，以保护自己不受过度的情感影响。我们需要学会辨别何时需要给自己一些时间和空间，以保持情感平衡。这并不是自私的行为，而是为了确保我们能够持续地提供同理心和支持。

通过定期休息和放松，寻求支持和建立社交网络，以及培养个人兴趣和爱好，我们可以维持情感平衡，使自己更好地展现同理心，也保护了自己的情感健康。在展现同理心时，明确界限和保持情感平衡同样重要。通过设定情感边界和维持平衡，我们可以更好地处理他人的情感需求。这种平衡和自我关怀有助于我们实现更加健康的人际关系。

4.3 情绪调节的技巧

在线测试

4.3.1 情绪调节的基本概念

情绪调节是一项复杂而重要的心理过程，涉及个体识别、理解和管理自身的情绪反应。它在日常生活中影响我们的情感体验、人际关系、决策制定和沟通效果。在不同的情境中，情绪调节能力可以帮助我们保持情绪稳定，更好地应对各种挑战。情绪调节可以被视为一种情绪智力，它包括多个方面的技能和能力。这些技能涵盖了情绪的识别、表达、理解和管理。个体需要能够识别自己的情绪，理解情绪的来源和影响，有效地表达情感，并采取适当的策略来管理和调整情绪反应。

情绪调节的核心之一是情绪识别。这意味着个体需要能够准确地辨别自己正在经历的情感，无论是喜悦、愤怒、悲伤还是其他情绪。情绪识别使个体能够更好地理解自己的内在心世界，在适当的时间表达高兴、焦虑、愤怒或沮丧等情绪，从而更好地管理这些情绪。

情绪表达也是情绪调节的重要组成部分。有效的情绪表达可以帮助我们与他人建立更深层次的联系，使他们能够理解我们的情绪状态。通过适当的情绪表达，我们可以分享喜悦、庆祝成功，也可以在需要时寻求支持和理解。

理解情绪的来源和影响是情绪调节的重要方面。各种情绪涌现并影响着我们的思维、行为和生活质量。深入挖掘情感背后的原因，有助于更深刻地理解自己，并为应对情绪带来的挑战做好准备。情绪反应通常是人们对特定情境、事件或观点的自然反应。通过分析和识别这些情绪反应的触发因素，我们可以更好地理解自己的情绪世界，逐步解决可能存在的情绪问题。情绪的来源有多种：有时来自外部因素，如工作压力、人际冲突或失落感；有时来自内部，如自我负面评价、过去的创伤或焦虑。通过自我反省和探索，我们可以识别出负面情绪的来源，并处理它们。这不仅有助于更好地理解自己的情绪，还可以帮助我们发展更健康的情绪应对机制。

此外，情绪对我们的思维和行为产生深远的影响。情绪可以影响我们的注意力、判断力和决策能力。例如，当我们感到愤怒或焦虑时，可能会更容易做出冲动的决策，而不是冷静思考。情绪还可以影响我们的社交互动，有时会导致情绪的传染，即一人的情感能够影响他人的情绪状态。因此，理解情绪的影响对我们更好地管理情绪和做出明智的决策至关重要。

情绪管理也是情绪调节的核心组成部分。它涵盖了各种策略和技巧，旨在帮助我们处理和管理情绪，以避免它们过度干扰我们的生活。这些策略可以根据情境的性质而异。以下是一些常见的情绪管理策略：

（1）情绪释放：允许自己表达情绪，可以通过谈话、写作、绘画或身体活动来表达情绪。这有助于释放紧张和负面情绪，减轻情绪压力。

（2）认知重构：通过审视和改变负面思维模式来改善情绪状态。这包括挑战自己的负面评价和错误思维，以更积极和健康的方式看待问题。

（3）放松技巧：学习深呼吸、冥想、渐进性肌肉松弛等，有助于降低情绪激发和维护情绪平衡。

（4）积极的情绪调整：寻找积极的情绪体验和活动，如欣赏艺术、参加社交活动或从事爱好。这些活动可以提升情绪状态和幸福感。

情绪调节是一项复杂的心理过程，需要不断地练习和自我反省。通过发展和提升情绪调节能力，我们可以更好地应对生活中的挑战。这不仅有助于提高我们的自我意识，还有助于改善人际关系、决策制定和沟通效果。情绪调节不仅是一项重要的心理技能，也是实现更丰富、充实生活的关键。

4.3.2 管理压力与情绪的关联

管理压力是情绪调节的重要方面，因为未受控制的压力可能导致负面情绪，并严重影响个体的沟通效率和人际关系。在现代生活中，每个人都会面临各种形式的压力，无论是工作、学业、家庭还是社会压力。因此，学习应对压力的技巧对维持情绪平衡和有效的情感表达是必不可少的。压力是一种常见的生理和心理反应，通常在面对挑战、威胁或紧张情境时产生。这种反应可以导致身体和心理的紧张，从而引发负面情绪，如焦虑、愤怒、沮丧和恐惧。当个体感到压力时，他们的情绪调控能力可能受到影响，了解如何管理压力对保持情绪平衡至关重要。

有效的压力管理技巧包括身体和心理层面的策略。在身体层面，锻炼、良好的饮食和充足的睡眠可以减轻身体紧张，降低负面情绪的产生。身体活动有助于释放紧张情绪，并促进大脑产生更多的愉悦激素，如内啡肽和多巴胺，从而改善情绪状态。此外，饮食中含有足够的维生素和矿物质也对情感调节有一定的影响，因为它们支持神经系统的正常功能。在心理层面，认知策略是应对压力的强大工具。我们生活在一个充满挑战和变化的世界中，而良好的情绪管理和应对压力的技巧可以帮助我们更好地应对生活中的各种困难和不确定性。积极的情绪调整在应对压力方面发挥了关键作用。这意味着我们不仅要看到问题和困难，还要寻找其中的积极方面和解决办法。积极情绪调整有助于改变我们对挑战的看法，使我们更加乐观和有信心地面对生活中的压力。例如，当我们面临工作压力时，可以尝试将其视为学习和成长的机会，而不是负担。这种积极的思维方式可以减轻情绪上的负担，增强情绪平衡。

减少负面自我对话也是情绪管理的重要组成部分。我们的内心对话可以无意识地影响自身的情绪状态。当我们对自己的能力和价值产生负面的自我评价时，可能会加重情绪困扰。通过意识到这种负面自我对话并采取措施转变它，我们可以改善自己的情绪状态。这包括用积极的自我肯定和自我激励的对话来替代负面自我对话，以及接受自己的不完美。

此外，放松技巧是降低紧张情绪、增强情绪平衡的方法之一。冥想、深呼吸和渐进性肌肉松弛等技巧可以帮助我们放松身心，减轻日常压力的紧张感。这些技巧不仅可以在压力高峰期使用，还可以作为日常生活的一部分，以提高情绪健康和保持情绪稳定。

管理压力与情绪表达和人际关系密切相关。当个体无法有效地管理压力时，他们可能将负面情绪投射到他人身上，导致冲突和不和谐的人际关系。这种情况下，情绪表达变得不健康，可能导致争吵、争执和疏远。因此，学习应对压力的技巧不仅有益于自己，还能维护健康的人际关系。最重要的是，长期的压力可以对身体健康产生负面影响，包括心理健康。长期暴露在高强度的压力下可能导致焦虑、抑郁和其他心理健康问题。因此，学习应对压力的技巧不仅有助于情绪管理，还有助于维护身体健康。

管理压力不仅是情绪调节的关键方面，还对情绪管理、情感表达、人际关系和身体健康产生深远的影响。学习应对压力的技巧可以帮助我们更好地应对生活中的各种挑战，维持情绪平衡，促进积极的情感表达，建立健康的人际关系，以及保持身体健康。通过有效的压力管理，我们可以更好地应对现代生活中的各种压力源，提高情绪智力和生活质量。情绪调节不仅是一项重要的心理技能，也是实现更丰富、充实生活的关键要素。通过不断学习和实践这些技巧，我们可以为自己的情绪健康打下坚实的基础。

4.3.3 积极心态的培养与维持

培养和维持积极心态对有效的情绪调节至关重要。积极心态不仅有助于提升情绪韧性，减轻负面情绪的影响，还可以促进健康的人际互动。在日常生活中，每个人都会面临各种挑战和压力，这些挑战可能会触发负面情绪，如焦虑、沮丧和愤怒。然而，通过培养和维持积极心态，个体可以更好地应对这些情绪，增强情绪韧性，从而更好地适应各种情境。积极心态是一种积极、乐观、充满希望和幸福感的心态。拥有积极心态的人倾向于看到问题的解决方案，而不是问题本身，他们更倾向于积极地应对挑战，而不是陷入担忧和消极情绪。

积极心态不仅可以改善个体的情绪状态，还可以提高生活质量，促进身心健康。培养和维持积极心态的一种方式是通过积极的思维习惯。这包括学会将问题视为挑战，而不是威胁，以及培养感恩和满足感。积极思考的习惯有助于个体更好地应对负面情绪，并促使他们更积极地看待生活中的各个方面。另一种方式是接受自己，并保持自尊心。自尊心是积极心态的基石，它有助于个体更好地理解和接纳自己的情绪和经历，而不是自责或自我怀疑。

社交支持在维护积极心态和情感健康方面具有不可忽视的重要性。亲朋好友、社交网络和社交互动在我们的生活中占据着重要地位，对我们的情绪平衡和积极心态起着举足轻重的作用。让我们深入地探讨社交支持如何影响我们的情绪健康和情绪调节。与亲朋好友建立互相支持的关系可以提供情感上的安慰和理解。在面临困难和挑战时，有人可以倾诉和分享，可以减轻负面情绪的负担。朋友和家人的支持可以让我们感到被关心，这种情感连接有助于增强我们的情绪韧性，使我们更能够应对生活的起伏。积极的社交互动也可以促进积极情绪的传播。当我们与积极的人互动时，他们的情绪能量和态度可以感染我们，使我们更有活力、更乐观。这种情绪传播有助于保持积极心态，使我们更容易应对负面情绪。

此外，积极的社交互动可以提供身心的放松和娱乐，有助于缓解压力和焦虑，增强情绪平衡。积极心态与情绪调节和人际互动密切相关。拥有积极心态的人更容易应对情绪挑战，因为他们能够以积极的方式应对负面情绪。他们可能更快地寻找解决问题的方法，而不是陷入绝望或消极的情绪。

积极的情绪和态度通常会吸引他人，因为人们往往更愿意与积极、乐观的人互动。这有助于促进积极的人际互动和建立更健康的关系。然而，培养和保持积极心态并不容易。生活中的压力、挑战和负面情绪都可能对我们的健康产生负面影响。在这种情况下，社交支持变得尤为重要。亲朋好友可以成为我们的情绪支持系统，帮助我们应对困难，并提供鼓励和支持。他们还可以提供不同的观点和建议，帮助我们更好地理解问题并找到解决方案。

总之，培养和维持积极心态对有效的情绪调节和健康的人际互动至关重要。通过积极的思维习惯、自尊和社交支持，个体可以更好地应对生活中的各种情境，提高情绪韧性，减轻负面情感的影响，从而实现更健康、快乐的生活。积极心态不仅有助于个体的情感健康，还有助于建立积极的人际关系。因此，我们应该珍视社交支持，并主动与他人建立有益的人际关系，以维护自身的情感健康。

4.3.4 情绪冲突的解决技巧

情绪冲突的解决技巧是有效处理情感不和谐与维护人际关系的关键。情绪冲突可能在各种情境下发生，无论是在家庭、工作还是社交环境中。当冲突发生时，理解如何识别冲突的情绪根源、采取积极的沟通策略以及寻找共同的解决方案都是重要的技巧。如表 4-2 所示，这些技巧有助于缓和冲突，恢复和谐的人际关系。

表 4-2 解决情绪冲突的技巧及其应用效果

解决技巧	技巧描述	应用效果
自我意识	识别和理解自己的情绪及其来源	提高自我认知，减少冲动行为
情绪调节	学会管理和控制自己的情绪反应	保持情绪稳定，防止冲突升级
同理心	设身处地理解他人的情绪和需求	增强关系亲密度，缓解紧张气氛
有效沟通	清晰、礼貌地表达自己的观点和感受	促进互相理解，减少误解和冲突
冲突解决策略	使用具体的策略和方法解决冲突	找到双赢的解决方案，恢复和谐

识别冲突的情绪根源是解决情感冲突的第一步。通常情况下，冲突的发生是双方在情感上受到了伤害或触动。因此，了解冲突的情绪根源对理解冲突的发生十分关键。这可以通过倾听、表达和共鸣来实现。倾听对方的观点和情感，试图理解他们的立场

和情绪反应，可以揭示冲突的情绪根源。另外，我们也要表达自己的情绪，以便对方理解我们的感受和反应。共鸣可以帮助双方建立情感连接，更好地理解彼此。

采取积极的沟通策略是解决情绪冲突的第二步。积极的沟通策略包括坦诚、尊重和耐心。坦诚沟通意味着坦率地表达自己的感受和观点，同时倾听对方的意见。尊重是基础，要尊重对方的感受和立场，不要贬低或侮辱对方。耐心是解决冲突的重要因素，因为情绪冲突通常不会立刻得到解决，需要时间来理解和处理。此外，应避免过度激动和争吵，以免加剧冲突；相反，应保持冷静，避免情绪化的语言和攻击性的言辞。

寻找共同的解决方案是解决情绪冲突的第三步。情绪冲突通常不是一方完全正确，另一方完全错误的情况。因此，寻找一个双方都可以接受的解决方案尤为重要。这可以通过协商和妥协来实现。协商是双方共同讨论，寻找双赢解决方案的过程。妥协是双方都做出一些让步，以满足对方的需求和愿望。寻找共同的解决方案需要双方的合作和灵活性。

情绪冲突的解决技巧包括识别冲突的情绪根源、采取积极的沟通策略以及寻找共同的解决方案，缓和冲突，通过理解彼此、坦诚和尊重地沟通，以及共同努力找到解决方案，情绪冲突就可以得到有效解决。

4.3.5 利用情绪智能进行有效沟通

情绪智能是一种重要的能力，对有效的沟通至关重要。通过调节自身的情绪反应，个体能够更清晰、更有同理心地进行沟通，从而提高沟通的质量和效果。情绪智能不仅有助于管理自身的情绪，还有助于更好地理解和响应他人的情绪，为更富有意义和积极地互动创造条件。情绪智能涉及个体对自身情绪的认知和管理。个体需要能够识别和理解自己的情绪，包括快乐、悲伤、愤怒、焦虑等。这种情绪认知使个体能够更好地了解自己的感受，并决定如何应对这些情绪。例如，如果一个人意识到自己处于愤怒的情绪状态，他可以选择采取冷静的策略来处理冲突，而不是冲动地做出决定。情绪管理也包括情绪调节，即个体能够通过各种方式来调整情绪状态，以更好地适应不同情境。这可能包括采取深呼吸、放松技巧或锻炼等方法，以平衡情绪并提高情绪稳定性。

情绪智能还涉及对他人情绪的理解和同理心。在沟通中，理解对方的情绪状态有助于建立连接和互信。通过观察对方的面部表情、肢体语言和言语表达，个体可以更好地理解对方的感受。这种情绪识别的能力使个体能够更有同理心地回应他人的情绪需求。同理心不仅体现在言辞上，还包括非言语的支持，如体贴的姿态、安慰的触摸等。通过表达同情和共鸣，个体可以更好地帮助他人应对情绪挑战，从而建立更深层次的人际关系。

情绪智能还涉及有效的情感表达。这意味着个体需要能够以清晰和适当的方式表达自己的情绪，以便他人能够理解并响应。在沟通中，情绪表达不只是言辞的表达，还包括肢体语言、声音语调和表情。例如，当一个人表达感激之情时，他的面部表情和语气应该与言辞一致，以传达真实的感受。此外，情绪表达还需要考虑文化和社交情境的因素，以确保表达方式在特定环境中是合适的。

情绪智能对处理情绪冲突和促进积极互动也非常关键。在情绪冲突中，情绪智能使个体能够冷静地分析出冲突的根本原因，而不是被情绪所左右。通过采取冷静的沟通策略和寻找共同的解决方案，个体可以更好地处理冲突，维护关系。此外，情绪智能还有助于在互动中建立积极的氛围，提高团队合作和个人成就。通过展现理解、共鸣和支持，个体可以在人际关系中建立更多的信任和亲近感，从而实现更有效的合作。

情绪智能在沟通中扮演着关键的角色。它涵盖了情绪认知、情绪管理、情绪识别、同理心、情绪表达以及处理情绪冲突的能力。通过发展和提高情绪智能，个体可以更好地理解自己和他人的情绪，建立更深层次的互动，提高沟通的质量和效果。因此，情绪智能是一项重要的技能，值得在个人和职业生涯中不断发展和培养。

4.3.6 情绪调节在团队中的应用

在现代工作环境中，团队合作已经成为取得成功和实现目标的关键要素之一。然而，团队中的各种情绪可能会对合作产生积极或消极的影响。因此，情绪调节在团队中的应用尤为关键，它可以帮助团队成员更好地管理情绪、增强协作能力、减少冲突，并提高整体的团队表现。情绪调节有助于增强团队成员之间的情绪智能。情绪智能是一种关于情绪的认知和管理能力，涉及情绪的识别、理解、表达和调节。在团队中，不同的人可能会带来各种情绪，如兴奋、挫折、焦虑等。团队成员需要能够识别自己和他人的情绪，理解这些情绪可能如何影响工作和互动，并以积极和健康的方式表达和调节情绪。通过提高情绪智能，团队成员可以更好地应对各种情绪挑战，促进协作和团队凝聚力。

情绪调节有助于减少冲突并提高沟通质量。情绪冲突在团队中时常发生，可能源自不同的观点、需求或期望。情绪智能使团队成员能够更好地处理这些冲突，避免情绪上的激化，并采取建设性的解决方案。通过识别情绪冲突的根本原因，团队成员可以更好地理解对方的立场和感受，从而建立更好的信任和互信。情绪调节还有助于改善沟通质量，因为它使团队成员能够更清晰地表达自己的观点和需求，更好地倾听和理解他人的意见。

情绪调节有助于提高团队的协作能力。在团队工作中，协作是取得成功的关键因素之一。情绪智能可以帮助团队成员更好地理解彼此的角色和责任，以及如何共同努力实现共同目标。通过共情他人、表达支持及理解他人的需求，团队成员可以建立更紧密的联系，增强协作精神。

情绪调节有助于团队成员处理困难的情况和挑战，使他们能够更冷静和理性地分析问题，而不受情绪的干扰。情绪调节有助于提高团队的整体表现。当团队成员能够更好地管理情绪、减少冲突、提高沟通质量和增强协作能力时，团队的效率和收益都会得到提高。团队成员更有可能在积极的氛围中工作，感到满足和投入，从而更有动力为团队的成功做出贡献。情绪调节有助于创造一个积极的工作环境，有助于增强情绪智能、减少冲突、提高沟通质量及增强协作能力，从而提高团队的整体表现。因此，在职场中，情绪调节被认为是一项非常重要的技能，有助于个体和团队在竞争激烈的工作环境中取得成功。

4.4 案例解析

《红楼梦》第八回　比通灵金莺微露意　探宝钗黛玉半含酸

一语未了，忽听外面人说："林姑娘来了。"话犹未了，林黛玉已摇摇的走了进来。一见了宝玉，便笑道："嗳哟，我来的不巧了。"宝玉等忙起身笑让坐。宝钗因笑道："这话怎么说？"黛玉笑道："早知他来，我就不来了。"宝钗道："我更不解这意。"黛玉笑道："要来时一群都来，要不来一个也不来。今儿他来了，明儿我再来，如此间错开了来着，岂不天天有人来了？也不至于太冷落，也不至于太热闹了，姐姐如何反不解这意思？"

宝玉因见他外面罩着大红羽缎对衿褂子，因问："下雪了么？"地下婆娘们道："下了这半日雪珠儿了。"宝玉道："取了我的斗篷来不曾？"黛玉便道："是不是？我来了他就该去了。"宝玉笑道："我多早晚儿说要去了，不过拿来预备着。"宝玉的奶母李嬷嬷因说道："天又下雪，也好早晚的了，就在这里同姐姐妹妹一处顽顽罢。姨妈那里摆茶果子呢，我叫丫头去取了斗篷来，说给小幺儿们散了罢。"宝玉应允。李嬷嬷出去命小厮们都各散去不提。

……

黛玉磕着瓜子儿，只抿着嘴笑。可巧黛玉的小丫鬟雪雁走来与黛玉送小手炉，黛玉因含笑问他："谁叫你送来的？难为他费心，那里就冷死了我！"雪雁道："紫鹃姐姐怕姑娘冷，使我送来的。"黛玉一面接了，抱在怀中，笑道："也亏你倒听他的话。我平日和你说的，全当耳旁风，怎么他说了你就依，比圣旨还快些！"宝玉听这话，知是黛玉借此奚落他，也无回复之词，只嘻嘻的笑两阵罢了。宝钗素知黛玉是如此惯了的，也不去睬他。薛姨妈因道："你素日身子弱，禁不得冷的，他们记挂着你倒不好？"黛玉笑道："姨妈不知道。幸亏是姨妈这里，倘或在别人家，人家岂不恼？好说就看的人家连个手炉也没有，巴巴的从家里送个来。不说丫鬟们太小心过余，还只当我素日是这等轻狂惯了呢。"薛姨妈道："你这个多心的，有这样想，我就没这样心。"

【案例解析】

聪慧的林黛玉长期寄居荣国府，因此心思敏感，自尊心极强。当她听到宝钗屋里传来的笑声朗朗时，心中涌起酸楚之情。尽管她试图掩饰，但冷嘲热讽的话语仍然透露出她内心的痛苦，她并没有考虑到这些话可能会伤及其他听者的感情。

5　跨文化沟通的挑战与策略

5.1　文化差异的认识

在线测试

5.1.1　文化的定义及其基本元素

文化是一个社会群体的独特特征，由一系列共享的信仰、价值观、习惯和规范构成。这些元素深刻地影响着个体和社会的行为、思维方式以及互动模式，如表 5-1 所示。文化的多样性和复杂性使其成为一个广泛而深刻的主题，值得我们深入探讨和理解。语言是文化的核心元素之一。它不仅是人类交流的媒介，也是文化传承的重要工具。不同的文化群体拥有各自独特的语言，这些语言不仅在词汇和语法上有差异，还反映了不同文化的思维方式和价值体系。语言不仅是交流工具，还承载着文化的历史、传统和认同感。宗教也是重要的文化元素，它在塑造信仰体系、道德观念和社会行为方面发挥着关键作用。不同的宗教信仰可以导致不同的价值观和行为规范，从而影响社会的组织结构和个体的行为选择。宗教仪式和庆典也是文化的一部分，它们传达着对神圣的崇敬以及社会共同体的凝聚力。

表 5-1　文化定义及其基本元素

项目	语言	价值观	习俗	艺术和文学	宗教和信仰	社会结构
文化定义	用于沟通的系统，包括口头、书面和非言语形式	群体共同信奉的核心信念和标准	群体内共享的传统做法和仪式	表达群体经验、历史和想象的创作形式	关于生命、宇宙和精神信仰体系的集合	定义个人在社会中的角色和地位的系统
基本元素	词汇、语法、发音、手势	道德、信仰、优先次序、社会规范	节日、庆典、礼仪、传统活动	音乐、绘画、文学作品、舞蹈	神话、仪式、精神实践	家庭、阶级、职业、社会团体

艺术是表达人类文化的珍贵方式，蕴含着深刻的文化内涵。它不仅是一种形式，

更是一种情感、创造力和思想的载体。绘画、音乐、舞蹈、戏剧等形式的艺术都为我们提供了展现文化多样性和丰富性的机会。不同文化中的艺术形式各具特色，它们反映了文化的审美观念、历史记忆和价值体系。在绘画方面，每个文化都有自己独特的绘画风格和主题。例如，中国的水墨画强调意境和抽象性，常以山水、花鸟为题材，反映了中国文化对自然和哲学的追求。相比之下，欧洲的绘画传统注重现实主义和人物肖像，反映了西方文化对个体和历史的关注。音乐也是文化的重要组成部分，不同地区的音乐有各自独特的节奏、旋律和乐器。从非洲的部落鼓乐到印度的拉格（raga），每种音乐形式都传达着文化的情感和精神。

舞蹈是引人注目的文化表达形式，它不仅是身体的表演，更是情感和故事的传递。印度的卡塔克舞强调手势和表情，通过身体语言传达故事和情感，反映了印度文化的神秘和宗教性质。相比之下，西班牙的弗拉明戈舞充满了激情和力量，表现了西班牙文化的热情和活力。

戏剧是通过表演来展现文化故事和价值观的形式。不同地区的戏剧有着独特的演出风格和主题。例如，日本的能乐强调缓慢而仪式化的表演，通常涉及神话和传统故事，反映了他们对传统文化的尊重；然而，英国的莎士比亚戏剧强调情感和人性的探讨，反映了复杂的人性及西方文化的个体主义。

此外，艺术还可以被视为文化的传承和创新的载体。通过艺术，文化可以被传递给后代，历史可以得以保存。同时，艺术是创新的源泉，每一代艺术家都可以为文化注入新的元素和思想，推动文化的发展和演变。

社会习俗是文化的重要体现。它们包括了各种仪式、礼仪、节日和习惯，是文化的日常表现。社会习俗反映了社会群体的价值观和行为规范，同时强化了社会的凝聚力。在不同文化中，社会习俗有显著的差异，从饮食习惯到婚礼仪式，每个社会都有独特的方式来庆祝和纪念重要事件。这些习俗不仅丰富了文化，也强化了社会的认同感和归属感。

文化是一个多层次和多维度的概念，它包括语言、宗教、艺术和社会习俗等基本元素。这些元素共同塑造了一个社会群体的独特方式，影响着个体和社会的思维、行为和价值观。通过深入理解文化的各个方面，我们可以更好地欣赏和尊重不同文化之间的差异，促进跨文化的交流和理解，从而构建一个更加多元化和包容的社会。文化是我们的精神财富，应该被珍视和传承，以推动人类社会的和谐和进步。

5.1.2 文化价值观的差异与影响

不同文化背景的人可能具有截然不同的价值观，这种差异在日常生活中深刻地影响着我们如何理解世界、与他人互动及做出决策。文化价值观的多样性和影响力值得我们深入探讨和思考。文化背景在塑造个体的价值观方面起到关键作用。每个文化群体都有其独特的传统、历史和价值观，这些因素共同塑造了人们的核心信仰和原则。例如，有的文化强调集体主义和社区合作，重视团队协作和社会互助；而有的文化更注重个人主义和自我实现，鼓励独立和竞争。这些不同的价值观在决策制定、行为规范和社会交往中会产生深远的影响。文化背景对个体的沟通方式和交流风格也有显著的影响。不同文化之间的语言、非语言沟通和交际方式都可能存在差异，这可能导致误解和冲突。

文化背景还会影响个体对道德和伦理问题的看法。不同文化可能对道德价值观和伦理原则有不同的强调和重要性。例如，一些文化可能更加注重家庭价值观和传统道德，而另一些文化可能更加强调个体权利和社会正义。这种差异可以在法律、政策制定和社会规范中体现出来，导致不同文化之间的价值冲突和观念碰撞。文化背景对个体的决策和行为产生也有直接影响。文化中的行为规范和社会期望可以影响个体在特定情境下的行为选择。例如，一些文化可能鼓励节俭和自我控制，而另一些文化可能更加开放。这些不同的行为模式可以在购物、饮食、婚姻和职业选择等方面产生显著影响。

文化背景对个体的价值观、沟通方式、道德观念和行为选择都有深远的影响。了解和尊重不同文化之间的差异是促进跨文化交流和合作的关键，有助于建立更加多元化和包容的社会。在全球化背景下，我们需要更加关注文化差异，以更好地理解和协调跨文化环境中的各种挑战和机会。

5.1.3 非言语沟通中的文化特征

非言语沟通是我们生活中不可或缺的交流方式，包括肢体语言、面部表情和眼神接触等。然而，不同文化对非言语行为的解读可能截然不同，这反映了文化背景对我们在情感、意图、信息方面如何表达和理解的影响。肢体语言在不同文化中具有各自的特征。肢体动作、手势和姿态可以用来表达情感、态度和意图。然而，这些表达方式在不同文化之间存在显著的差异。例如，一部分文化可能更加注重身体接触（拥抱和握手），以表达亲近和友好，而另一部分文化强调保持一定距离和身体姿态来表达尊重和礼貌。因此，在跨文化交流中，理解并尊重不同文化的肢体语言有助于避免误解和冲突。

面部表情也是非言语沟通的重要组成部分。不同文化对笑容、眉毛的抬降、眼睛的眨动等面部表情的解读可以大相径庭。一部分文化可能更加开放地表现情感，将笑容视为友好和愉快的象征；而另一部分文化可能更加保守，将情感表达控制在面部表情之内。这种差异在社交互动中可能导致误解，因此在跨文化环境中，人们需要敏感地注意和解读不同文化的面部表情。眼神接触也是非言语沟通中的重要元素。不同文化对眼神接触的含义和重要性有不同的看法。在某些文化中，直视对方的眼睛被视为自信和坦诚的表现；而在某些文化中，过于直接的眼神接触可能被视为侵犯隐私或不礼貌。

因此，在交流和社交互动中，了解并尊重不同文化对眼神接触的期望至关重要。非言语沟通中的文化特征在日常生活中也非常重要。它们不但反映了文化背景对情感表达和社交规范的影响，也影响人们如何相互理解和与他人互动。在全球化时代，跨文化交流变得越来越常见，我们需要更加敏锐地理解和应对不同文化中的非言语沟通差异，以促进有效的跨文化交流和合作。通过尊重和理解这些差异，我们可以建立更加多元化和包容的社会，增进各文化之间的相互尊重和理解。

5.1.4 社交习惯与礼仪的文化差异

社交习惯和礼仪是不同文化之间显著的差异之一，涵盖问候方式、餐桌礼仪和着装规范等方面。这些社交习惯和礼仪反映了文化背景对社交互动和人际关系的不同看法，了解并尊重这些差异对建立有效的跨文化沟通和合作是有必要的。不同文化之间的问候方式存在显著差异。在一部分文化中，人们倾向于用热情的拥抱、亲吻或握手来问候和表示亲近，这被视为友好和亲切的表现。然而，在另一部分文化中，人们可能更加保守，选择更为正式的问候方式，如行礼或鞠躬。这种差异反映了不同文化对个人空间和身体接触的不同看法，了解并尊重这些差异可以减少不必要的尴尬和误解。

餐桌礼仪也是文化差异的重要体现之一。不同文化在用餐时的规范和习惯可能截然不同。例如，在一部分文化中，吃饭时可能会发出声音或使用手指夹食物，这被视为品尝食物的方式。而在另一部分文化中，吃饭时需要保持安静，使用餐具，避免发出声音。此外，坐姿、食用顺序和与他人交流的方式也可能因文化而异。了解并尊重不同文化的餐桌礼仪可以让人在跨文化的社交场合中感到舒适和被尊重。着装规范也是文化差异的一个重要方面。不同文化对穿着的要求和期望可能差异巨大。一部分文化更加注重着装的正式和庄重，认为适当的着装是对他人的尊重和社会地位的体现。而另一部分文化则更加注重舒适和随意，认为着装应该更加自由和个性化。在不同文化间，着装规范也可能受到宗教、社会地位和职业的影响，因此了解并遵守当地的着装规范对社交互动至关重要。

总之，社交习惯和礼仪在不同文化间存在显著的差异，包括问候方式、餐桌礼仪和着装规范等方面。了解并尊重这些差异是建立有效跨文化沟通和互信关系的关键。

在全球化时代，跨文化交流变得越来越常见，因此我们需要更加敏锐地理解和应对不同文化中的社交习惯和礼仪差异，以促进互相尊重和合作，构建更加多元化和包容的社会。

5.1.5 文化立场与消除偏见意识

在进行跨文化沟通时，个体能意识到自身的文化立场并消除潜在的文化偏见实属不易。这种自我意识有助于进行有效沟通和建立互信关系，避免误解和沟通障碍，推动更加开放和包容的交流。每个人都有自己的文化背景和价值观念，这些因素在很大程度上塑造了我们的思维方式和行为模式。然而，我们常常未意识到自己的文化立场，将其视为理所当然，容易忽视其他文化的差异。因此，首要任务是自我反思并意识到自己的文化背景对思维和行为的影响。

文化偏见是一种潜在的障碍，可能会影响我们对他人和其他文化的看法。文化偏见可能源于不了解或误解其他文化的特点，也可能是因为刻板印象、偏见和歧视。为避免文化偏见，我们要积极寻求了解其他文化的信息，接触不同背景的人，打破对他们的偏见和刻板印象。同时，我们要审视自己的思维和行为，警惕可能存在的偏见和歧视。

文化立场和文化偏见在跨文化沟通中确实是十分常见且棘手的问题，它们严重影响着我们的交流和相互理解。在跨文化环境中，我们会发现自己面对来自不同文化背景的人，他们可能遵从不同的价值观、信仰、习惯和社会规范。因此，要实现有效的跨文化沟通，我们需要敏锐地认识到自身的文化立场和文化偏见，并采取积极的方法来消除偏见。了解语言差异和文化中的语言敏感性至关重要。不同的文化有不同的语法、词汇和语言结构，同一个词语在不同文化中可能有截然不同的含义。因此，我们在跨文化沟通中需要特别小心选择语言和表达方式，避免使用可能具有冒犯性的词语或表达方式，尤其在涉及敏感话题时。同时，了解礼貌和尊重的语言规范也是非常重要的，因为在一些文化中，礼貌的表达方式可能与我们的文化有所不同。我们需要关注非语言沟通，包括语调、声音和肢体语言。这些因素在跨文化交流中同样具有重要意义。不同文化的人可能对声音和肢体语言有不同的敏感性和解读方式。例如，有的文化可能更注重面部表情，而有的文化更关注声音的音调和节奏。因此，我们需要谨慎地使用肢体语言，并注意自己的声音和语气，以避免误解和不适。

文化立场和文化偏见也可以表现为态度和假设。我们可能会基于自己的文化背景，对其他文化的行为、信仰或价值观产生偏见或误解。为了加强跨文化沟通，我们需要努力了解其他文化，尊重差异，而不是以自己的文化标准来评判他人。这需要保持开放的心态、好奇心和尊重，从而更好地理解他人的观点和需求。意识到自身的文化立场并消除潜在的文化偏见有助于建立更加开放和包容的交流环境。当我们能够认识到自己的文化背景并努力理解其他文化时，我们就可以更好地理解他人的观点和需求，建立互信关系，并促进跨文化合作；还有助于我们更好地应对文化冲突和挑战，以建立一个更加多元化和包容的社会。

文化立场和文化偏见是跨文化沟通中的障碍，但通过保持尊重和开放的心态，我们可以克服这些障碍，建立更强大的跨文化桥梁，促进文化交流和相互理解，推动全球社会的和谐发展。跨文化沟通不但是一门技能，而且是一种能力，需要不断地学习和实践，以构建和谐、包容和多元化的社会。

5.2 有效跨文化沟通的技巧

在线测试

5.2.1 增强文化意识与敏锐度

为有效地进行跨文化沟通，我们需要提升自己的文化意识和敏锐度。这意味着深入了解不同文化背景下的价值观、信仰和行为习惯，可以更好地理解和尊重他人的文化。这个过程需要不断学习和积累经验，以建立更加开放和包容的沟通方式。我们需要主动学习跨文化知识，包括研究不同文化的历史、传统、宗教和价值观。通过阅读书籍、观看纪录片、参加文化活动和与来自不同文化背景的人互动，我们可以逐渐积累更多的跨文化知识。了解不同文化的背景和根源有助于我们理解他人的思维方式和行为模式。

文化敏锐度涉及感知和理解不同文化的细微差异。这需要我们关注细节，包括语言选择、肢体语言、面部表情和社交习惯等。例如，不同文化对面部表情的解读可能存在差异，某种表情在一部分文化中可能表示喜悦，而在另一部分文化中可能表示不悦。通过观察和倾听，我们可以更好地理解他人的情感和意图，避免误解和冲突。跨文化沟通需要灵活性和适应性。我们需要意识到，不同文化之间的交往方式可能会有所不同，而不是期望他人适应我们的方式。在与不同文化的人交往时，我们可能需要调整自己的行为和沟通方式。这种灵活性可以增强我们的交流效果，建立更好的互信关系。

跨文化沟通是一个复杂而具有挑战性的过程。要顺利进行跨文化沟通，除了有正确的文化立场和消除文化偏见的意识外，耐心和尊重也是必不可少的因素。耐心和尊重可以为建立积极的沟通氛围和促进互相理解与合作打下坚实的基础。耐心在跨文化沟通中至关重要。不同文化之间存在语言差异、价值观差异和行为差异，这可能导致误解或不愉快。在这种情况下，耐心是解决问题的关键。我们应该理解，他人有不同的文化背景和人生经验，他们的行为和观点可能基于他们的文化传统和价值观。如果出现误解或不愉快，应该以包容和有耐心的态度来沟通，而不是立即提出批评或做出判断。耐心可以帮助我们避免冲突和敌对情绪，为建立有益的沟通关系创造条件。

尊重是跨文化沟通的基础。尊重他人的文化背景和价值观是互相理解和合作的前提。我们应该意识到，每种文化都有其自身的价值体系和传统，积极健康的文化都应该受到尊重。在跨文化交流中，我们不应该将自己的文化标准强加于他人，而是应该倾听和尊重他人的观点和需求。尊重不仅体现在言辞上，还体现在行为和态度上。我们应该避免冒犯性的言辞或行为，尊重他人的隐私和个人空间，遵循文化规范和礼仪。跨文化沟通是一个不断学习的过程。文化是多层次和多维度的，不断变化和演变。因此，我们需要保持开放的心态，愿意不断学习和适应其他优秀的文化经验。这可以通过与不同文化背景的人建立深入的友谊和合作关系来实现，从中学习他们的优秀观点和经验。增强文化意识和敏锐度也是有效进行跨文化沟通的关键。这需要我们积极学习和了解不同文化的知识，关注细节，保持灵活性和适应性，同时保持耐心和尊重。

跨文化沟通是一项具有挑战性但又非常重要的技能。耐心和尊重是成功进行跨文化沟通的关键因素，它们有助于建立积极的沟通氛围，促进互相理解和合作。通过不断学习和积累跨文化经验，我们可以建立更加开放和包容的沟通方式，为建设更加多元化和包容的社会做出贡献。跨文化沟通不仅有助于个人成长，还有助于促进全球社会的和谐与进步。

5.2.2 适应不同文化的沟通风格

不同文化的沟通风格是值得深入探讨的话题，因为它直接影响我们如何与他人交流、表达思想和情感，以及理解他人的意图。了解并适应不同文化的沟通风格是提高跨文化沟通有效性的前提。直接与间接的沟通方式是不同文化之间常见的差异之一。在一部分文化中，人们倾向于直接表达他们的想法和意见，强调明确和直截了当地沟通。这种方式可能被认为是坦率和直接的表现，但在其他文化中，它可能被视为粗鲁或冒犯。然而，在一部分文化中，人们更倾向于间接的沟通方式，使用暗示、隐喻和非言语信号来传达信息。这种方式可能被视为委婉和含蓄，但在其他文化中，可能会引起误解和困惑。因此，在跨文化沟通中，我们需要适应不同文化的直接与间接的沟通方式，以避免不必要的误解和冲突。

表达情感的方式在不同文化中也存在显著差异。一部分文化可能鼓励情感的外露和直接表达，人们会公开表达喜怒哀乐；而另一部分文化可能更加强调情感的内敛和控制，人们会努力掩饰情感。这种差异对社交互动和决策制定都会产生影响。因此，适应不同文化的情感表达方式是跨文化沟通的必要条件之一。

沟通的语气、语调和音量也因文化而异。有的文化可能强调语言的语气和音调，以传达情感和意图，而有的文化可能强调语言的含义和逻辑。在一部分文化中，高声调、大音量或强烈的语气可能表示兴奋或愤怒，而在其他文化中这些可能被视为无礼或咄咄逼人的表现。了解并适应不同文化的语气和语调是避免误解和冲突的重要因素。时间观念也是文化之间沟通风格的一个重要方面。一部分文化可能更加注重准时和高效，强调时间的管理和计划。在这部分文化中，迟到或浪费时间可能被视为不尊重他人的表现。而在另一部分文化中，时间可能更加灵活，人们更注重人际关系和即时的需求。适应不同文化的时间观念可以提高沟通的顺畅度和效率。

不同文化之间存在着沟通风格的差异，包括直接与间接的沟通方式、情感表达、语气和语调，以及时间观念等。了解并适应这些差异是跨文化沟通的关键，可以提高沟通的有效性，避免误解和冲突，以建立更加开放和包容的交流方式。

5.2.3 建立跨文化关系的方法

在建立跨文化关系时，我们需要一系列方法来建立信任、相互尊重和积极互动。具体方法参照 5.2.1 中的部分内容，概括为以下 4 项：

（1）耐心倾听他人观点和意见，保持冷静和理智；

（2）尊重他人的文化背景、积极健康的价值观与习惯、观点与决策、个人空间与隐私；

（3）持开放的心态接受和学习新文化（积极健康、不违反法律与伦理的文化）；

（4）建立互信，赢得他人信任。

通过这些方法，我们可以建立互信关系，促进文化交流，构建一个更加多元化和包容的社会。

5.2.4 解决跨文化误解与冲突

在跨文化沟通中，误解和冲突是常见的挑战，但我们可以采用一系列有效的方法来解决这些问题，建立更加和谐的跨文化关系。这些方法包括积极倾听、寻求共同点和保持灵活的态度等。积极倾听是解决跨文化误解和冲突的方法之一。倾听不仅是听到对方说话，还包括理解对方的观点、情感和意图。在跨文化沟通中，语言和文化差异可能导致信息被误解或遗漏，因此积极倾听尤为重要。要做到积极倾听，我们应该专注于对方的语言和非语言信号，避免打断对话，并提出明确的问题来澄清不明白的地方。通过积极倾听，我们可以更好地理解对方的立场和需求，减少误解的可能性。

寻求共同点是解决跨文化误解和冲突的有效方法之一。尽管不同文化之间存在差异，但通常也存在一些共同的价值观和目标。寻找这些共同点可以帮助我们建立互相理解的基础，减少文化差异带来的摩擦。例如，许多文化强调家庭、友谊和社会和谐，这可以作为沟通的共同点。通过强调共同点，我们可以促进合作和共同努力，减少跨文化冲突的影响。

保持灵活的态度也是解决跨文化误解和冲突的方法之一。我们应该认识到文化差异是可接受的，不同的文化有不同的习惯和方式来处理事情。因此，我们需要保持开放的心态，愿意接受不同的观点和方法。这意味着在跨文化沟通中，我们可能需要调整自己的行为和期望，以适应对方的行为和方式。保持灵活的态度有助于缓解紧张气氛，降低误解和冲突的可能性。

解决跨文化误解和冲突还需要建立互信关系，寻找共同解决方案，促进文化交流和理解；需要更多的时间来理解和协调，有耐心等待解决方案的出现；需要不断学习和积累跨文化经验，提高自己的跨文化沟通技能。详细内容可参照 5.2.1 和 5.2.3 部分内容。

通过不断改进和适应，我们可以更好地应对未来的跨文化挑战。化解跨文化误解和冲突需要积极倾听、寻求共同点、保持灵活的态度、建立互信关系以及耐心和时间。这些方法可以帮助我们更好地理解他人，减少文化差异带来的问题，建立和谐的跨文化关系，在跨文化环境中更好地协作，解决共同的挑战，实现全球社会的和谐发展。

5.2.5 语言的适应性与清晰性

在跨文化沟通中，语言的适应性和清晰性是确保有效交流的关键因素。无论是在商业环境、社交场合，还是在国际合作中，使用简单、清晰的语言，并考虑到可能的翻译需求或对方的语言能力，都是至关重要的。语言适应性是指我们在沟通中应该根据受众的文化背景和语言能力调整自己的语言使用方式。不同文化拥有不同的语法结构、词汇和语言习惯，因此我们需要根据听众的文化背景来选择合适的语言风格和用词。例如，与非母语人士交流时，应该避免使用复杂的句子和生僻的词语，而应该使用简单、清晰的语言以确保对方能够理解。此外，还应该考虑听众的语言能力水平，避免使用过于专业或技术性的术语，从而降低误解的风险。

语言清晰性是确保信息传达的关键。清晰的语言表达有助于避免歧义和误解。在跨文化沟通中，应该尽量避免模糊不清或含糊的表达方式，尽量使用明确、简洁的语言传达意思。这包括避免使用模棱两可的词语或句子，并确保句子结构清晰、逻辑严谨。此外，在口头沟通中，语速适中和发音清晰也是语言清晰性的重要方面，口音过重或语速过快可能导致听众难以理解其内容。

满足翻译需求也是跨文化沟通中的一项重要工作。如果我们知道听众的母语与我们不同，或需要进行多语言沟通，应该考虑提供翻译服务或使用翻译工具来帮助对方理解。在商业会议、国际合作项目或文化交流活动中，提供翻译服务可以消除语言障碍，促进更深入的交流。此外，我们还应该提供足够的时间和资源，使翻译能够准确传达信息。

当我们能够使用合适的语言风格、清晰的表达方式，并考虑对方的语言能力时，则更容易建立互信关系，避免误解和冲突。这有助于促进双方文化交流和理解，建立更加开放和包容的跨文化关系。

5.2.6 跨文化团队管理策略

在跨文化团队管理中，制定有效的策略有助于团队合作顺畅和成功。这些策略不仅需要考虑团队成员不同文化的背景，还要求他们对文化多样性保持理解和尊重。以下是一些跨文化团队管理策略，有助于团队实现更好的绩效和共同目标。对文化多样性的理解和尊重是跨文化团队管理的基础。团队成员应被鼓励分享各自的文化背景，包括价值观、习惯、信仰和沟通方式。这种分享有助于团队成员更好地了解彼此，理解不同文化对工作和沟通的影响。团队领导者可以组织文化交流活动，鼓励团队成员分享他们的文化故事和经验，以促进更深入的文化理解。此外，团队成员应该避免歧视、偏见和刻板印象，尊重和欢迎每一位团队成员。

建立共同的团队文化和价值观是跨文化团队管理的关键之一。虽然团队成员可能来自不同的文化背景，但为了有效地协作，团队需要创造共同的团队文化和价值观。这可以包括明确的团队目标和愿景，以及共同的行为准则和价值观。团队领导者应该与成员一起创造团队文化和价值观，共同的团队文化和价值观有助于团队协作更加顺畅，减少文化冲突和误解。

有效的跨文化沟通是跨文化团队管理的关键要素，它涉及多方面的策略和技巧，帮助团队在不同文化背景下能够协作顺畅，实现共同的目标。清晰有效的沟通是跨文化团队管理的核心。在团队中，成员可能使用不同的语言，有不同的沟通风格和表达方式，因此团队领导者需要确保信息传递是清晰、明确和开放的。这可以通过使用简单、清晰的语言来实现，避免复杂的句子和术语。此外，非言语信号也至关重要，如肢体语言和面部表情。团队领导者和成员都应该敏锐地关注这些信号，因为它们可以传达情感和态度，有助于相互理解。为了促进有效的沟通，团队领导者应该鼓励团队成员提出问题、澄清疑虑，并定期组织团队会议和讨论，以确保信息的流动和共享。开放的沟通渠道可以使团队成员更加自由地分享想法和观点，减少误解和不愉快的可能性。团队会议可以为成员提供互相交流和合作的平台，有助于建立互信关系。建立灵活的工作环境和工作方式是跨文化团队管理的策略之一。不同文化可能有不同的工作习惯、时间观念和工作价值观，因此，团队领导者应该考虑这些差异，为团队成员提供灵活的工作时间和工作方式。这可以包括允许远程办公、弹性工作时间以适应不同文化的工作节奏。通过建立灵活的工作环境，团队成员可以更好地平衡工作和生活。

团队领导者应该关注文化多样性的管理和促进团队协作的策略。这包括理解和尊重具有不同文化背景的团队成员，建立共同的团队文化和价值观，帮助团队在多元化的环境中能够协调一致地工作。团队领导者可以通过培训和教育来增强团队成员的文化意识和敏锐度，鼓励他们积极学习和了解不同文化的知识，以更好地应对文化差异。跨文化团队管理需要灵活性和适应性。不同文化背景的团队成员可能有不同的工作习惯和沟通方式，因此，团队领导者需要灵活地调整管理策略和方法，以满足团队的需求。这包括适应不同的工作风格、时间观念和价值观。团队领导者应该鼓励团队成员分享他们的观点和经验，以建立更富有创造性和多元化的工作环境。跨文化团队管理涉及多种策略和技巧，帮助团队在不同文化背景下能够顺利协作和实现共同的目标。

跨文化团队管理中的核心策略及其应用如表 5-2 所示，清晰有效的沟通、弹性工作时间和工作方式、文化多样性的管理和适应性，都是管理跨文化团队的关键策略。通过这些策略，团队可以更好地发挥每个成员的优势，为团队的成功和成长做出贡献，同时促进文化交流。跨文化团队管理不仅是一种管理技巧，还是一种文化智慧，需要不断地学习和实践，以建设良好协作和相互理解的工作环境。

表 5-2　跨文化团队管理中的核心策略及其应用

策略类型	策略描述	在团队管理中的应用
理解和尊重文化多样性	鼓励团队成员分享各自的文化背景，包括价值观、习惯、信仰和沟通方式	促进团队成员间的相互理解，减少文化冲突和误解
建立共同的团队文化和价值观	制定明确的团队目标和愿景，共同的行为准则和价值观	促进团队协作更加顺畅，统一团队方向
有效的跨文化沟通	使用简单、清晰的语言和敏锐的非言语信号，鼓励提问和澄清	确保信息传递清晰，减少误解和不愉快
建立弹性工作环境和方式	适应不同文化的工作习惯、时间观念和价值观，提供弹性的工作安排	提高团队成员的工作满意度和绩效
管理文化多样性和促进协作	增强团队成员的文化意识和敏锐度，鼓励学习和理解不同文化	建立富有创造性和多元化的工作环境

5.3　克服语言障碍

在线测试

5.3.1　语言技能的重要性

在跨文化沟通中，语言技能的重要性不容轻视。有效的语言技能不仅意味着能够流利地说和写，还意味着对语言的深刻理解及对语言细微差别的正确运用。这些技能是确保跨文化沟通成功的基础，对建立有效的关系和避免误解至关重要。流利的口语和良好的书写能力是语言技能的核心。在跨文化沟通中，口头交流通常是首要的沟通方式。如果我们无法流利地表达自己的想法和观点，便会导致沟通障碍和误解。因此，良好的口头表达能力是清晰传达信息的关键。此外，书面沟通也同样重要，尤其在商业和正式场合。书写能力包括正确使用语法、拼写和文体等，以保证文件、邮件和报告的准确性和专业性。

理解和正确使用语言中的细微差别也是语言技能的重要组成部分。不同文化和地区的语言可能各异。这些差异体现在方言、口音和俚语用法等方面。了解并适应这些差异是建立良好跨文化关系的关键。此外，语言中的语气、语调和礼仪也可能因文化差异而不同。在一部分文化中，直接表达观点被视为坦诚，而在另一部分文化中，委婉和间接的表达方式更为合适。因此，理解和正确运用这些细微差别可以帮助我们更好地适应不同的文化环境。

文化背景和社会背景对语言的使用和理解也有深刻影响。不同文化对某些词语的含义和重要性可能存在差异。在有些文化中，某个词语可能具有特殊的象征意义，而在其他文化中可能没有。因此，在跨文化沟通中，我们需要了解文化的语言背景，避免使用可能引起误解或冒犯他人的词语和表达方式。这需要我们对不同文化的社会和历史背景有深入的了解。语言技能不仅是为了交流，还有助于建立互信关系和促进文化交流。当我们展示出对他人语言和文化的尊重和理解时，我们更容易建立积极的关系。这种尊重还表现在学习其他语言的愿望和努力。虽然可能无法精通每一种语言，但学习一些基本的短语和礼貌用语可以表达我们的尊重和学习其他文化的意愿。

语言技能在跨文化沟通中起着举足轻重的作用，包括流利的口语和良好的书写能力、对语言细微差别的正确理解和运用，以及对文化和社会背景的尊重和理解。通过提高语言技能，我们可以更好地实现跨文化交流，跨文化沟通的成功不仅取决于语言技能，还取决于我们对不同文化的尊重和包容的态度。

5.3.2 非母语沟通的困难与问题

使用非母语进行沟通是一项具有挑战性的任务，可能涉及各种各样的困难和问题。沟通者通常会面临语法错误、词汇量不足等问题。然而，通过耐心实践和持续学习，这些困难可以被克服。语法错误是非母语沟通中的常见困难之一。非母语者可能会在语句结构、时态和语序等方面出现错误，导致句子不够流畅、不准确。这些语法错误可能会让沟通变得困难，因为对方可能需要花更多时间来理解我们的意思。为了克服这一困难，我们可以通过学习和练习来提高语法技能。阅读和写作是提高语法能力的好方法，也可以请教母语者或语言专家帮助纠正语法错误。词汇量不足也是非母语沟通的困难之一。非母语者可能在词汇量方面受到限制，难以表达复杂的思想或观点。这可能导致信息错误、不全或不够精确。为了突破词汇量瓶颈，我们可以积极增加自己的词汇量，学习新的词语和短语，以便准确地表达自己的想法。同时，我们还可以使用简单明了的语言，避免使用复杂的词语，有助于清晰地传达信息。

误解是非母语沟通中可能出现的问题。由于语言和文化差异，对方可能会误解我们的意思，或者我们可能会误解对方的意图。为了减少误解的可能性，我们可以采取以下措施。首先，我们可以使用明确和简单的语言来表达自己的想法，避免使用模棱两可的词语或表达方式。其次，我们可以多提问，使对方理解我们的意思，也可以主动澄清，以防误解。再次，了解对方的文化和背景也有助于避免误解，因为文化差异可能会影响语言的解释和使用方式。克服非母语沟通的困难需要耐心实践和持续学习。不要害怕犯错误，通过不断地练习和改进，我们可以逐渐提高非母语沟通的能力。最后，积极寻求反馈和建议也是提高非母语沟通技能的有效方法。与母语者或其他非母语者交流，分享经验和故事，可以帮助我们更好地理解和应对非母语沟通中的挑战。

总之，非母语沟通可能涉及语法错误、词汇限制和误解等困难和问题，但通过耐心实践和持续学习可以克服它们。提高语法技能、增加词汇量、采取减少误解的措施以及积极寻求反馈都有助于提高非母语沟通的效果。

5.3.3 翻译与口译的有效运用

在跨文化沟通中，翻译和口译是尤为重要的工具。它可以帮助克服语言障碍，确保沟通的准确性和效果。选择合适的翻译服务和技术有助于成功进行跨文化交流，它们能够搭建不同语言和文化之间的桥梁，为各种场合提供帮助。翻译是将一种语言文本转化为另一种语言文本的过程，使不同文化背景的人理解和使用这些信息。翻译服务可以通过人工翻译或机器翻译来实现。人工翻译通常由专业的翻译人员完成，他们具有深厚的语言知识和文化储备，能够保证翻译的准确性和流畅性。机器翻译则借助计算机程序自动翻译文本，虽然速度较快，但准确性可能较低。在选择翻译服务时，需要考虑到文本的性质、目的和受众，再确定何种翻译方式最为适合。

口译是将口头语言从一种语言传译成另一种语言的过程。口译可以帮助用不同语言的人实现实时互动和交流。口译服务通常由专业的口译员提供，他们可以在会议、座谈、演讲和讨论等场合中进行口译工作。同时，技术的发展使远程口译成为可能。通过互联网和通信技术，口译员可以远程进行口译工作，为全球范围内的跨文化沟通提供便利。选择合适的口译服务和技术取决于沟通的性质和需要，以确保信息的准确传达和理解。

跨文化沟通中的翻译和口译需要考虑到文化背景差异。不同文化可能有不同的表达方式、礼仪和语言习惯，因此翻译和口译员需要具备文化敏锐度和对文化的深刻理解。他们需要了解目标文化的背景资料，在尊重文化差异的前提下，保证翻译和口译的准确性，避免可能引发误解或冲突的情况。翻译和口译的有效运用有助于促进跨文化交流和理解。它们能够打破语言障碍，使不同文化的人们能够共享信息、观点和思想。

在国际合作、商务谈判、文化交流和学术研究等领域，翻译和口译也发挥着关键作用。选择合适的翻译服务和技术，重视文化因素，我们可以更好地使用翻译和口译工具，使它们成为连接不同语言和文化之间的桥梁，有助于克服语言障碍，确保沟通的准确性和效果，促进跨文化交流，推动各个领域的国际合作和互动。

5.3.4 语言的简化与准确性

使用简单、准确的语言表达方式有助于保证跨文化沟通的有效性。简单和准确的语言有助于信息的准确传达和被理解，能够消除语言障碍。简化语言可以提高信息的可理解性。尤其是对于非母语者或不熟悉特定领域的人而言，复杂的句子结构、长难句和专业术语可能使信息变得晦涩难懂。使用简单、直接的语言，信息更容易被广泛地理解。这包括避免过多地使用修饰词和从句，以及用常用的词语和短语来表达观点和思想。准确的语言有助于避免歧义和误解。在跨文化沟通中，文化和语言差异可能导致信息被误解。为了减少被误解的可能性，我们可以使用准确的语言，避免模棱两可的表达方式。这包括明确表达自己的观点和意图，避免使用含混不清的词语或句子。

此外，可以通过提供示例或具体情境来进一步澄清信息，以帮助对方准确理解我们的意思。简化语言也有助于提高沟通的效率。复杂的语言结构和大量的修饰词可能导致信息传达过于冗长和复杂。使用简单、精练的语言，我们可以更快地传达信息，节省时间和精力。这对快节奏的工作环境或需要迅速做出决策的情况特别重要。

考虑到可能的语言障碍和语言能力差异，在跨文化沟通中，使用简单、清晰的语言是有必要的。跨文化沟通涉及不同文化背景的人之间的交流，这意味着参与者可能不是母语者，或者语言能力各不相同。为了确保信息能够被尽可能多的人理解，并促进积极的沟通和互动，我们应该采用以下策略来使用简单、清晰的语言：

（1）避免使用高级词语或复杂的句子结构。高级词语和复杂的句子结构可能会让不熟悉该语言的人感到困惑和不知所措。在跨文化沟通中，我们的目标是传达清晰的信息，而不是展示语言技巧。因此，我们应该选择通用的词语和简单的句子结构，以推动信息的广泛传播。

（2）避免使用行业术语或特定地区的方言。行业术语通常只在特定领域内具有特定的含义，不熟悉该领域的人可能无法理解。类似地，特定地区的方言可能只在该地区内流行，非该地区的人可能不理解。为了确保信息的清晰传达，我们应该避免使用行业术语和方言，或者在使用时提供解释和背景信息。

考虑到语言能力的差异，在跨文化沟通中，我们应该尽量采用直接明了的表达方式，以确保信息的准确传达。这包括使用简单的句子和直截了当的语言，避免使用晦涩或含混不清的表达方式。此外，为了建立积极的沟通氛围，我们应该关注听众的理解和反馈。在交流过程中，我们可以主动询问对方是否理解，是否有任何疑虑或问题。

这有助于准确传达信息，并降低误解和不愉快的可能性。同时，我们应该倾听对方的反馈，及时纠正错误、解答疑惑。

在跨文化沟通中，使用简单、准确的语言表达方式有助于提高信息的可理解性，避免歧义和误解，提高沟通的效率，建立积极的沟通氛围。通过选择恰当的词语和简单的句子结构，我们可以成功实现跨文化交流，促进文化交流和相互理解。

5.4 提高文化敏锐度

在线测试

5.4.1 认识文化多样性的重要性

文化多样性在跨文化沟通中具有不可忽视的重要性。理解并认识文化的多样性是有效沟通的基础。这一认识为我们提供了更深入的视角，让我们意识到每种文化都有其独特性和价值，需要学会尊重和欣赏不同文化的特点。文化多样性是丰富人类社会的宝贵财富。不同的文化传统、信仰、价值观和行为习惯使我们的世界变得多姿多彩。每种文化都蕴含着独特的知识、智慧和历史，这些都丰富了人类的文化遗产。通过认识和尊重文化的多样性，我们能够更好地保护和传承这些宝贵的文化遗产，促进文化的传播和交流。文化多样性有助于推动创新和发展。不同文化之间的交流和互动可以促进思想和观点的交流，激发创新和发展的动力。当不同文化背景的人们会聚在一起时，他们带来不同的视角和经验，有助于解决各种问题和挑战。跨文化沟通可以激发创新思维，促进各领域的发展。文化多样性还有助于建立更加包容与和谐的社会。认识到每种文化的独特性和价值，可以减少歧视、偏见和排斥。当我们尊重和欣赏文化的多样性时，就能够建立更加包容和互相理解的社会。

文化多样性有助于拓宽我们的视野。通过与不同文化背景的人们互动和交流，我们可以了解不同的世界观、生活方式和价值观。这有助于拓宽我们的视野，使我们的思想和做法更加开放和包容，能够更好地理解和尊重他人的观点和信仰。这种开放的态度有助于促进跨文化沟通和合作。

文化多样性也有助于解决全球性的挑战，如气候变化、贫困和疾病传播等，需要各国家、各文化团体之间加强合作。通过认识文化多样性的重要性，我们可以更好地协调和合作，共同应对这些全球性问题。文化的多样性为解决全球性挑战提供了更多的资源和智慧。

文化多样性的重要性在跨文化沟通中是不可忽视的。理解并尊重不同文化的多样性有助于推动人类社会创新和发展，建立更加包容与和谐的环境，拓宽我们的视野，促进全球合作。

5.4.2 培养包容与尊重文化多样性

培养对文化多样性的包容和尊重在跨文化交流中至关重要，它旨在培养我们欣赏和尊重各种文化的习俗、信仰和表达方式的能力，即使他们与我们个人的习惯和信仰不同。本部分内容将介绍一些培养包容性与尊重的实际方法和策略。

首先，了解不同文化的背景和特点是培养包容性与尊重的第一步，包括学习不同文化的历史、传统、习俗和价值观。通过深入了解不同文化的起源，我们可以更好地理解其背景和形成过程，从而更加尊重和欣赏它们的独特性。这种了解也有助于减少对陌生文化的误解和偏见。

其次，积极参与文化交流和互动是培养包容与尊重文化多样性的有效方式。参加文化活动、节日或庆典可以让我们亲身体验不同文化的魅力和独特性；与不同文化背景的人们交流并建立联系也有助于拓宽我们的视野，了解他们的生活方式和观点。通过亲身经历和互动，我们能够更好地体验到不同文化的价值，从而培养尊重和包容不同文化的能力。

再次，倾听和尊重他人的观点和信仰也是培养包容与尊重文化多样性的重要方面。在跨文化交流中，不同文化背景的人们可能会有不同的观点和信仰。我们应该倾听他们的观点，尊重他们的信仰，即使我们不完全认同或理解。这种尊重他人观点的态度有助于建立互相信任和理解的关系，避免冲突和偏见。

最后，避免对他人产生刻板印象也是培养包容与尊重文化多样性的重要方面。每个人都是独一无二的，不应被简单地归为某种文化或群体的代表。我们应该避免对他人进行歧视或产生刻板印象，而应尊重他们的个人差异性和独特性。这种个体化的态度有助于建立更加深入的人际关系，减少对他人的误解和偏见。

此外，自我反思和意识到自身的文化立场也是培养包容与尊重文化多样性的关键。每个人都受到自己文化的影响，有自己的文化偏见和偏好。通过自我反思，我们可以认识自己的文化立场，并避免将其强加给他人。这种自我反思意识有助于我们更加开放和包容，能够更好地理解和尊重不同文化的观点和习惯。

教育和宣传文化多样性也是培养包容与尊重文化多样性的方法之一。通过教育和宣传，我们可以增进人们对文化多样性的认识。学校、媒体和社会组织可以起到宣传文化多样性的作用，有助于人们欣赏和尊重不同文化，减少偏见和歧视。

培养对不同文化的包容和尊重文化多样性在跨文化交流中是必不可少的。通过了解不同文化的背景和特点、积极参与文化互动、倾听和尊重他人的观点和信仰、避免刻板印象、自我反思认识自身的文化立场，以及教育和宣传增进对文化多样性的认识。文化多样性是人类社会的宝贵财富，通过尊重和包容它，我们能充分发掘其潜力，创造更加多元化与和谐的社会环境。

5.4.3 避免文化刻板印象

避免对不同文化持有刻板印象是提高文化敏锐度的重要一步。刻板印象是一种对特定文化或群体的简化或偏见的看法，通常基于片面的观察、经验或有限的信息。这种偏见和误解可能导致跨文化沟通的失败和冲突，因此我们需要努力避免它们，以建立更加开放和包容的文化交流环境。首先，我们需要认识到刻板印象的存在和影响。刻板印象可能是潜意识的，我们甚至可能不自觉地持有它们。因此，消除刻板印象的首要任务是意识到它们的存在。这包括识别自己是否曾经或正在对某个文化或群体持有刻板印象，以及这些刻板印象如何影响我们的思维和行为。只有在认识到刻板印象的存在后，我们才能采取措施来避免它们。其次，积极寻求深入了解不同文化是消除刻板印象的有效方法。通过学习和了解特定文化的历史、传统、价值观和习俗，我们可以更全面地认识到该文化的多样性和复杂性。这有助于我们摆脱简化的观点，建立更准确的认知。我们可以通过阅读、参与文化活动、与该文化的人们交流等方式来深入了解不同文化，以充实我们的知识库。再次，与不同文化的人们建立联系和互动也有助于消除刻板印象。直接的交流和互动可以让我们更好地了解他们的观点、信仰和生活方式。通过与不同文化的人们建立友好的关系，我们可以打破刻板印象并建立更加积极的跨文化沟通。这种互动也有助于纠正可能存在的误解和偏见。最后，避免以单一的标准来评价不同的文化也是消除刻板印象的重要方面。每种文化都有其独特的价值观和习惯，不同文化之间的差异是正常的。我们不应该将自己的文化标准强加于其他文化，而是应该尊重和接受它们的多样性。通过认识并了解不同文化的多样性，我们可以更好地理解和尊重它们的特点，消除对它们的刻板印象。

此外，自我反思也是消除偏见与刻板印象的重要方法。通过自我反思，我们可以识别自己是否曾经在跨文化交流中持有偏见，以及这些偏见是如何形成的。这种自我认知有助于我们纠正错误的看法，提高文化敏锐度和包容性。反思也包括在每次跨文化交流后回顾自己的思维和行为，审视自身是否存在刻板印象，以及如何消除它们。良好的教育和宣传也可以帮助消除刻板印象。学校、媒体和社会组织可以起到教育人们尊重和理解不同文化的作用。通过宣传文化多样性的重要性，我们可以增强人们对跨文化沟通的意识，鼓励他们主动去了解其他文化，避免对其产生刻板印象。

总之，避免对不同文化持有刻板印象是提高文化敏锐度和跨文化沟通有效性的关键。能通过意识到刻板印象的存在和影响，深入了解不同文化，与不同文化背景的人们建立联系和互动，避免以单一文化的标准评价其他文化，反思自己的偏见和刻板印象，以及通过教育和宣传增强意识，建立更加开放和包容的跨文化交流环境，减少误解和冲突，增进对文化多样性的尊重和欣赏。

5.4.4 持续地学习与适应文化

不断提高文化敏锐度是一个不断演进的过程，要求我们保持积极的学习态度，并随着时间的推移适应和调整在跨文化交流中的态度和行为。这一过程需要持续地努力和自我反思，以确保我们能够更好地理解、尊重并与不同文化的人们有效地交往。理解文化的动态性是非常重要的。文化是一个不断变化和发展的概念，受到时间、地点、社会和经济等因素的影响。我们需要认识到文化并不是静态的，文化之间的差异也可能随时间发生变化。了解这种动态性有助于我们更好地理解不同文化的演变，避免陷入刻板印象，并保持对文化多样性的敏锐度。

积极主动地学习和探索不同文化是不断提高文化敏锐度的关键。这包括阅读其他文化的书籍、文章和资料，参加文化活动和节日庆典，或者与不同文化背景的人们建立联系和互动。主动学习有助于我们积累更多的知识和体验，更好地理解其他文化的特点和背景。通过学习，我们可以深入了解不同文化的历史、价值观、传统和习俗，从而提高文化敏锐度。

尊重不同文化的习惯和信仰是持续提高文化敏锐度的重要方面。在跨文化交流中，我们应该避免对其他文化和信仰进行批判或嘲笑。相反，我们应该尊重他们的生活方式，即使他们与我们的习惯不同。这种尊重有助于建立互相信任和理解的关系，减少冲突和误解。

此外，自我反思和调整也有助于我们不断改进和成长，提高文化敏锐度。同时，与不同文化的人们建立长期的友谊和合作关系也是不断提高文化敏锐度的有效方法。通过与他们建立深入的人际关系，我们可以更好地理解他们的观点和习惯，逐渐融入他们的社群，并从中获得更多的经验。这种深度的交流有助于我们更好地适应不同文化，提高文化敏锐度。

另外，继续教育和培训也是不断提高文化敏锐度的方式。参加相关的培训课程和研讨会，了解跨文化交流的最新趋势和技巧，有助于我们不断提高自己的文化敏锐度。这种专业的培训可以帮助我们更好地应对不同文化的挑战，提高跨文化沟通的效果。

提高文化敏锐度是一个持续的学习和发展过程。我们需要不断学习和了解不同文化，积极主动地参与文化互动，尊重不同文化的习惯和信仰，自我反思并调整自己的态度和行为，建立深入的跨文化人际关系，参加专业培训和教育。通过这些努力，我们能不断提高文化敏锐度，促进更加有效和相互理解的跨文化交流。文化敏锐度是我们在当今全球化社会中重要的一项沟通技能，它有助于打破文化隔阂，促进跨文化合作和交流。

5.5 案例解析

跨文化沟通的情境解析

以下是三个跨文化沟通的情境：

（1）阿兰是美国驻墨西哥的销售代表。他与他人商定会面时间后，总会准时赴约，但拜访的客户却常常迟到。为了节约时间，阿兰想直接谈生意，客户却想聊聊阿兰的观光经历和他的家庭情况。更糟糕的是，他们的会面常常被打断，客户不停接听商务电话，并且还会与其他人长时间交谈，有时甚至会和客户的孩子讲话。阿兰的第一份进展报告十分消极，因为他还没有取得任何销售业绩。他开始怀疑，或许墨西哥不是销售企业产品的好地方。

（2）斯坦想与一家中国企业商谈建立合资企业的事宜。他咨询李同森，询问中国人的可支配收入是否够高，是否买得起他的产品。斯坦认为中国人一定会喜欢他的产品。斯坦笑了，他很高兴李先生认可他的产品质量，并给了李先生一份合同让他签字。然而，几个礼拜过去了，斯坦仍未收到任何答复。他开始怀疑这里人的办事效率，自己是否应该继续在这里经商？

（3）艾尔斯佩斯对自己鼓励员工参与管理的工作风格非常满意。在印度工作期间，她从不对年长者发号施令，而是征求他们的建议。然而，大家极少提出任何建议，即使是正式的建议，系统也无法发挥作用。更糟糕的是，她根本感受不到在管理美国工厂时遇到的尊敬及同事间的友情和忠诚。她非常气馁，认为也许印度人还没有准备好接受一位女老板。

【案例思考】

根据上述情形，分别找出每个案例中，文化差异导致的沟通不畅之处。

6 沟通在团队协作中的作用

6.1 团队内部的沟通动态

在线测试

6.1.1 团队成员间沟通的基本原则

团队的协作和成功往往取决于成员之间的有效沟通。沟通是信息传递的桥梁，是理念和观点交流的方式，是团队成员相互理解和协作的基础。在这个过程中，沟通的基本原则应该被坚守，以确保团队的沟通高效和积极，从而促进团队的发展和成就。这些原则包括尊重、诚实和清晰性。

首先，尊重是团队内部沟通的原则之一。尊重意味着重视每个团队成员的观点和感受。在沟通中，尊重表现为倾听他人的意见、不打断发言、不批评或贬低他人的观点，避免冒犯性语言和态度，并尊重个体的文化背景差异。通过尊重，团队成员可以感到被重视和关心，有助于建立信任和合作关系。

其次，成员间沟通的一个关键原则为诚实。诚实意味着坦率地表达自己的观点和想法，而不是隐瞒或歪曲事实。在团队内部，诚实有助于建立透明度和可信度。成员之间的坦诚交流可以减少误解，有助于更好地理解团队的目标和任务。此外，诚实还包括成员对错误和失误的坦白，以便及时纠正和改进。在诚实的沟通环境中，团队成员可以更好地合作，共同克服挑战。

最后，清晰性是确保信息传递有效性和准确性的重要原则。清晰性要求沟通者在表达信息时要准确、简洁。这包括使用清晰明了的语言，避免模棱两可的表述，确保信息不会被曲解。清晰的沟通有助于避免混淆和误解，保证团队成员在任务和目标上保持一致。此外，清晰性还包括倾听和询问的技能，以帮助正确理解他人的意见和需求。通过清晰地沟通，团队可以更有效地协作，取得更好的成绩。

团队内部的沟通对团队协作和成功尤为关键。尊重、诚实和清晰性是沟通的基本原则，它们有助于建立信任、减少误解和促进协作。在团队内部，成员应该努力遵守这些原则，以创造积极、有效和协作的沟通环境，从而推动团队的发展。通过尊重他人的观点、坦诚地交流和保持信息的准确性，团队能更好地实现共同的目标，进而取得成功。这些原则不但适用于团队内部，也可以在日常生活和工作中帮助个人建立更加积极和健康的人际关系。

6.1.2 角色与责任在沟通中的重要性

在团队中，每个成员都扮演着特定的角色和承担相应的责任。这些角色和责任在团队的有效沟通中起着举足轻重的作用，因为它们有助于明确信息的传递渠道，确保信息到达正确的人，并促进团队内部的协调和合作。每个团队成员通常都扮演着特定的角色，这些角色可以根据个人的技能、经验和职责来确定。例如，一个团队可能由一个项目经理负责协调项目的执行，有技术专家负责解决技术问题，有沟通协调员负责组织会议和发送信息等。明确每个成员的职责和任务能使团队在项目或任务中各司其职。角色有助于确保信息的传递渠道清晰和高效。当每个成员明确其角色和职责时，他们知道应该将什么信息传达给谁，以及何时传达。这减少了信息的混淆和丢失，确保团队的信息流程有条不紊。

角色还有助于促进团队内部的协调和合作。当每个成员清楚了解自己的角色和职责时，他们可以更好地协同工作，避免任务的重叠或遗漏。团队成员可以相互依赖，根据各自的角色互相支持工作，从而更好地达成共同的目标。例如，一个团队中的销售代表和技术支持人员可以根据各自的角色分工合作，以满足客户的需求并提供优质的服务。此外，责任在团队沟通中也扮演着重要的角色。责任是指每个成员对其角色和任务的承担和履行。每个成员都有责任确保他们的角色和任务得到满足，这包括及时完成任务、提供所需的信息和资源，并与其他成员合作以达到团队的共同目标。责任有助于团队成员保持专注，提高工作效率，保证任务按计划完成。责任还有助于建立团队内部的信任和透明度。当每个成员承担并履行其责任时，其他成员可以依赖他们，直到任务按时完成。这建立了信任的基础，使团队成员更愿意相互合作和共享信息。责任还可以增加透明度，因为每个成员都知道他们的行动和决策对整个团队会产生影响。这可以避免推卸和模糊责任的情况，使团队能够更好地应对挑战和变化。角色有助于明确每个成员的职责和任务，有助于信息传递的清晰性和高效性，促进团队内部的协调和合作。责任则有助于每名成员承担并履行其责任和义务，建立信任感和透明度。因此，团队应该重视并明确每名成员的角色和责任，以支持团队的协作和目标的实现。通过清晰的角色定义和责任分配，团队能够更有效地应对挑战，取得更加优异的成绩。

6.1.3　识别与适应沟通风格的差异

团队通常由各种不同背景、经验和个性的成员组成，因此，他们可能具有各种不同的沟通风格。这些沟通风格的差异可能在团队内部交流中带来挑战，也为团队增添了丰富性和多样性。为了实现高效的团队沟通，成员需要识别并适应这些沟通风格差异，以减少误解，促进协作，提高工作效率。识别沟通风格差异是非常关键的。不同人有不同的方式来表达自己的想法和需求，如图 6-1 所示。有些人倾向于直接明了的沟通方式，直截了当地陈述观点和要求；其他人则可能倾向于间接、委婉的方式，他们可能会更多地使用含蓄和礼貌的措辞。有些人注重细节和具体信息，其他人则更关注整体和大局。通过观察和倾听团队成员的沟通方式，可以识别出这些差异，并意识到不同人的沟通风格。一旦识别出沟通风格差异，下一步就是适应这些差异。适应意味着调整自己的沟通方式，以更好地满足团队成员的需求和偏好。这并不意味着放弃自己的沟通风格，而是要灵活地根据情况进行调整。

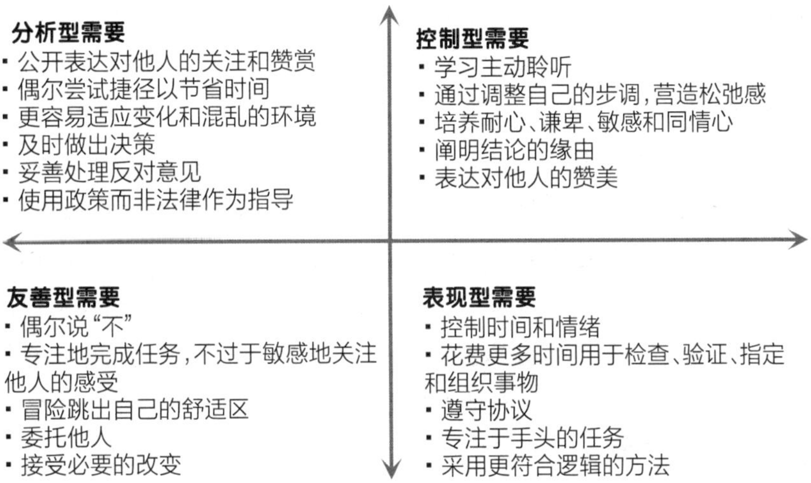

图 6-1　沟通风格的差异

适应他人的沟通风格和尊重不同的个性特征是有效的管理跨文化团队的重要方面。在跨文化团队中，成员可能来自不同的文化背景，有各自独特的沟通方式和个性特征。为了建立积极的工作关系和提高团队的效能，适应和尊重成员之间的差异至关重要。适应他人的沟通风格意味着倾听和理解他人的观点和需求。倾听是建立互信和良好关系的基础，通过倾听他人，我们可以更好地理解他们的期望和需求，以更好地满足他们的期望。尊重每个团队成员的独特性是非常重要的。每个人都是独一无二的，拥有不同的思维方式、价值观和习惯。在团队中，应该尊重和欣赏这种多样性，而不是试图强制每个人都采用相同的沟通风格或工作方式。尊重个性特征有助于建立开放和包容的工作环境，提高团队的凝聚力和信任度。适应还包括提供额外的支持和解释，以保证信息的理解和传达。

在跨文化团队中，可能出现语言障碍或文化差异，导致信息的误解。在这种情况下，团队成员应该积极提供额外的解释或背景信息，以帮助他人更好地理解，提高沟通的效率，减少误解和冲突。适应他人的沟通方式有助于建立更加积极的沟通氛围，促进协作和提高团队凝聚力。当团队成员能够灵活地适应他人的沟通方式时，沟通会变得更加顺畅和高效，误解和冲突的概率会减少。这种积极的沟通氛围有助于建立更加稳固的工作关系，促进团队的成功和实现共同目标。

6.1.4 信息共享与透明度

团队的成功常常取决于信息共享和透明度的程度。在团队内部，成员之间的信息共享是一项至关重要的活动，有助于建立信任、促进协作，并确保所有成员都获得完成任务所需的信息。本部分内容将探讨信息共享与透明度在团队中的重要性，以及如何最大程度地实现这些目标。信息共享是团队协作的基石之一。在团队中，成员通常需要相互协作以完成共同的任务和目标。信息共享是这种协作的关键，因为它使成员能够了解彼此的进展、需求和贡献。例如，在项目团队中，不同成员可能负责不同的任务，但他们需要共享有关任务进展、面临的问题与需求的信息，以确保项目按计划进行。如果有成员不愿分享信息，可能导致协作中出现不同步和其他问题。信息共享还有助于建立信任。当团队成员知道他们可以依靠其他成员分享重要信息时，他们更容易相互信任。信任是团队协作的基础，使成员更愿意分享自己的想法和意见，积极参与讨论，并与其他成员合作。相反，如果信息不共享或不透明，那么信任可能受到损害，影响团队合作效能。

信息共享还有助于提高团队的工作效率。成员之间在共享信息时，可以更快地做出决策并更好地协调行动。信息的流通变得更加顺畅和高效，有助于项目或任务的顺利进行。此外，共享信息还可以帮助团队成员更好地理解整体情况，而不仅限于自身角色和任务。这有助于建立全局意识，使团队能够更好地应对挑战和变化。

透明度是信息共享的关键组成部分。透明度意味着信息不仅共享，而且清晰、真实。团队成员需要尽量保证提供的信息准确无误，没有隐瞒或歪曲事实。透明度还包括在决策过程中公平地分享信息，让每个成员都知晓决策的来源。透明度有助于建立信任，避免不必要的误解和猜测。为实现信息共享和透明度，团队成员可以采取一系列具体措施。首先，建立开放和诚实的沟通氛围，鼓励成员自由表达意见和提问。其次，制定共享信息的政策和流程，保证信息在团队内部流通顺畅。再次，定期召开会议，分享项目进展和问题，确保所有人都了解当前工作进度。最后，团队领导要以身作则，积极地分享信息，并倡导透明度的重要性。

信息共享与透明度是团队协作的关键要素。它们有助于建立信任、促进协作，提高工作效率，并确保所有成员都获得完成任务所需的信息。通过建立开放和诚实的沟通氛围，制定共享信息的政策和流程，以及定期召开会议，团队可以最大程度地实现信息共享与透明度的目标，为团队做出贡献。

6.1.5 虚拟团队沟通的特殊挑战

虚拟团队在协同工作中常面临一系列特殊挑战，这些挑战可能妨碍有效的沟通和团队协作。这些挑战主要源自时区差异、缺少面对面交流机会以及对技术工具的依赖。尽管虚拟团队在现代商业环境中日益普遍，但要克服这些挑战，仍然需要额外努力和创新的沟通策略。时区差异是虚拟团队面临的挑战之一。团队成员可能分布在全球不同的地区，存在着时区不同的情况。这种时区差异会导致工作时间不同步，使实时交流的机会受限。因此，需要制定灵活的工作时间安排，以确保所有成员都有机会参与协作。此外，使用时间管理工具和日历应用程序也有助于协调团队成员的工作时间，最大程度地减少时区差异带来的影响。

虚拟团队还面临缺乏面对面交流的问题。与传统团队不同，虚拟团队成员难以进行面对面交流，可能导致沟通不畅，因为很多信息是通过非言语方式传达的，如动作和面部表情。为了解决这个问题，虚拟团队可以使用视频会议和在线会议工具模拟面对面交流。通过这些工具，团队成员可以看到彼此的面孔，更好地理解对方的表达和情感，从而改善沟通效果。

虚拟团队还面临的挑战是对技术工具的依赖。团队成员通常需要依赖各种技术工具（如电子邮件、即时消息和项目管理软件等）来进行沟通和协作。然而，这些技术工具并不是完美无缺的，它们可能出现不稳定或故障，从而影响到团队的工作进度。为了应对这个挑战，团队需要选择可靠的技术工具，并确保团队成员都熟练掌握工具的使用方法。定期进行技术培训和维护工作也是保证技术工具始终运行良好的重要步骤。为了更好地应对虚拟团队沟通的特殊挑战，团队成员可以考虑采用一些创新的沟通策略，如建立一个虚拟沟通协议，明确各种沟通工具的使用规定，以保证信息的清晰传递和及时回复。使用在线协作平台和文档共享工具可以帮助团队成员在不同地点协同编辑和共享文件，从而提高工作效率。此外，定期举行虚拟团队建设活动，如在线社交聚会，可以促进团队成员之间的联系和合作。虽然虚拟团队的工作方式与传统团队有所不同，面临诸多挑战，但通过灵活的工作时间安排、模拟面对面交流、可靠的技术工具以及采用创新的沟通策略，是可以克服这些挑战的。

6.1.6 建立信任与开放的沟通环境

在团队协作中，建立信任和促进开放的沟通环境具有重大意义。这种环境可以极大地促进团队成员的积极参与和强烈的团队归属感。这不仅有助于推动团队朝着共同目标迈进，还鼓励成员积极分享他们的观点和创意，提升整个团队的绩效和创新能力。信任是建立成功团队的基石之一。团队成员需要相信彼此，能够履行自己的职责并为团队的成功做出贡献。这种信任不仅体现在工作任务的分配和执行上，还体现在团队成员之间的互动与合作中。信任的建立需要时间和一致的行动，团队成员通过诚实透明的沟通以及分享成功与失败的经验来建立信任。领导者在此过程中发挥着关键作用，他们应该树立榜样、赋予成员信心，也要给予成员信任，鼓励他们独立思考与行动。

开放的沟通环境是信任建设的重要组成部分，其中团队成员可以自由地表达他们的想法、观点和顾虑，而不必担心受到负面反馈或批评。这种开放性的沟通氛围有助于促进思想交流和知识共享，从而推动团队向前发展。要创建开放的沟通环境，团队领导者和成员可以采取一些措施。首先，要鼓励成员积极参与讨论，提出问题和建议。领导者可以通过展现开放和尊重的态度来树立榜样，并及时回应成员的反馈。其次，要确保团队成员的声音都能被听到，不论其在团队中的地位如何。平等的机会和开放的平台对沟通至关重要。最后，要积极倾听和理解他人的观点，避免立即批评或争论。尊重和接纳多样性的观点有助于团队创造出更具创造力和创新性的解决方案。除了信任和开放的沟通环境，积极的反馈也可以增强团队成员的参与感和归属感。团队成员需要知道他们的贡献和努力受到认可和重视。领导者和成员可以定期提供积极的反馈，表达赞赏和鼓励。这不仅可以增强团队成员的自信心，还可以激励他们更多地参与团队任务和项目。同时，团队成员可以互相提供反馈，促进共同成长与进步。

建立信任和开放的沟通环境是促进团队参与感和归属感的关键因素。通过这些措施，团队成员可以更好地协作，实现共同目标，提升整体绩效，并不断创新和改进，为团队的长期成功奠定了坚实的基础。

6.2 构建有效沟通的团队文化

在线测试

6.2.1 沟通文化的定义与重要性

沟通文化是指团队成员之间在信息交流和思想分享中共同遵循的规范和价值观。

这种文化不仅是一种表面上的行为方式，更是团队内部互动的核心。有效的沟通文化有助于建立积极的工作环境，促进团队的合作，从而为实现共同目标奠定坚实的基础。沟通文化的重要性不可忽视。首先，它有助于建立团队内部的信任。信任是任何成功的团队协作的基础，沟通文化在其中起到了关键作用。当团队成员相信他们可以坦诚地表达自己的观点和顾虑时，他们更容易建立互信关系。这种信任促使团队成员更愿意分享关键信息和承担风险，从而推动团队向前发展。沟通文化有助于确保信息传递清晰。清晰、明确的沟通是团队协作的关键。良好的沟通文化鼓励成员用简洁的语言表达复杂的思想，提高工作效率，避免误解或歧义，减少不必要的问题和冲突。沟通文化也强调透明度，透明度意味着信息和决策都应该对团队成员可见和可理解。透明的沟通文化使每个成员都能够了解团队的目标、战略和进展情况。这有助于减少猜测和疑虑，促使成员更加投入并敢于参与。

沟通文化是一个组织内部的核心元素，它不仅塑造了成员之间的互动方式，还反映了组织的价值观和文化。一个积极的沟通文化具有多方面的重要性，对组织的成功和健康成长至关重要。积极的沟通文化传达了尊重和包容的价值观。在这样的文化中，无论他们的差异如何，成员都被鼓励且尊重彼此的观点、背景和经验。这种尊重和包容性的沟通文化营造了一个安全的环境，让成员感到被重视和接纳。这有助于提高团队的幸福感和满意度，增强员工的稳定性。此外，尊重和包容性的沟通文化还鼓励不同思考方式的融合，有助于创新和问题解决的多样性，推动组织前进。沟通文化在解决冲突和问题时发挥了重要作用。健康的沟通文化鼓励成员坦诚地面对问题，寻求解决方案，而不是回避或隐瞒问题。这种开放性和透明度有助于及早发现和解决潜在的困难，防止问题升级，从而保持团队的稳定性和凝聚力。通过鼓励成员在困难时刻敞开心扉，团队能够更好地应对挑战，找到切实可行的解决方案，推动团队朝着共同的目标前进。

积极的沟通文化有助于建立信任和增强凝聚力。当成员感受到其声音被听到和尊重时，他们更有可能建立信任和合作关系。这种信任和凝聚力有助于团队更好地协作，共同实现团队的目标。在开放和支持性的沟通文化中，成员更愿意分享想法和反馈，这有助于团队不断改进和创新。沟通文化也在信息传递方面发挥着关键作用。积极的沟通文化强调清晰、明确和开放的沟通方式，确保信息能够传递，避免误解和混淆。这有助于团队内部的信息传递更加高效，使每个成员都能够了解团队的目标和期望。

积极的沟通文化传达了尊重和包容的价值观，促进了团队成员之间的尊重和多样性的融合。此外，它在解决问题、建立信任、凝聚力和信息传递方面发挥关键作用。通过创造积极的沟通文化，组织可以更好地实现共同的目标，建立强大的团队，推动持续创新和发展。因此，团队应该积极培养和维护这种积极的沟通文化。

6.2.2 鼓励积极反馈与表扬文化

在团队中培养一种积极反馈和表扬的文化是非常重要的，这有助于激发团队成员的积极性和参与度。这种文化的建立不仅是一种表面上的做法，更是一种深刻的价值观，有助于创造一个积极的工作环境，提高团队的士气，推动团队成员向共同目标迈进。鼓励积极反馈的文化可以促使团队成员更加积极地参与团队活动和项目。当成员知道他们的努力和贡献受到认可和回应时，便更有动力全身心地投入工作。除了积极反馈和表扬，还包括及时的回应和支持。当成员感到他们的工作受到重视时，更有信心克服挑战，追求卓越。积极反馈和表扬文化有助于建立更加团结的团队。团队成员彼此之间相互支持和鼓励，增强了团队的凝聚力。这种正面的互动帮助成员建立更多的信任和共鸣，减少了冲突。团结的团队更易于应对挑战，共同克服问题，并实现共同的目标。

积极反馈和表扬文化有助于提高工作满意度。当成员感到他们的工作受到认可和重视时，他们更有可能对工作感到满足。这种满足感不仅来自物质奖励，更重要的是来自对自己工作的认可。工作高满意度有助于减少员工流失率，保持团队稳定。积极反馈和表扬文化有助于提高团队的绩效和创新能力。当成员受到鼓励表现出色时，他们更有动力不断提高自己的绩效水平。同时，鼓励积极反馈有助于创造容错的环境，鼓励成员尝试新的方法和创新的解决方案。这种创新精神有助于团队应对不断变化的挑战，保持竞争力。积极反馈和表扬文化有助于树立团队的声誉和形象。一个受欢迎的团队，往往能够吸引更多的人才加入，扩大团队的影响力。此外，积极的声誉可以为团队赢得客户和合作伙伴的信任，从而促进业务增长和成功。

建立鼓励积极反馈和表扬的文化对团队的成功至关重要。这种文化不仅有助于提高成员的积极性和参与度，还增强了团队的凝聚力、工作满意度、绩效和创新能力，以及团队的声誉和形象。通过发扬这种文化，团队可以更好地实现共同的目标，不断提升自身的竞争力和影响力。

6.2.3 处理团队内部的不同意见

处理团队内部的不同意见是团队协作中常见的挑战之一。然而，建立一种包容的沟通环境可以有效地应对不同意见，推动创新和问题的解决。这种沟通环境不仅鼓励成员自由表达他们的观点和看法，还能够帮助团队更好地理解和尊重不同的观点，从而推动团队向前发展。包容的沟通环境重视尊重和接纳多样性。团队成员应该理解，每个人都有不同的背景、经验和观点，这些因素会影响他们的看法和意见。因此，不同的意见不应被视为错误或挑战，而应作为有价值的建议，有助于丰富团队的思考和决策。在这种环境中，成员应该避免对不同意见进行贬低或批评，而是应该倾听和理解对方的观点。包容的沟通环境鼓励成员积极参与讨论和辩论。不同意见的存在可以激发思考和创新，因此，团队应该鼓励成员表达他们的观点，甚至提出挑战性的问题。这种积极的辩论可以帮助团队更全面地考虑问题，找到最佳的解决方案。同时，成员应该学会用尊重和建设性的方式表达自己的意见，避免冲突升级。

包容的沟通环境对团队是有必要的，它不仅鼓励团队成员之间的协作和合作，还强调了解决冲突的重要性。在这样的环境中，团队成员能够积极参与讨论、表达观点，并尊重彼此的多样性，以共同努力解决问题和实现共同的目标。包容的沟通环境强调了协作和合作的重要性。在团队中，不同的成员可能拥有不同的背景、经验和观点，这可能导致意见的分歧。然而，在包容的沟通环境中，团队成员应该努力寻找共同点，共同努力解决问题。合作是推动团队向前发展的关键，因此团队成员应该学会妥协和寻找共识。这需要灵活性和开放的态度，以确保团队在面对挑战时能够团结一致，共同前进。

包容的沟通环境重视了解决冲突的能力。不同意见和观点可能导致冲突，团队成员应该学会有效地处理冲突，以避免问题升级。团队领导者在这方面可以发挥重要作用，帮助成员解决冲突，鼓励他们采用合适的解决方案，从而维护团队的和谐和凝聚力。处理团队内部的不同意见需要营造一种包容的沟通环境，并鼓励尊重多样性、积极参与讨论、促进协作和合作，以及解决冲突。通过包容的沟通环境，团队成员能够更好地理解和尊重不同的观点，推动创新和问题的解决进度。这种环境不仅有助于团队的成功，还有助于成员个人和专业的成长；成员可以更自信地表达自己的看法，知道他们的声音被听到和尊重。这激励了个人的成长和发展，也促进了团队的协作和创新。

包容的沟通环境在团队管理中起着至关重要的作用。它鼓励协作、解决冲突和尊重多样性，为团队的成功和成员的成长创造了有利条件。通过建立这样的沟通环境，团队可以更好地实现共同的目标，建立更强大的工作关系，促进创新和问题的解决，为团队的成功做出贡献。因此，团队领导者应该积极培养和维护包容的沟通环境，以提升团队幸福感。

6.2.4 培养集体思维与协作精神

培养集体思维和协作精神是团队协作中不可或缺的一环，它鼓励团队成员弱化个人利益，将关注点聚焦在共同的目标上。这种协作精神不仅有助于提升团队的凝聚力，还能够显著改善整体表现。集体思维强调共同目标的重要性，使每位成员明白团队的终极目标及其个人角色如何与这个目标关联。清晰的共同目标可以帮助团队成员将注意力从个人目标和利益转向团队的整体目标。这意味着成员愿意将个人的成就与团队的成就挂钩，愿意为实现共同目标而努力。

协作精神促进了团队成员之间的互助和合作，团队成员愿意分享知识、经验和资源，以帮助其他成员取得成功。这种协作精神可以提高工作效率，减少重复劳动，从而为团队的整体表现提供了强大的支持。成员之间的互相支持还可以增强团队的凝聚力，建立积极的工作环境。培养集体思维和协作精神也有助于解决团队内部的冲突和问题。当团队成员将关注点聚焦在共同目标上时，他们更容易将冲突视为挑战而非威胁。积极的态度有助于寻找解决问题的方法，而不是陷入纷争和对立。团队领导者在其中起到关键作用，帮助成员建立协作精神，化解冲突，推动团队朝着共同的目标前进。

集体思维和协作精神对团队的创新能力、绩效和成功都有着深远的影响。在一个充满协作和互相启发的环境中，成员更容易产生新的想法和创新性的解决方案。他们可以利用不同背景和经验的优势创造出更具创新性的解决方案。这种创新精神对团队在不断变化的竞争环境中保持竞争力至关重要。集体思维有助于促进创新。团队中的每位成员都可以为问题的解决提供不同的视角和观点。当成员之间的沟通和协作得到鼓励和支持时，他们更有可能结合各自的见解和思维方式，共同产生创新性的解决方案。这种集体智慧可以帮助团队更好地适应变化，找到新的机会，并在市场上保持竞争力。协作精神有助于提高团队的绩效。当团队成员团结一致，共同努力实现共同目标时，他们通常能够更高效地完成任务和项目。协作可以减少重复工作、避免资源浪费，并提高工作任务分配和执行的效率。这种高效率不仅有助于团队取得成功，还可以提升成员的满意度和幸福感，从而提高员工保留率和团队的稳定性。

集体思维和协作精神还有助于团队的凝聚力和协同作战能力。在这种思维和精神的影响下，成员更倾向于互相支持和互相尊重，建立互信关系。这有助于团队更好地应对挑战、解决冲突和问题，并在团队的各个层面上形成统一的力量。团队凝聚力和协同作战能力使团队能够应对不断变化的环境，并在竞争中脱颖而出。集体思维和协作精神是团队协作的关键要素，它们不仅推动创新、提高效率，还有助于提升团队成员的凝聚力和协作能力。通过培养集体思维和协作精神，团队成员可以更好地应对挑战，实现共同的目标，不断提升自身的竞争力和影响力。因此，团队领导者应积极鼓励和支持集体，以促进团队的成功和成员的成长。

6.3 沟通在冲突解决中的角色

在线测试

6.3.1 沟通在识别冲突中的作用

在识别冲突方面，有效的沟通扮演着关键角色。沟通是解决团队内部潜在或已有冲突的工具。通过建立开放和坦诚的对话环境，团队成员能够自由地表达他们的担忧和意见，从而揭示冲突的深层原因。在团队协作中，冲突是不可避免的。然而，这些冲突并不总是显而易见，它们可能隐藏在表面之下，潜伏在团队的日常工作和互动中。要理解并解决这些潜在冲突，有效的沟通必不可少。通过开放的对话，团队成员可以表达他们的观点和担忧，这种自由的表达让团队成员能够更好地理解彼此的立场和看法。这是识别冲突根本原因的第一步。团队成员可能会发现他们之间的不同期望、需求或目标，而这些差异可能导致潜在的冲突。通过直接沟通，这些问题可以被提前识别和预防，避免升级成更严重的冲突。

有效的沟通还有助于建立信任的氛围。当团队成员知道他们可以自由地表达自己的观点，而不必担心受到批评或指责，他们更有意愿参与讨论。这种信任和开放的沟通氛围可以鼓励团队成员分享他们的看法，甚至一些可能被认为是不同寻常或冒险的想法。这些新的观点和想法或许会碰撞出不一样的火花，有助于更全面地发现团队中存在的问题和冲突。通过沟通，团队成员还可以更好地了解彼此的需求和期望。这有助于减少误解和误导，从而降低冲突的可能性。当团队成员知道彼此的期望时，他们可以更好地协调和合作，以满足这些期望，从而预防冲突的产生，同时增强团队的协作能力。

有效的沟通在识别和解决团队内部冲突方面发挥着至关重要的作用。通过开放和坦诚的对话，团队成员能够表达自己的担忧和观点，揭示冲突的根源。这种沟通不仅有助于识别问题，还有助于建立信任和理解的氛围，促进团队的协作和合作，提高整体绩效。因此，团队成员应该重视并积极培养有效的沟通技巧，以应对和解决内部冲突。

6.3.2 沟通策略在冲突缓解中的应用

在冲突缓解方面，沟通策略发挥着举足轻重的作用。这些策略包括积极倾听、同理心和非攻击性的表达，它们在团队内部紧张和冲突的解决中具有显著的应用，如表

6-1 所示。这些策略不仅有助于减轻紧张情绪，还能够促进相互理解和尊重，从而为冲突的解决创造了积极的氛围。首先，积极倾听是一种非常有效的沟通策略，能够显著地缓解冲突。通过积极倾听，团队成员能够表现出对他人观点和感受的尊重。这意味着在与他人对话时，他们将注意力集中在对方身上，不打断对方的发言，不急于发表自己的观点，而是倾听和理解对方的观点和立场。这种倾听的方式能够减少误解和冲突，因为它表明团队成员愿意真正倾听并考虑他人的看法。

表 6-1　沟通策略在冲突缓解中的应用

沟通策略	策略描述	冲突缓解作用
直接沟通	明确、坦率地表达个人观点和需要	有助于清晰地传递信息，减少误解
积极倾听	全神贯注地倾听对方的观点，不打断对方	使对方感到被理解，建立信任
非言语沟通	使用肢体语言和面部表情来传达态度和反应	非语言信号可以增强言语信息，传达诚意
情感管理	控制情绪反应，表示理解和共情	维持沟通氛围的积极性，避免负面情绪升级
重新定义问题	从新的角度探讨问题，寻找创造性解决方案	打开新视角，有助于发现共同点和解决方案

其次，同理心是缓解冲突的重要工具之一。同理心是指能够理解和分享他人感受的能力。在团队中，当团队成员能够理解其他人的观点和情感时，他们更容易产生共鸣，减少敌意和紧张感。同理心可以通过积极尝试站在他人的角度，理解他们的情感和需求来实现。这种理解能够打破冲突的壁垒，为建立合作和解决问题创造了条件。

最后，非攻击性的表达也是一种重要的沟通策略。当团队成员在表达自己的观点和感受时采用非攻击性的方式，他们有助于保持对话的和谐和建设性。非攻击性的表达通常避免使用侮辱、指责或挑衅性的语言，而是通过文明和尊重的方式表达自己的观点。这种表达方式降低了冲突升级的风险，因为它不会引发敌意或愤怒。

沟通策略（如积极倾听、同理心和非攻击性的表达）在缓解团队内部冲突中发挥着关键的作用。这些策略有助于建立积极的沟通氛围，减轻紧张情绪，促进相互理解和尊重。通过积极倾听，团队成员能够表现出对他人观点的尊重；通过同理心，他们能够理解他人的情感；通过非攻击性的表达，他们能够保持和谐与建设性的对话。这些策略共同起作用，为冲突的解决提供了有利条件，帮助团队达成共识与合作。

6.3.3　有效沟通在冲突调解中的重要性

在冲突调解的过程中，有效的沟通起着举足轻重的作用，它被视为冲突调解的基石，因为它涵盖了多个关键方面，有助于合理解决冲突。本部分内容将探讨有效沟通在冲突调解中的重要性，并着重讨论明确沟通目的、确保各方表达意见，以及寻找共同解决方案这些关键方面。

明确沟通的目的是冲突调解中的一项不可或缺的任务。明确的沟通目标有助于确保各方了解为什么需要进行沟通，以及希望通过沟通达到什么结果。这可以防止误解和混淆，从而为冲突的解决奠定坚实的基础。例如，在一次冲突调解中，如果明确沟通目标是解决双方在项目分配上的分歧，那么各方就会明白他们需要集中讨论的是分配问题，而不会陷入其他无关的话题。这有助于确保讨论的焦点和有效性，提高了冲突调解的成功概率。

确保所有相关方都能表达自己的观点是有效冲突调解的关键组成部分。每个相关方都应该有机会发表自己的看法，表达他们的需求、担忧和期望。这不仅有助于各方释放情感和压力，还能够让冲突的各方得到充分了解。在一个开放的沟通环境中，相关方可以倾听彼此的声音，理解对方的立场，并开始建立互信。这种开放的沟通氛围有助于打破僵局，减轻紧张情绪，为冲突调解的进展创造了必要条件。

在冲突调解过程中，共同寻找解决方案至关重要，需要经过仔细沟通和协商，以确保各方都能达到满意的结果。有效的沟通在这一过程中扮演着关键角色，不仅有助于建立共识，还能缓解紧张情绪，增强互信，最终促成问题的解决。明确沟通的目的是十分重要的。在冲突调解过程中，各方可能会有不同的期望和目标。甲方可能希望得到赔偿，乙方可能希望道歉，丙方可能希望重新确立信任关系。因此，在开始沟通之前，需要明确沟通的目的，以确保各方明白为何需要沟通以及希望达成的目标。这有助于确保沟通的重点和方向一致，避免偏离主题。

有效的沟通需要建立一个开放的沟通环境。在冲突调解中，各方可能会因情感上的紧张或不信任而感到抵触。因此，建立一个开放的沟通环境是有必要的。这可以通过倾听和尊重各方的观点和需求来实现。各方应该有机会表达自己的看法，而不会被打断或批评。建立开放的沟通环境有助于缓解紧张情绪，增强互信，为解决问题创造更有利的条件。

最重要的是，在冲突调解过程中，各方需要通过有效的沟通协作来寻找共同解决方案。这包括口头交流、书面文件的编写、共同制订计划和目标等。有效的沟通可以帮助各方更好地理解彼此的立场和需求，找到可以满足所有相关方的解决方案。协作是解决冲突的关键，它需要各方共同努力，以达成一致的协议。在这个过程中，沟通不仅是信息的传递，还是观点的交流、需求的表达和目标的明确界定。

有效沟通是成功化解冲突的关键因素之一。明确沟通的目的，建立开放的沟通环境，以及通过有效的沟通协作来寻找共同解决方案，都有助于确保各方能够达成满意的结果。冲突调解需要耐心、理解和协作，通过有效的沟通，各方可以共同努力，解决问题、重建信任，最终实现冲突的调和与解决。因此，冲突调解中的有效沟通应该被视为一项关键任务，为和平解决争议和建立健康的人际关系提供支持。

6.3.4 情绪智能在处理冲突中的应用

情绪智能在处理冲突中的应用具有不可低估的重要性。情绪智能包括情绪自我管理和识别他人情绪的能力，这两个方面在解决冲突的过程中都发挥着关键作用。理解冲突背后的情感动机，并以更加同情和有效的方式进行沟通，是情绪智能的核心要素，它们可以显著提高冲突解决的成功率。

首先，情绪智能在沟通中的作用的相关内容参照第 4 章部分内容。情绪自我管理是处理冲突时的重要技能。在冲突的紧张氛围下，情绪往往会高涨，而情绪自我管理能力可以帮助个体在这种情况下保持冷静。这意味着个体能够识别自己的情绪，并采取适当的措施来管理这些情绪，例如，通过深呼吸冷静下来，避免情绪爆发或采取过激的行动。这有助于维护冲突解决的和谐氛围，防止情绪激化冲突。

其次，识别他人情绪的能力是处理冲突的关键因素之一。了解他人的情绪状态有助于更好地理解他们的立场和需求。这可以通过观察他们的面部表情、肢体语言和语气来实现。例如，当一位团队成员在冲突中表现出愤怒或沮丧时，其他成员可以通过这些信号识别他们的情绪。这种情绪识别能力可以帮助团队成员更好地适应对方的情绪状态，以更加敏感和同情的方式与他们沟通。这有助于建立信任和理解，从而为冲突的解决创造有利条件。

最后，情绪智能还包括情感表达和情绪理解的能力。在处理冲突时，个体需要能够有效地表达自己的情绪，并理解他人的情绪。情绪表达涉及以非攻击性的方式表达情绪，避免使用侮辱或挑衅性的语言。这有助于保持冲突解决的和谐氛围，防止情绪冲突的升级。情绪理解则涉及能够理解他人的情绪动机，了解他们为什么感到愤怒、焦虑或不满。这种理解有助于更好地满足他们的需求，并采取适当的措施来解决冲突。

情绪智能在处理冲突中具有重要作用。情绪自我管理能力可以帮助个体在冲突中保持冷静，避免情绪爆发。识别他人情绪的能力有助于个体更好地理解他们的立场和需求。情绪表达和情绪理解能力可以帮助个体有效地沟通和解决冲突。因此，培养情绪智能是处理冲突的关键，它有助于创建更加和谐、尊重和有效的沟通氛围，为冲突的成功解决提供有利条件。

6.3.5 持续沟通在防止未来冲突中的角色

持续沟通在防止未来冲突方面扮演着关键角色。这种沟通不仅需要定期进行，还需要保持一致性，以确保团队内部的信息通畅、有效，并能够提前识别和解决潜在问题，从而防止冲突的发生或升级。

定期的团队会议是一种持续沟通的重要形式。这些会议提供了一个平台，让团队成员可以定期汇报工作进展、分享观点和讨论任何可能存在的问题。通过定期召开会议，团队成员能够保持对工作进展的清晰了解，同时有机会识别潜在的冲突源。例如，在项目进行过程中，某位团队成员遇到了问题或障碍，定期会议可以让他们分享这些问题，从而及早采取措施解决，防止问题恶化成冲突。

开放的沟通渠道也是预防未来冲突的重要工具。这意味着团队成员应该随时能够向其他成员提出问题、分享想法或表达担忧，而不必等到定期会议。开放的沟通渠道可以包括电子邮件、即时消息、在线协作平台或内部社交媒体。通过这些渠道，团队成员可以随时与他人进行沟通，以确保信息的及时传递和问题的及时解决。这种即时沟通有助于团队成员更加灵活地应对问题，防止问题升级为冲突。

此外，确保沟通的一致性在团队交流中是不可或缺的原则，信息的传达方式和一致性直接关系到团队的效率和协作水平。一致的沟通不仅可以减少误解和混乱，还可以建立透明度和信任，这对团队的成功至关重要。一致的沟通意味着信息应该以相同的方式传达给所有团队成员，包括使用相同的术语、概念和语言，以确保每个人都能理解并解释信息的含义。如果不同的团队成员使用不同的术语或表达方式，可能导致信息的混乱和误解。例如，如果一个团队成员称某个项目为“项目 A”，而另一个成员称其为“计划 B”，那么其他团队成员可能会困惑，不知道他们正在讨论的是同一个项目。一致的沟通有助于建立透明度。当团队成员知道可以依靠一致的信息来做出决策和行动时，他们更容易信任彼此和领导者。透明度是团队协作的基础，它促进信息的分享和合作的发展。如果沟通不一致或信息不透明，团队成员可能会感到被排除在决策过程之外，这可能会引发成员间的不满和不信任的情绪。此外，一致的沟通也有助于减少冲突。当团队成员之间的信息传达一致时，他们更容易就问题达成共识，避免不必要的争论。相反，如果沟通不一致，可能会出现不同的信息和理解，从而引发冲突。一致的沟通可以帮助团队更好地协作和解决问题，降低冲突的风险。

在持续沟通中也不能忽视反馈的重要性。团队成员应该定期提供反馈，以帮助改进沟通和协作的效果。反馈可以涵盖各种方面，包括沟通的清晰度、信息的传递方式、会议的有效性等。通过反馈，团队可以不断改进沟通方式，从而减少潜在的冲突来源。反馈还有助于建立开放和学习的团队文化，鼓励团队成员积极参与持续沟通的过程。持续沟通在预防冲突中发挥着关键作用。定期的团队会议和开放的沟通渠道提供了识别潜在问题的机会，同时允许团队成员随时分享信息和观点。一致的沟通和及时的反馈有助于建立透明度和信任，从而降低了冲突的发生风险。因此，团队应该重视持续沟通，将其视为预防冲突的重要工具，以确保团队的协作和合作能够持续稳定地前进。无论团队的规模和性质如何，一致的沟通和反馈都是实现成功和减少冲突的关键要素，可以帮助团队更好地实现共同的目标。因此，无论是团队领导者还是团队成员，都应该将一致的沟通和反馈作为提高团队效能的关键策略之一。

6.4 案例解析

缺少信任就无法合作

小王是一家电视购物公司电话销售一部的优秀业务员。由于原销售经理辞职，公司在考查了电话销售一部全体业务员的业绩后，将小王提升为电话销售一部的经理。电话销售一部一直是公司业绩最突出的部门，部门业务员的业绩都很优秀，尤其是小李和小张，业绩与小王不相上下。小王上任后，担心小李和小张因业绩突出而取代自己，于是在日常工作中对二人采取了加重任务、分配较难的工作、夸大问题等打压排挤的手段。小李和小张发现后，也在团队中拉帮结派，导致电话销售一部结成了三个小帮派，分崩离析。以前团结的团队合作局面被破坏，部门业绩也迅速下滑。

【案例解析】

团队成员间的相互信任是高效团队合作的关键因素。对于一个团队而言，信任是使团队凝聚出高于个人力量的团队智慧。如果团队缺乏信任，已经建立的团队也会士气不足，效率低下，最终走向瓦解。

7 沟通技巧在领导力发展中的重要性

7.1 领导沟通的基本原则

在线测试

7.1.1 明确和一致的信息传达

与领导沟通时，确保传达明确和一致的信息至关重要。这对于团队成员理解和执行任务起着关键作用。通过明确和一致的信息传达，领导者能够确保团队成员对目标、期望和计划有清晰准确的认识，减少误解和混淆，提高团队的效率和协作。明确的信息传达有助于团队成员对团队或项目的目标有清晰的理解。领导者需要明确目标，并将其传达给团队成员，以确保每个人都能理解团队或项目的整体目标。这有助于团队成员在工作中保持一致，避免走向不同的方向。例如，在市场营销项目中，领导者需要明确传达项目的最终目标，以便团队成员集中精力并采取行动，以实现这一共同目标。

明确的信息传达还有助于明确期望。领导者需要清晰地表达他们对团队成员的期望，包括工作质量、时间表、责任和角色。这可以帮助团队成员明白他们需要达到的标准，避免混淆。例如，项目经理需要明确告诉团队成员每个人的具体职责，以确保任务分配清晰明了，不会发生交叉或遗漏。

一致的信息传达同样重要。领导者需要确保他们在不同场合与不同团队成员之间传达的信息一致。这有助于建立信任和可预测性，使团队成员依赖领导者的信息是稳定和可信的。如果信息不一致，团队成员可能会感到困惑，不确定应该依从哪个信息，可能导致混乱和冲突。

一致性是领导者必须高度重视的核心原则，不仅指传达一致的信息，还指言行一致。领导者必须时刻保持言行一致，以建立和维护团队成员的信任和尊重。言行一致是建立领导者信誉的基础。当领导者言行一致时，团队成员更容易相信他们的领导，并认为他们是可信赖的。相反，如果领导者的言行不一致，团队成员可能会感到困惑和不信任，这会影响整个团队的稳定性和效率。因此，领导者必须时刻注意自己的行为和言辞，确保它们一致。言行一致有助于领导者树立榜样。领导者通常被视为是团队的榜样和引导者。如果他们的行为与所传达的价值观和原则一致，团队成员更有可能效仿这种行为，并更容易理解领导者的期望。这有助于建立积极的工作文化，促进团队协作和发展。

言行一致还能避免混淆和误解。当领导者的言行一致时，团队成员不会感到矛盾和困惑。他们能够更清晰地理解领导者的意图和期望，从而更好地执行任务和工作。这有助于提高团队的工作效率，减少错误和重复工作。传达明确和一致的信息也是领导者的责任。领导者必须确保他们传达的信息明确、一致，并与他们的言行相符。这有助于建立积极的工作氛围，使团队成员明白他们的角色和任务，并且可以依赖领导者提供的信息。明确的信息传达有助于避免误解和混淆，提高工作效率和协作。一致的信息传达还建立了信任和可预测性。当团队成员知道他们可以依靠领导者提供明确和一致的信息时，他们更愿意相信领导者的决策和指导。这有助于维护积极的工作氛围，减少不必要的焦虑和担忧。领导者须保持言行一致，以建立信任、树立榜样、避免混淆，提高工作效率。因此，言行一致和明确一致的信息传达应被视为领导者实现团队成功的重要工具和原则。在不断变化的工作环境中，这些原则仍然具有重要价值，可以帮助团队克服挑战，实现共同目标。

7.1.2 公开透明与真诚

公开透明和真诚是领导者在沟通中需要具备的重要品质，是建立信任和可信度的基石。领导者通过坦率地分享信息和诚实地表达思想，能够建立强有力的信任关系，这对团队的成功至关重要。公开透明是指领导者愿意分享信息、决策和计划，使团队成员清楚地了解团队的运作和方向。这种公开透明的沟通方式有助于团队成员更好地理解自己的角色和分工，从而提高工作效率和满意度。公开透明还可以减少谣言和误解的传播，因为团队成员可以从领导者那里获取准确的信息，而不是依赖传言或猜测。总之，公开透明有助于建立一个开放、信任和合作的工作环境，为团队的成功创造有利条件。

真诚是建立信任和可信度的关键要素。真诚的领导者能够诚实地表达他们的想法和情感，而不掩饰或伪装。这种真诚传递了领导者的诚信和可信度，使团队成员愿意信任他们。当领导者展现出真诚时，团队成员感到亲近和信任，因为他们可以相信领导者的话语和行为。真诚的领导者也能够更好地与团队成员建立个人联系，理解他们的需求和关注，并提供支持和指导。总之，真诚是建立强大领导力的关键，它帮助领导者与团队成员建立深厚的信任关系，为共同的目标和成功打下坚实的基础。

公开透明和真诚的领导方式还有助于应对挑战和解决问题。当领导者坦率地说出团队面临的困难和挑战时，可以鼓励团队成员共同面对问题，寻找解决方案。这种开放的沟通方式使团队成员感到安全和支持,从而更愿意提出建议和创新性的解决方案。公开透明和真诚也有助于领导者接受反馈，因为团队成员知道他们的意见会被认真对待。这种反馈机制可以促进成员改进和持续学习，为团队的发展提供动力。

在危机管理中，公开透明和真诚发挥着关键作用。当团队面临挑战或困难时，领导者需要坦率地与团队成员分享信息，以便大家共同应对危机。通过诚实地表达情感和看法，领导者能够建立团队的凝聚力和应对危机的能力。公开透明还可以帮助团队维护声誉，因为公开的信息可以提供准确和可信的信息，减少不确定性和猜测。公开透明和真诚是领导者在沟通中不可或缺的品质。透明的信息传达有助于建立开放和信任的工作环境，提高团队的效率和协作。真诚的领导力能够建立强大的信任关系，促进个人和团队的发展。公开透明和真诚还有助于解决问题、应对挑战和管理危机，为团队的成功和持续发展提供重要支持。因此，领导者应将公开透明和真诚视为领导力的核心原则，努力展现这两种品质，以实现卓越的领导表现和团队成就。

7.1.3　适应不同听众的沟通风格

领导者的沟通能力是团队成功的关键因素之一。领导者需要识别听众的需求和偏好，并相应地调整沟通方式，以确保信息传达的效率和效果。领导者需要了解不同听众的需求。不同角色、背景和兴趣的人在接收信息时可能有不同的需求（图 7-1）。例如，高级管理人员更关注战略性的信息和决策，而前线员工更关注操作性的指导和任务。领导者需要根据听众的需求提供相应的信息和指导，这可以通过与听众交流、倾听他们的反馈以及了解他们的工作和目标来实现。

领导者还需要适应不同听众的沟通风格。人们的沟通方式偏好各异，有些人喜欢直接、简洁的沟通，其他人则偏好详细的解释和讨论。领导者需要识别这些偏好，并相应地调整沟通风格。例如，与高级管理层交流时，领导者可能需要提供清晰简明的摘要，强调关键点，以迎合他们繁忙的日程；而在与团队成员或下属沟通时，领导者可能需要更多的解释和互动，确保他们明白任务的细节和重要性。

此外，领导者还需要考虑文化和背景差异。不同文化和背景的人可能对沟通有不同的期望和反应。领导者需要尊重和理解这些差异，并相应调整沟通方式。例如，有些文化更强调正式和尊重的沟通方式，其他文化则倾向于开放和直接的沟通。领导者需要根据不同文化背景的听众，选择合适的沟通方式，以避免误解和冲突。适应不同听众的沟通风格有助于建立更强的沟通关系。当领导者能够满足听众的需求和偏好时，听众会感到被理解和尊重，从而打下信任和合作的基础。这种灵活性也有助于减少沟通问题和误解，提高团队协作的效率。

总之，适应不同听众的沟通风格是领导者成功的关键要素之一，有助于建立更强大的领导力和团队效能。领导者需要灵活地调整沟通方式，以适应不同听众的需求、沟通风格和文化背景。这种适应性有助于确保信息传达的效率和效果，建立信任和合作的关系，提高领导者的成功和团队的效能。领导者应视适应不同听众的沟通风格为一项重要任务，并不断提升沟通能力，以满足各种听众的需求，从而更好地引领团队并取得卓越的成就。

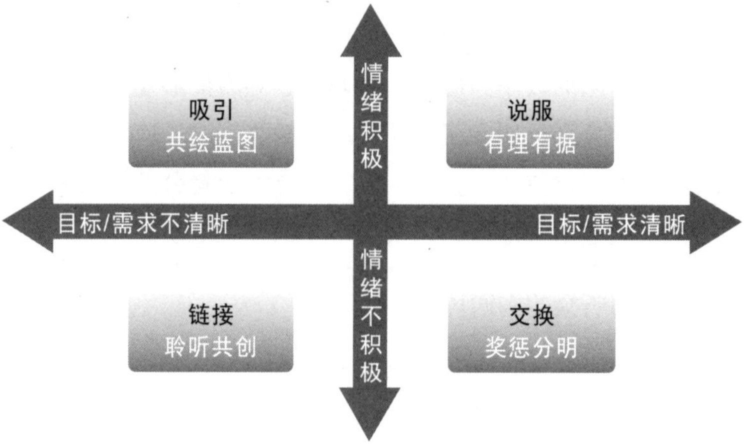

图 7-1　根据状态选择适合的沟通策略

7.1.4　鼓励双向沟通和反馈

鼓励双向沟通和反馈是领导者的一项关键任务。它不仅需要有效地传达信息，还应积极倾听团队成员的意见和建议。这种双向沟通有助于促进更广泛的参与和共同责任感，增强团队的协作。双向沟通建立了开放的沟通氛围。当领导者积极倾听团队成员的意见时，他们传递了一种信息，即每个人的声音都受到尊重和重视。这种开放的氛围鼓励团队成员更自由地分享想法和反馈，而不必担心被忽视或批评。这种自由的沟通环境有助于团队成员更好地表达自己的观点，促进创新和解决问题。双向沟通有助于收集多样化的观点和见解。团队成员可能有不同的经验、背景和专业知识，他们的观点和见解可能各不相同。领导者通过倾听不同的声音，可以获得更全面的信息，可以更全面地了解问题的复杂性，并更好地制定决策。这种多元化的观点还可以激发新的思考和创意。

双向沟通有助于解决问题和改进工作流程。当团队成员能够提供反馈和建议时，他们可以帮助领导者识别问题和获得改进机会。这种反馈机制可以促进团队持续地改进和学习，从而提高团队的效率和绩效。双向沟通还有助于解决冲突，因为它提供了一个平台，让各方可以表达不满、澄清误解，并共同寻找解决方案。双向沟通建立了共同责任感。当团队成员感到自己的声音被听到并产生影响时，他们可能将自己的目标与团队的使命紧密相连。这种参与感和共同责任感可以提高团队的凝聚力，激励成员更高质量的工作。通过鼓励双向沟通，领导者可以建立一个充满信任和共同努力的团队，有助于实现团队的长期成功。

鼓励双向沟通和反馈是领导者的重要任务。这种沟通方式建立了开放的沟通氛围，收集多样化的观点，促进问题解决和改进，并建立共同责任感。领导者应视双向沟通为领导团队的不可或缺的工具，积极倾听团队成员的声音，并将他们的观点视为团队成功的关键组成部分。这样，他们将能够建立更强大的领导力和团队协作，为团队取得卓越成就铺平道路。

7.2　激励和影响他人的沟通技巧

在线测试

7.2.1　使用积极和鼓舞人心的语言

积极和鼓舞人心的语言在领导沟通中具有无可争辩的重要性。积极的语言有助于营造乐观的氛围。当领导者使用积极的措辞和表达方式时，他们传达了一种乐观的态度和信念，它们会在整个团队中蔓延。积极的语言可以鼓舞团队成员，使他们更有信心地面对挑战和困难。这种乐观的氛围有助于建立强大的团队凝聚力，团队成员更愿意共同努力，追求共同的目标。鼓舞人心的语言可以激发团队成员的动力。通过鼓舞人心的言语，领导者能够激发团队成员内在的动力和热情。这种语言可以唤起个人的自我激励，使他们更有动力去追求卓越，挑战自己的极限。领导者可以使用激励性的语言来强调个人和团队的潜力，鼓励团队成员勇敢面对挑战，追求更高的目标。

积极和鼓舞人心的语言可以增强团队成员的使命感。当领导者以积极的方式表达团队的愿景和目标时，团队成员更有可能对这些目标产生共鸣，并能感到自己的工作的意义。这种使命感有助于提高团队成员的绩效和效率，因为团队成员会更全情地投入工作，追求卓越的结果。积极和鼓舞人心的语言可以建立领导者与团队成员之间的信任和共鸣。当领导者使用这种语言时，他们传达了一种尊重和支持的信息，这有助于建立亲近的关系。团队成员更容易与那些能够鼓舞他们并赋予意义的领导者建立联系。这种信任和共鸣可以增强领导力，使领导者影响和引导团队成员，实现共同的目标。

积极和鼓舞人心的语言方式有助于营造乐观的工作氛围，激发团队成员的动力和热情，增强他们的使命感。积极的语言可以使领导者建立信任和共鸣，提高团队的凝聚力和绩效。因此，领导者应将积极和鼓舞人心的语言作为沟通的重要工具，积极运用它来促进团队的成长。

7.2.2 讲述故事与情感连接

通过讲述故事来建立情感连接是一项强大的沟通技巧，具有深远的影响力。故事不仅是一种叙述方式，更是传递信息和观点的方式，能够将复杂的理念生动地呈现，并在听众中引发共鸣，增强信息的影响力。通过讲述故事，抽象的概念得以具体化。许多时候，领导者需要传达抽象的理念、价值观或战略目标，这些概念可能较晦涩难懂。通过讲述故事，领导者可以将这些抽象概念嵌入具体的情境和情节，使听众更容易理解和接受。故事能够将复杂的信息呈现得生动有趣，引发听众的兴趣，让他们能够将抽象概念与实际生活联系起来。

讲述故事有助于唤起听众的情感共鸣。人们往往更容易被情感所触动，而不是纯粹的逻辑和事实。通过讲述富有情感的故事，领导者能够打动听众的心弦，引起他们的共鸣和共情。这种情感连接可以增强信息的吸引力和记忆度，使听众更有可能记住和传播所传达的信息。故事中的角色和情节能够激发听众的情感反应，使他们更深刻地理解和体验所传达的观点。

讲述故事有助于传递价值观和文化。团队的文化和价值观对团队的成功和凝聚力至关重要。通过讲述故事，领导者可以传达团队的核心价值观和文化特点，团队成员也能更好地理解和遵循这些价值观。故事可以将抽象的文化理念具体化，通过角色和情节展示出来，团队成员也能够在自己的工作中体现这些价值观。

讲述故事有助于激发行动和改变历程。通过讲述成功故事、挑战克服的经历或改变的历程，领导者可以激发听众的行动欲望。听众可以从故事中汲取启发和动力，感到自己也能够实现类似的成就或改变。故事能够激发个人和团队的目标感，促使他们采取积极的行动，追求卓越。

讲述故事能够将抽象的概念具体化，唤起听众的情感共鸣，传递价值观和文化。领导者应充分利用故事讲述来传达信息、启发团队成员，并建立深刻的情感连接。讲述精彩的故事可以让领导者塑造更加有影响力的沟通方式，实现更大的成就。因此，讲述故事应被视为领导者的重要沟通方式，用以建立情感连接和传递有利的信息。

7.2.3 个性化沟通

在沟通中，领导者需要根据不同团队成员的个性和需求进行灵活调整，实现个性化沟通方式。这种个性化的沟通不仅有助于更好地理解和支持团队成员，还能够显著提升整体团队的效能。个性化沟通有助于建立更紧密的关系，因为每个人都有自己独特的个性和沟通偏好。一部分团队成员可能喜欢直接明了的沟通方式，而另一部分成员可能喜欢细致和亲切的交流方式。通过识别和尊重每个团队成员的个性差异，领导者可以建立更紧密的关系，增加互信和亲近感。这种个性化关系有助于团队成员更愿意分享想法、提出问题，并全情投入工作中。

个性化沟通还有助于满足不同团队成员的需求，因为不同人在工作中可能有不同的需求，涵盖反馈、支持、指导或鼓励方面。通过了解团队成员的需求，领导者可以提供更为个性化的支持和指导。这种关注和关怀能够满足团队成员的需求，增强他们的工作满意度和使命感，从而提高团队的整体效能。

个性化沟通在团队管理和解决冲突方面具有不可估量的价值。虽然团队中的冲突和问题是不可避免的，但每个团队成员都有独特的需求、观点和处理方式。因此，领导者通过个性化沟通可以更有效地应对挑战，促进团队的和谐合作，并提高整体团队的效率。个性化沟通可以帮助领导者更好地了解每个团队成员的观点和立场。不同的人对问题和冲突的看法可能会有所不同，这取决于他们的个性、背景和经验。通过与团队成员进行一对一的交流和倾听，领导者可以深入了解他们的想法和观点，从而更好地理解问题的本质。这有助于领导者更明智地做出决策和制订解决问题的方案。

个性化沟通还可以减少误解和冲突的发生。当领导者能够根据每个团队成员的个性特点调整沟通方式时，他们可以准确地理解并传达信息。有些团队成员可能更喜欢详细的解释，而其他人可能更倾向于简洁的信息。通过满足不同人的需求，领导者可以避免信息传达不当导致的混淆和误解，从而减少冲突。

个性化沟通有助于建立更紧密的关系。当领导者显示出对每个团队成员的关注和尊重时，团队成员更有动力和使命感，更愿意为实现共同的目标而努力。个性化沟通方式可以传达出一种关怀和支持的信息，有助于建立团队的凝聚力和归属感。团队成员会感到他们的意见和需求受到重视，从而更积极地参与团队活动和工作。个性化沟通还可以激发团队的创造力和创新性。当团队成员感到他们的观点和想法受到尊重和鼓励时，他们更愿意分享自己的创意和见解。这有助于团队发展新的解决方案和创新性的想法，从而提高团队的绩效和成就。

个性化沟通是领导者在团队管理和解决冲突的重要工具。通过了解每个团队成员的个性差异和需求，领导者可以更好地处理冲突和问题，建立更紧密的关系，提高整体团队的效能，并激发创造力和创新性。领导者应不断提升自己的沟通技巧，将个性化沟通视为一项必不可少的任务，以支持和引领团队成员，实现共同的成功。这样，他们能够释放出更强大的领导力，促进团队的发展。

7.2.4 建立共同的愿景与目标

与团队建立共同的愿景和目标是领导者沟通的重要过程，不仅有助于确保团队成员对未来方向的一致理解，还能够显著增强团队的合作精神和目标导向性。我们将探讨这一重要的沟通过程对团队的影响。建立共同的愿景和目标有助于成员理解团队的使命和价值观。通过与团队成员共同讨论和制定愿景和目标，领导者能够传达团队的核心理念和目标。这种共同理解有助于团队成员认同团队的使命，并激发工作热情，使他们愿意为实现共同的目标而努力。建立共同的愿景和目标有助于增强团队协作。当团队成员参与规划目标和愿景时，他们感到自己是决策过程的一部分，而不只是执行者。这种参与感可以增强团队的凝聚力，促使团队成员更积极地合作，追求共同的目标。团队成员会意识到他们的工作对于整个团队而言至关重要，因此会更愿意互相支持和协作，共同应对挑战。

建立共同的愿景和目标是团队发展和团队成员责任感的关键因素。这一过程为实现共同愿景和目标奠定坚实的基础。建立共同的愿景和目标能够增强团队成员的责任感。当团队成员参与规划目标时，这些目标不再是由领导者单独规划的，而是集体智慧的产物，代表着整个团队的愿景。团队成员会自觉承担更大的责任，因为他们知道这些目标的实现与他们的个人贡献密切相关。这种责任感激发了团队成员更积极地参与工作，更坚决地克服挑战，以实现共同的成功。

建立共同的愿景和目标有助于提高团队的目标导向性。当团队成员明确了共同的愿景和目标时，他们会更加专注于这些目标的实现。这种目标导向性可以提高团队的工作效率和成效，因为团队成员会将自己的工作与实现愿景和目标联系起来，会明确地了解自己的工作如何为团队的成功做出贡献。

建立共同的愿景和目标有助于增强团队的凝聚力。当团队成员一起参与规划愿景和目标时，他们会感到更紧密地连接在一起。这种共同的目标和愿景成为团队成员之间的纽带，促使他们更多地合作和协作，以实现共同的愿景。这有助于建立积极的团队文化，提高团队的合作能力，从而更有效地应对挑战和问题。建立共同的愿景和目标也有助于团队成员更好地理解团队的使命感和价值观。这个过程为团队成员提供了一个机会，让他们深入思考团队的核心价值观和长远目标。这种理解有助于团队成员增强对团队的认同感和忠诚度，使他们愿意为团队的成功做出努力。

建立共同的愿景和目标是必要的团队管理实践过程。它旨在增强团队成员的责任感，提高团队的目标导向性，增强团队的凝聚力，帮助团队成员更好地理解团队的使命和价值观。领导者应积极地与团队成员合作，共同制定愿景和目标，有助于建立强大的团队文化，激发团队的创造力和创新性，为团队的长期成功奠定坚实的基础。这也是建立高效团队的关键步骤，可以帮助团队充分发挥潜力，实现共同的愿景和目标。

7.2.5 沟通在改革管理中的作用

在改革管理过程中，沟通起到至关重要的作用。改革不仅能提供方向、减轻不确定性，还能提高团队对改革的支持和参与度。清晰、及时的沟通是领导者的核心职责之一。下面将深入探讨沟通在改革管理中的作用以及其重要性。沟通在改革管理中的作用之一是传递改革的原因和背景。领导者需要向团队成员明确解释为何需要进行改革，改革的背景以及背后的动机。这有助于团队成员理解变化的紧迫性和重要性，增强他们对改革的接受度。同时，清晰的解释还能够减少谣言和误解的传播，维护团队内部的透明度和信任。

沟通在改革管理中有助于明确改革的目标和期望的结果。领导者需要向团队成员传达改革的具体目标，以及改革成功后预期的影响和成果。这种明确性有助于团队成员更清晰地了解他们的工作与改革目标的关系，以及他们如何为实现这些目标做出贡献。明确的目标和期望有助于激发团队成员的动力，使他们更有决心参与改革过程。

沟通还能够提供机会，让团队成员分享他们的顾虑和反馈。领导者需要鼓励开放和坦诚的沟通，让团队成员能够表达他们对改革的顾虑、疑问或建议。这种双向沟通有助于领导者更好地理解团队成员的感受和想法，及时解决问题，调整改革计划。团队成员的参与和反馈有助于改革的成功实施，减轻改革过程中的阻力。

在改革管理过程中，沟通是减轻焦虑和不确定性、建立支持和共识的关键因素。改革是团队发展的不可避免的一部分，但它经常引发团队成员的不安和不确定感。在这种情况下，领导者的沟通扮演着至关重要的角色，帮助团队成员理解、接受和成功应对改革。沟通可以减轻团队成员的焦虑和不确定性。改革往往伴随着不确定性，团队成员可能会担心自己的工作、地位和未来会受到影响。通过及时的、透明的沟通，领导者可以提供信息和解释，帮助团队成员更好地理解改革的动机、目标和计划。这种信息的提供可以减少焦虑感，增加团队成员的安全感，使他们更有信心面对改革。

沟通有助于建立团队对改革的支持和共识。领导者需要通过清晰、连贯的沟通来传达改革的重要性和价值。他们应该明确阐述改革的目标，使团队成员能够理解改革对团队的长远利益和未来成功的重要性。此外，领导者还应该提供机会，让团队成员分享他们的反馈、顾虑和建议。这种双向沟通有助于建立共识，使团队成员感到自己的声音被听到和重视，从而更愿意支持和参与改革。

沟通有助于增强团队对改革的适应能力。领导者可以通过定期更新团队成员有关改革进展的信息，帮助他们逐步适应改革过程。及时的沟通可以提醒团队成员关注改革的重要方面，使他们更好地应对改革带来的挑战和机会。这种沟通方式还可以传达出一种关心和支持的信息，增强团队成员的信心，使他们更有动力去应对改革。

沟通在改革管理中是不可或缺的。它不仅有助于减轻焦虑和不确定性，还有助于建立支持和共识，增强团队的改革适应能力。领导者应将沟通视为改革成功的关键要素，并不断改进沟通策略，以确保团队能够顺利应对改革。只有通过有效的沟通，改革才能够成功实施，团队才能够成功应对变化，为团队的长期成功铺平道路。因此，领导者应将沟通视为改革管理中的核心工具，积极投入时间和资源来确保改革的成功。

7.3 领导者的倾听技能

在线测试

7.3.1 主动倾听的重要性

主动倾听是领导者必不可少的沟通技能之一。它不仅指听到话语，而且需要深入理解言辞背后的意图和情感。主动倾听有助于领导者理解团队成员的需求、想法和问题，从而更有效地指导和支持他们。我们将深入探讨主动倾听的重要性以及它对领导力的影响。

主动倾听有助于建立强大的关系。当领导者展现出对团队成员言辞的关注时，团队成员会感到被尊重和重视。这种尊重和关注有助于建立互信和亲近感，为良好的工作关系奠定基础。团队成员会更愿意与领导者分享他们的想法和疑问，因为他们知道领导者会倾听并尊重他们的想法。

主动倾听有助于提高沟通的效率和质量。通过深入理解言辞背后的意图和情感，领导者能够更准确地把握团队成员的需求和问题，从而提供更具针对性的反馈和指导，更好地满足团队成员的需求。此外，主动倾听还有助于避免误解。领导者能够及时纠正任何不准确的理解，确保沟通的准确性。

主动倾听还有助于解决问题和冲突。当团队成员遇到问题或存在冲突时，他们通常希望表达自己的观点和感受。通过主动倾听，领导者能够创造一个安全的沟通环境，让团队成员能够坦诚地分享顾虑和意见，从而更好地理解问题的本质，寻找解决方案，调解冲突，促进团队的和谐和效能。

主动倾听是领导者成功的重要组成部分，不仅有助于增强领导者的影响力，还在许多方面对团队产生积极影响。主动倾听表现出领导者对团队成员的关心和理解。当领导者积极倾听并对团队成员表示关注时，团队成员感到被尊重和重视，有助于建立良好的领导与团队之间的关系。这种关心和理解可以增强领导者的信任度，使团队成员更愿意接受他们的领导和指导。

领导者积极倾听的行为可以建立一种相互尊重和合作的氛围，有助于促进团队的凝聚力和协作。主动倾听有助于提高问题解决的能力。通过深入理解团队成员的需求和问题，领导者可以更好地识别潜在的挑战和机会。这使领导者更有针对性地制订解决方案，并更好地应对不断变化的情况。

领导者可以通过倾听团队成员的建议和反馈来寻找创新的解决方案，从而增强团队的创造力和竞争力。主动倾听使领导者更敏锐地感知团队的需求，更好地满足这些需求，实现成功的领导。领导者通过倾听各方的观点和意见，可以更全面地了解问题的本质，识别潜在的冲突点，并找到解决问题的方法。主动倾听有助于建立开放的沟通渠道，鼓励团队成员分享他们的顾虑和问题，从而及时解决潜在的冲突，减少不必要的摩擦，缓解紧张局势。领导者可以通过倾听团队成员的声音来调解冲突，解决冲突，维护团队的和谐。

此外，主动倾听有助于领导者提高领导力和影响力。当领导者展现对团队成员的关心和理解时，更容易赢得团队成员的尊重和支持。这种尊重和支持使领导者能够更有效地影响团队成员的决策和行为，推动团队朝着共同的目标前进。领导者通过主动倾听表现出的关注和关心，建立了更强大的领导力，有助于激发团队成员的积极性和工作动力，从而推动团队发展。

主动倾听是领导者不可或缺的领导技能，有助于建立积极的领导与团队关系，提高问题解决的能力，增强领导者的影响力。领导者应将主动倾听视为一项重要任务，并不断提升倾听技能，以更好地引导和支持团队成员。通过主动倾听，领导者能够真正深入了解团队成员，具备强大的领导力，推动团队朝着成功的方向前进。因此，领导者应将主动倾听视为领导力的核心要素之一，并在日常工作中积极应用和提升这一技能。

7.3.2 接收和理解反馈

领导者需要展现开放的心态，积极地接收并理解团队成员的反馈。这一过程不仅有助于领导者的自我提升，还能够增强团队成员的参与感，让他们感到自己的意见被重视。本部分内容将深入探讨接收和理解反馈的重要性，以及它对领导力和团队的影响。

接收和理解反馈有助于领导者的自我提升。领导者并非完美，也可能犯错或有盲点。通过接收来自团队成员的反馈，领导者能够认识到自身的不足之处，并有机会改进和成长。好的反馈可以帮助领导者更好地了解自身的优势和劣势，从而制订更有效的发展计划。领导者应将反馈视为宝贵的学习机会，积极地寻求并接受反馈，不断提升领导能力。

接收和理解反馈有助于增强团队成员的参与感。当团队成员感到自己的意见被认真倾听和重视时，他们更愿意参与团队的决策和活动。这种积极的反馈循环可以激发团队成员的投入和承诺，增强团队的凝聚力。团队成员会感到自己是团队的一部分，他们的声音有重要的影响力，这种感觉可以激发他们更积极地发挥能力和创意。

接收和理解反馈有助于改进团队的绩效和效率。团队成员通常会提供关于工作流程、沟通方式或问题解决方法的反馈。领导者通过认真分析这些反馈，可以发现改进的机会，并采取措施来提高团队的绩效。反馈可以帮助领导者更好地了解团队的需求，更好地满足这些需求，以实现更高水平的工作成果。

接收和理解反馈是建立良好沟通和信任的关键步骤。它不仅有助于团队成员分享想法和提出问题，还能够提升团队的绩效和效率。在领导者积极倡导和实践反馈文化的环境中，团队成员能够更好地协作、创新并取得成功。建立一个支持反馈的文化有助于促进开放和坦诚的沟通。当团队成员知道他们的反馈不会被忽视或受到惩罚时，他们更愿意分享他们的想法和问题。这种开放的沟通环境有助于建立互信和协作，使团队成员更容易理解和支持彼此。领导者应鼓励团队成员分享反馈，并积极地回应他们的关切和建议，以建立积极的团队文化。这种文化有助于增强团队的凝聚力。接收和理解反馈有助于改善团队的整体绩效。当领导者能够听取并理解来自团队成员的反馈时，他们可以更好地满足团队的需求，提高工作效率，减少问题和冲突。通过建立支持反馈的文化，领导者可以促进组织的持续改进和发展，使团队能够适应不断变化的环境。

接收和理解反馈对领导者和团队至关重要。对于领导者而言，接收反馈是自我提升和发展的关键，帮助领导者了解自己的盲点和不足之处，从而更好地引导团队。领导者应积极地寻求反馈，展现开放和认真态度，推动领导力的发展和团队的成功。对于团队成员而言，接收反馈有助于增强他们的参与感和责任感，知道自己的声音被听到和重视，更有动力为团队的共同目标努力工作。接收和理解反馈是建立良好沟通和信任的关键因素，也有助于提升团队的绩效和效率。领导者应当积极倡导和实践反馈文化，鼓励团队成员分享想法和问题，并积极回应他们的反馈。只有通过接收和理解反馈，领导者才能够更好地引导和支持团队，实现共同的目标。反馈文化不仅有助于建立强大的团队，还有助于团队的长期繁荣。因此，领导者应将接收和理解反馈视为一项不可或缺的领导能力，并不断提升自身能力。

7.3.3　在团队沟通中展现同理心

与4.2.3部分不同，本部分将重点介绍领导者在团队中展现同理心的能力。展现同理心是领导在沟通中极为重要的能力之一。通过倾听和理解团队成员的情绪和立场，领导者能够建立更深层次的联系，增强团队成员对其的信任感和忠诚度。展现同理心有助于领导建立更强大的关系。当领导者表现出对团队成员情感和立场的理解时，团队成员会感到被认可和尊重。这种认可和尊重构建了信任关系，使团队成员更愿意与领导者分享他们的感受和想法。同理心不仅是一种情感连接，还表现出对他人的尊重。通过展现同理心，领导者可以建立亲近感，促进更紧密的工作关系。

展现同理心有助于解决问题和冲突。在团队中，问题和冲突时常发生，而且通常伴随着情感的激情和紧张。领导者通过展现同理心，能够创造一个安全的环境，让团队成员坦诚地分享他们的情感和观点。同理心有助于缓和紧张情绪，促进建设性意见的讨论和解决方案的制定。

展现同理心有助于提高沟通的效果。领导者通过理解团队成员的情感和立场，能够更好地调整自己的沟通方式，以满足团队成员的需求。这意味着领导者可以更清晰地传达信息，更清晰地解释决策，更有效地回应团队成员的顾虑。同理心使沟通更加有针对性，更容易被理解和接受，从而提高了沟通的效率和效果。

展现同理心有助于增强团队成员的信任和忠诚。当团队成员感到他们的情感和立场被领导者理解和尊重时，他们会更愿意与领导者合作。同理心使团队成员感到自己的声音被听到，他们的感受被认可，这种感觉可以增强他们对领导者的信任和对团队的忠诚。团队成员愿意跟随那些能够理解他们的领导者，因为他们知道领导者关心他们的利益。

展现同理心有助于领导者更好地理解团队的需求和动机。通过理解团队成员的情感和立场，领导者能够更深入地了解他们的期望、挑战和动机，从而更好地满足团队成员的需求，激发他们的积极性。同理心有助于领导者更好地了解团队的多样性，更好地支持每个团队成员的个性和目标，从而提高整体团队的绩效。展现同理心在领导沟通中起着至关重要的作用。它有助于增强沟通的效果、团队成员的信任感和忠诚度，以及更好地理解团队的需求和动机。

7.3.4　识别非言语线索

领导者不仅需要听取话语，还要识别和理解非言语线索，如面部表情、肢体语言和声音的音调。这些非言语线索往往能够提供比言语更多的信息，领导者需要了解如何解读和运用这些线索。识别非言语线索有助于领导者更深入地理解团队成员的情感和态度。面部表情、肢体语言和声音的音调通常能够反映出一个人的情感状态和态度。通过观察这些线索，领导者可以更好地理解团队成员的感受，判断他们是否满意或者有疑虑。这有助于领导者更好地应对团队成员的情感需求，更好地支持他们，从而建立更强大的情感联系。

识别非言语线索有助于提高沟通的效果。当领导者能够理解团队成员的非言语线索时，他们可以更准确地识别信息的重点和关键，从而更好地回应团队成员的需求。肢体语言和声音的音调可以传达额外的信息，有时这些信息在言语中未被明确表达。通过识别和理解这些线索，领导者可以更全面地理解团队成员的意图和期望，更好地满足他们的需求，从而提高沟通的效率和效果。

识别非言语线索有助于解决问题和冲突。在问题和冲突的情境下，团队成员可能表现出不同的情感和态度。通过识别他们的非言语线索，领导者可以更好地了解问题的本质及每个团队成员的立场。这有助于领导者引导讨论，缓解紧张情绪，促进共同理解和解决方案的制定。非言语线索可以提供有关问题背后动机和情感因素的重要信息，这对解决问题和冲突是不可或缺的。

识别非言语线索有助于建立更强大的领导力。领导者通过了解团队成员的情感和态度，可以更好地调整自己的领导方式，以满足团队成员的需求。这意味着领导者可以更好地激发团队成员的积极性和参与度，支持他们的个人和职业发展。领导者的敏感度和洞察力在建立领导力和团队的成功方面起着关键作用。

识别非言语线索有助于增强团队成员对领导者的信任。当团队成员感到他们的非言语表达被领导者理解和尊重时，他们会愿意与领导者建立紧密的联系。这种信任有助于团队成员积极地参与团队的工作，并愿意跟随领导者的领导。识别非言语线索在领导沟通中具有极其重要的作用。它有助于深入地理解团队成员的情感和态度，建立强大的领导力，增强团队成员对领导者的信任。领导者应不断提升自己的非言语线索识别能力，以更好地引导和支持团队。

7.3.5 倾听在决策制定中的角色

倾听在决策制定中扮演着不可或缺的角色。这一过程涉及领导者积极倾听各种观点、信息和建议，以便在做出决策之前获得全面的了解。有效的倾听可为领导者提供敏锐的洞察力，有助于做出更明智、更有效的决策，并增加团队成员对决策的接受度。

倾听有助于收集多样化的观点和信息。在决策过程中，不同的团队成员可能持有不同的观点和意见。通过积极倾听，领导者能够了解每个人的独特见解，并收集各种信息。这有助于领导者更全面了解问题的各个方面，考虑到不同因素及其相互影响。倾听使领导者避免陷入单一思维模式，鼓励开放性思考，从而促进更好的决策制定。

倾听有助于建立信任和沟通。当领导者积极倾听团队成员的观点和建议时，团队成员会感到他们的声音被听到和重视。这有助于建立信任关系，增强团队成员对领导者的信任。团队成员会更愿意与领导者分享他们的观点和反馈，因为他们知道领导者会认真倾听。倾听还可以改善沟通，使团队成员更容易与领导者交流。

倾听有助于提高决策的质量。通过收集多样的观点和信息，领导者能够更全面地评估各种选项和方案，从而使决策更加完善和可行。领导者可以更好地预测不同决策的可能结果，并更好地权衡各种因素。倾听能够降低决策的风险，并减少偏见和盲点的影响，从而提高决策的质量和准确性。

倾听有助于增加团队成员对决策的接受度。当团队成员感到他们的观点被考虑和尊重时，他们更容易接受最终的决策。这减少了决策引起的不满和抵抗，有助于团队更好地执行决策。倾听使团队成员感到他们在决策过程中有发言权，从而增强了他们的参与感和责任感。

倾听有助于建立开放和协作的团队文化。当领导者积极倾听并尊重各种观点时，团队成员感到他们的贡献被重视，这能鼓励更多的人参与和合作。倾听使团队成员感到他们可以自由表达自己的想法，有助于建立一个开放的沟通氛围，促进团队的协作和创新。

倾听有助于收集多样的观点和信息，建立信任和沟通，提高决策的质量，增加团队成员对决策的接受度，建立开放和协作的团队文化。领导者应视倾听为一项关键的领导技能，并不断提升自己的倾听能力，以更好地引导和支持团队。

7.4　危机沟通管理

在线测试

7.4.1　危机沟通的基本原则

危机沟通是一项至关重要的任务，它要求在危险、不确定和紧急的情况下，有效地传递信息，以管理危机并维护信任。在进行危机沟通时，有一些基本原则和指导原则可以帮助领导者和团队成员应对各种突发事件和危机情况。

首先，基于事实是危机沟通的首要原则。在危机来到时，准确性显得尤为关键。

领导者和团队必须确保传递的信息是真实和准确的，避免散播虚假信息或谣言。虚假信息可能会引发恐慌、混乱和不信任，进一步加剧危机的严重程度。因此，确保信息的准确性是危机沟通的基本要求。

其次，危机沟通应该是及时的。发生危机时，时间通常是紧迫的。领导者必须迅速采取行动，确保信息在第一时间传达给相关方。延误的沟通可能会导致情况恶化，增加风险，因此及时性是危机沟通的基本原则之一。

再次，公开透明也是危机沟通的核心原则之一。团队和领导者应该尽量公开和透明地与相关方分享信息。这不仅包括分享好消息，还包括分享坏消息，以及团队正在采取的措施和计划。公开透明有助于建立信任，让相关方了解情况的真实状况，同时减少猜测和不确定性。

最后，危机沟通需要考虑到不同受众的需求和偏好。不同的人可能需要不同的信息和支持。领导者和团队应该考虑到这些差异，采用灵活的沟通策略，以满足不同受众的需求。这可能包括提供多种沟通渠道，以确保信息能够广泛传达，同时要注意语言和风格的选择，以适应不同受众的背景和文化。在危机时期，情感支持同样重要。领导者和团队应该表现出关心和关怀，向受众传递安慰和鼓励的信息。这可以帮助缓解紧张情绪，减轻恐慌，增加信任和支持。

此外，危机沟通需要有一定的连贯性和持续性。危机通常不会一蹴而就，需要人们用一段时间来应对和解决。领导者和团队成员应该在危机期间保持与受众的联系，并定期提供更新的信息。这有助于维持沟通的连贯性，防止信息断层，同时表明团队的承诺和决心。危机沟通是一项复杂而关键的任务，需要遵循一些基本原则和指导原则。这些原则包括基于事实、及时性、公开透明、考虑不同受众的需求、同情心和人性化、连贯性和持续性。遵循这些原则有助于有效应对危机，管理危机情况，并维护信任和支持。危机沟通是领导者和团队在困难时期展现领导力和稳定的关键任务，因此它的重要性不容忽视。

7.4.2 保持冷静和情绪稳定

在危机中，领导者需要保持冷静和情绪稳定。这不仅有助于提供清晰的指导和制定决策，还能够稳定团队和公众的情绪，从而更好地管理危机和应对挑战。保持冷静和控制情绪有助于领导者保持思维的清晰度。在危急情况下，压力和紧张情绪往往会增加，可能导致思维变得混乱和不集中。然而，领导者需要在此时做出重要的决策和计划，因此清晰的思维非常重要。通过保持冷静，领导者可以更好地分析情况、权衡各种选项，并制订出最佳的行动方案。情绪稳定有助于防止情感干扰和偏见对决策的影响，从而使决策更加理性和有效。

保持冷静和情绪稳定有助于稳定团队的情绪。在危机中，团队成员可能感到紧张、担忧和恐慌。领导者的情绪可以对团队产生很大的影响，如果领导者表现出恐慌或情绪激动，可能会传播给团队，导致情绪失控和混乱。反之，当领导者表现出冷静和情绪稳定时，可以给团队成员带来安全感和信心。他们会感到领导者有能力应对危机，这可以缓解他们的焦虑，增强团队士气和团队的凝聚力。

保持冷静和情绪稳定对领导者的信任和可信度是至关重要的，特别是在遇到危机时。在面临挑战和压力时，领导者的反应和表现对团队的稳定性和成功有巨大的影响。我们将更详细地探讨冷静和情绪稳定在领导者建立信任和应对危机中的重要作用。保持冷静和情绪稳定有助于建立领导者的信任和可信度。在困难和危急时刻，人们往往寻求领导者的指导和支持。如果领导者表现出情绪不稳定或失控，可能会引发团队成员的不安和不信任。反之，表现出冷静和情绪稳定的领导者更容易赢得信任和尊重。他们传递出一种稳定和可靠的形象，让团队成员感到安心。人们倾向于相信那些在压力下仍能保持冷静的领导者，因为他们看起来更有能力应对危机。

保持冷静和情绪稳定也有助于领导者更好地应对危机。危机往往伴随着紧急性和不确定性，领导者需要快速做出决策和行动。情绪稳定使领导者能够保持冷静，不受情感波动的干扰，更好地应对挑战和压力。他们能够清晰地思考问题，制定有效的应对策略，并决定适当的行动步骤。保持冷静和情绪稳定有助于领导者在危机管理中保持清晰的思维，使团队成员感到安全并得到有效引导。

领导者的情绪状态会对团队产生重大影响。如果领导者表现出焦虑或愤怒，可能进一步加剧团队成员的不安。反之，领导者保持冷静和情绪稳定可以传递镇定感和信心，有助于稳定团队的情绪，让他们更从容地应对挑战并集中精力解决问题。

总之，保持冷静和情绪稳定是领导者应对困难时刻的必备技能。它不仅有助于应对当前的挑战，还有助于塑造领导者的形象和影响力，从而更好地引导团队走向成功。在建立领导者的信任和可信度方面，保持冷静和情绪稳定发挥了重要作用。这种能力使领导者更具吸引力和影响力，使团队成员更愿意跟随领导者。在危机管理中，保持冷静和情绪稳定是应对挑战的关键，有助于领导者保持清晰思考，制订有效的解决方案，以及维护团队的稳定性和团结。

7.4.3 快速响应与公开透明

在危机沟通中，快速响应和公开透明是不可或缺的要素，对管理危机，减少不确定性和维护信任起着关键作用。快速响应意味着在危机爆发后，领导者和团队应该尽快提供相关信息和更新，并采取行动来解决问题。公开透明则要求在危机情况下，领导者和团队向公众和相关方提供准确、全面和真实的信息，以确保信息传递公开透明且值得信任。

快速响应和公开透明在危机管理中是保护团队声誉、控制危机影响和维护公众信任的关键要素。在危机中，时间的重要性不言而喻，快速响应在危机管理中具有不可替代的作用。危机通常以不可预测和突然的方式出现，可能会导致潜在的严重后果。在这种情况下，时间成为宝贵的资源，快速采取行动可以防止问题进一步恶化。领导者和团队需要立即行动，迅速组织资源，制定应对策略，协调团队，以应对危机的各个方面。快速响应有助于控制危机，减少潜在的损失和影响。它传递出一种紧急感，向公众和相关方表明团队对问题的认识和重视程度，增强了可信度。当领导者能够快速而果断地应对危机时，他们赢得了公众和团队成员的尊重和信任，成功进行了危机管理。

公开透明是危机沟通中的另一个关键要素。公开透明意味着提供真实和准确的信息，不隐瞒问题或事实，并公开团队的决策和行动。在危机中，公开透明的重要性在于它建立了信任。公众和相关方希望了解团队对危机的处理方式及问题的真实情况。公开透明有助于减少猜测和不确定性，避免谣言的传播，以及防止信息的扭曲和误解。团队通过公开透明的沟通向公众提供准确的信息表示对公众的尊重和关切。

公开透明还包括持续更新和沟通。领导者和团队应该定期向相关方提供最新的信息和进展，以保持沟通的连贯性和准确性。这有助于人们了解问题的演变和团队的应对措施，同时表明团队对公众的承诺和负责任的态度。持续的公开透明沟通有助于维护信任，增强公众对危机管理的信心。

快速响应和透明度是危机管理中不可或缺的要素。它们有助于控制危机，减轻危机的负面影响，维护公众信任，同时有助于建立积极的危机管理声誉。在危机中，领导者和团队应始终将快速响应和透明度视为优先考虑的原则，以确保有效地应对挑战并维护公众的信任。只有通过快速响应和透明度，领导者和团队才能够在危机中展现最佳的危机管理能力，确保团队能够渡过危机并取得成功。

7.4.4 管理团队和公众的期望

在危机沟通中，管理团队和公众的期望是关键的一环，涉及领导者如何有效地管理信息和预期，以应对危机。面对危机时，人们通常期待领导者提供明智的指导、解决问题的能力以及对情况的充分了解。因此，领导者需要在沟通中提供现实的展望，并避免过度承诺，以确保期望与实际情况相符，维护信任和公众的信心。管理团队的期望是危机沟通的重要方面。发生危机时，团队成员通常会寻求领导者的指导和支持，希望领导者提供明确的方向、制定有效的策略，并采取适当的行动来解决问题。因此，领导者需要在沟通中明确表达自己的角色和责任，并说明将采取的措施。然而，领导者也需要保持现实，避免过度承诺，因为危机通常是复杂的，解决问题可能需要时间和资源。

管理公众的期望同样重要。在危机发生时，公众通常会感到焦虑和不安，他们期待领导者提供稳定和安全感。因此，领导者需要在沟通中传达对公众的关切，并提供透明和准确的信息。然而，领导者也需要警惕不要过度承诺，以免在后续的处理过程中无法兑现承诺，从而导致公众失望和不信任。领导者还需要考虑到危机的不确定性和动态性。危机情况可能会发展和演变，新的信息和挑战可能随时出现。因此，领导者需要在沟通中强调决策和行动是基于当前的信息和情况，并可能会随着情况的变化而调整。这种诚实和灵活性有助于管理公众期望，并维护信任。管理期望还涉及与团队成员和公众建立积极的互动和沟通渠道。领导者需要倾听团队成员和公众的反馈和关切，回应他们的问题，并及时提供更新。通过建立开放和透明的沟通渠道，领导者可以更好地理解和管理期望，避免信息被误解和不准确传播。管理团队和公众的期望是危机沟通中的关键要素。领导者需要提供现实的展望，保持透明和灵活，建立积极的互动渠道，以应对危机，维护信任和公众信心。

7.4.5 学习与适应危机情况

从危机中学习并适应是提高未来危机管理能力的关键。危机通常是团队和领导者面临的挑战，如何从中汲取经验教训并改进危机管理策略至关重要。这个过程不仅有助于应对未来的危机，还可以提升团队的整体韧性和应变能力。因此，在危机后期，领导者和团队需要进行深入分析，以评估沟通策略的有效性，并找出可以改进的领域。学习与适应危机情况需要全面回顾和分析危机发生时的沟通策略。领导者和团队应仔细考查他们在危机中采取的各种沟通措施，包括信息传达的方式、时机、内容和目标受众。他们需要评估这些策略在实际应对危机中的效果，包括是否成功传达了关键信息、是否减轻了不确定性和焦虑，以及是否有助于维护信任和公众满意度。通过回顾和分析沟通策略，领导者可以识别出成功的做法和需要改进的方面。领导者和团队应积极地与团队成员和公众进行反馈和互动。他们可以通过开展调查、举行会议、收集意见和建议等方式，了解人们对危机管理和沟通的看法。这种反馈是宝贵的，可以帮助领导者了解团队成员和公众的需求和关切，发现潜在的问题和挑战。同时，领导者应倾听团队成员的经验和故事，以了解他们在危机中的感受和观点。这种积极的互动有助于建立信任和共鸣，为未来的危机管理提供有力的支持。

学习与适应危机情况是团队和领导者在不断变化的环境中保持韧性和成功的关键。危机不仅是挑战，也是机会，它可以推动团队和领导者不断提高自身的危机管理和沟通能力。本部分内容将深入探讨如何通过学习和适应来加强危机管理。改进沟通策略至关重要。在危机中，有效的沟通是解决问题、维护信任和声誉的关键因素。领导者和团队可以采取多种措施来改进沟通策略。首先，制订更加灵活的沟通计划，考虑不同情境下的应对措施。这意味着在危机发生前，需要进行全面的风险评估，以识别潜在的危机情境和相关的沟通需求。其次，提前准备危机沟通的模板和资源，以便在危机到来时能够迅速制定和传递信息。这包括准备危机声明、新闻稿、社交媒体帖子等，确保信息的一致性和及时性。此外，培训团队成员和领导者在危机中的沟通技能也是必不可少的。这包括如何处理媒体查询、管理社交媒体争议、与公众和相关方互动等方面的培训。通过提前的准备和培训，团队和领导者能够更好地应对危机，保持冷静和自信。

建立学习与适应的文化是非常重要的。这种文化鼓励团队成员和领导者分享经验教训，并在每次危机后进行反思；有助于知识的传递和共享，使团队成员的学习水平不断提高。领导者可以举行反思会议，定期调整危机管理策略，并鼓励员工提出改进建议。这种学习与适应的文化能让团队成员更好地适应变化，及时调整危机管理策略，从过去的经验中吸取教训，避免重复犯错。它还有助于建立团队的韧性，使其更好地应对未来的危机和挑战。学习与适应危机是团队和领导者在竞争激烈、不断变化的环境中保持竞争力和成功的关键。通过改进沟通策略和准备，以及建立学习与适应的文化，维护信任和声誉，实现长期的成功。只有不断学习、不断适应，团队才能在变化中脱颖而出，并在危机中表现出色。

7.4.6 危机后的沟通和恢复策略

危机后的沟通和恢复策略至关重要，因为它们直接影响到团队和领导者如何处理危机的后果、修复受损的信任，以及重建稳定的工作和公众环境。在危机后期，维护沟通的持续性和有效性对恢复正常运营和修复社会声誉是必不可少的。危机后的沟通应注重恢复策略。恢复策略涉及如何处理危机后的问题和挑战，以及重新建立团队的稳定性。领导者需要制订清晰的计划，包括修复受损设施、恢复生产力、处理法律问题和赔偿等方面。这些计划需要及时与关键利益相关者进行沟通，确保他们了解团队正在采取的措施，同时为他们提供机会提出问题和关切。透明的恢复策略可以让团队作出积极应对危机的承诺，并减轻公众的担忧。危机后的沟通还需要着重修复受损的信任。危机通常伴随着公众的不信任和质疑，因此，领导者需要通过坦诚和透明的沟通来重建信任。这包括公开承认错误和失误，解释导致危机的原因，提供改进和预防措施的详细信息。领导者还需要积极倾听群众的意见和建议，以表示他们关心和尊重公众。通过这种方式，团队可以逐渐恢复受损的信任，重建与利益相关者的良好关系。

危机后的沟通也需要关注长期影响。危机可能对团队的声誉、品牌和市场地位产生持久的影响，因此，领导者需要制定长期的沟通策略，以应对这些影响。这包括重新塑造团队形象，重新建立与客户和合作伙伴的关系，以及积极参与社会责任和可持续发展。领导者需要遵守团队的承诺，通过行动证明其价值观和使命，以重新赢得公众的支持和认可。此外，危机后的沟通也需要考虑到员工的需求和情感。危机对员工可能造成严重的心理影响，包括焦虑、压力和不安。领导者需要提供支持和资源，帮助员工应对这些情感挑战，并促进团队的复原和团结。这可以通过开展员工支持计划、提供心理健康资源和建立开放的沟通渠道来实现。员工的恢复和参与对团队的长期成功至关重要。

危机后的沟通和恢复策略是团队和领导者在危机管理中的关键要素。这包括制定恢复策略、修复受损的信任、关注长期影响以及满足员工的需求。通过积极、透明和持续地沟通，团队可以更好地应对危机、恢复稳定、重建信任，并实现可持续发展。

7.5 案例解析

奔驰汽车被砸事件

2002年发生的“奔驰汽车被砸事件”在国内外引起了广泛关注。从2001年12月中旬到2002年3月下旬，历时三个多月，媒体对发生在武汉的“砸奔驰”事件进行了报道。据报道，一位姓王的武汉市民购买了一辆奔驰车后发现故障，多次要求换车却遭到拒绝，最终愤怒之下选择了砸车。这起事件是奔驰公司在中国遭遇的第二次车辆被破坏事件。此后，北京和深圳也有消费者表示要砸掉“问题多多”的奔驰车。在事件发展过程中，出现了诸如武汉“老牛拉奔驰游街”、深圳“纤夫”拉奔驰的情景，甚至引起了德国本土媒体的关注，法兰克福评论报派记者专程采访了车主并发表了题为《王先生和他的奔驰车》的报道。

然而，令人遗憾的是，奔驰公司在这起事件中的表现与其作为国际知名品牌的形象严重不符。奔驰公司发表了多份声明，对消费者进行了指责，对消费者的行为做出了难以接受甚至反感的评价。

在第一辆奔驰车被砸后，奔驰公司的声明称这种行为是“极端的、没有必要的、非理性的且无意义的”，并指责这种行为侵害了公司的权益。然而，这些声明只是空洞的指责，并没有提出实质性的解决方案，令旁观者也无法理解。第二辆奔驰车被砸后，奔驰的指责几乎升级为外交恐吓，希望车主的行为不会对中国的国际形象造成负面影响。

【案例解析】

在这一事件中，奔驰公司完全没有从消费者的角度考虑，没有表现出任何承担责任的态度，也拒绝与消费者和公众进行坦诚沟通。这种态度使人联想到公司店大欺客和蛮横自负的形象。奔驰公司没有派遣专业的公关人员或高层管理人员与消费者进行充分沟通，而是由技术人员和法律人员代表公司接触消费者。这些声明中充满了生硬的专业术语和对用户的无端指责和威胁，使奔驰公司在公众中留下了傲慢自负的形象，也使奔驰公司为解决这一事件所做的努力未能取得实质性进展。

8　数字时代的沟通技巧

8.1　社交媒体上的沟通

在线测试

8.1.1　社交媒体沟通的原则与准则

社交媒体已经成为现代社会中不可或缺的一部分。它为个人、组织和企业提供了广泛传播信息、互动交流和建立联系的平台。然而，在社交媒体上进行有效的沟通需要遵循一系列基本原则和准则，确保信息传播一致，并保持透明度，以维护良好的社交媒体声誉和建立可信度。我们将探讨在社交媒体上沟通的原则和准则，强调内容的准确性、适宜性以及对受众产生的影响。

首先，一致性是社交媒体沟通的关键原则之一。在不同的社交媒体平台上和在不同时间点发布的信息应该保持一致，这意味着组织或个人应该在各种渠道上传达一致的信息，以避免混淆和不一致性。一致性还包括维护品牌形象和声誉的一致性，确保在不同情境下传达的信息与组织或个人的核心价值观和使命相符。

其次，诚实是社交媒体沟通的不可或缺的原则之一。诚实的沟通意味着发布准确和真实的信息，避免夸大事实或故意误导受众。诚实还包括承认错误和失误，当错误发生时，应及时纠正并向受众道歉。在社交媒体上，失去信任的代价是巨大的，因此诚实和透明度是维护受众信任的关键。

再次，透明是社交媒体沟通的第三个基本原则。公开透明的沟通意味着向受众提供足够的信息，使他们了解信息的来源和背后的动机。这包括在发布广告或赞助内容时清楚地标明广告性质，以及公开与利益相关者的关系。透明度还涉及在发生问题或危机时及时通知受众，并提供有关处理情况的详细信息。透明度有助于建立信任，让受众感到信息是可靠的。

最后，在社交媒体上发布信息时，内容的准确性是至关重要的原则之一。不准确的信息可能会误导受众，导致不必要的混淆和误解。因此，社交媒体在发布信息之前应仔细核实事实，并确保信息的准确性。这包括验证数据、引用可靠的信息来源，避免散播未经证实的信息。准确性也包括在发布有关产品或服务的信息时，提供准确的描述和规格，以避免误导消费者。

此外，适宜性是社交媒体沟通的重要原则。发布信息时，需要考虑受众的背景、文化和价值观，以确保信息不会引起冒犯或不适。适宜性也包括避免使用冒犯性、歧视性或攻击性的语言，以维护和谐的社交媒体环境。领导者和组织应该制定明确的社交媒体政策，以指导员工在社交媒体上的行为，确保他们遵守适宜性原则。

社交媒体沟通应考虑发布信息可能对受众产生的影响。这包括考虑信息的情感影响，以及信息可能对受众的决策和行为产生的影响。领导者和组织应该谨慎地选择语言和内容，以确保信息的传播不会引发恐慌或焦虑，同时要鼓励受众积极地互动和反馈。

社交媒体沟通的原则是确保信息传播的一致性、诚实性和公开透明、准确性、适宜性的关键，考虑受众影响也是不可忽视的因素。遵守这些原则有助于维护可信的社交媒体声誉，建立良好的社交媒体关系，有助于确保信息的传播是有益的、有意义的。在社交媒体时代，这些原则对于个人、组织和企业来说都至关重要。

8.1.2 建立品牌和个人形象

社交媒体已经成为塑造品牌和个人形象的重要工具，其影响力远超传统的广告和宣传。在数字化时代，社交媒体提供广泛传播信息和与受众互动的平台，因此，建立一致且专业的形象对品牌和个人至关重要。我们将探讨如何利用社交媒体来建立品牌和个人形象，以增强公众的信任和品牌忠诚度。

要建立一个强大的品牌形象，品牌必须在社交媒体上保持一致性。这意味着品牌在不同的社交媒体平台上应该传达相似的信息和价值观，确保受众对品牌有清晰的认知。一致性还包括信息和内容在不同时间点发布的一致性，避免混淆和不一致。例如，一个品牌强调可持续性和环保，它在社交媒体上发布的信息和互动应该与这一价值观保持一致，从而在受众心中建立信任。

品牌形象应该符合其核心价值观和使命。这意味着品牌在社交媒体上发布的内容和互动应该反映其对社会和环境的责任感，以及对客户和受众的承诺。例如，一个品牌强调创新和客户满意度，它在社交媒体上的互动应该突出创新性产品和服务，并积极回应客户的反馈和需求。品牌形象与其价值观相一致，有助于品牌建立与受众之间的共鸣和联系，增强受众的信任和忠诚度。

提供有价值的内容是建立品牌形象的关键因素。品牌应该通过社交媒体分享有趣、有用和有启发性的内容，吸引受众的注意力和兴趣。这可以包括文章、视频、图片等形式的媒体内容，以满足不同受众的需求和偏好。有价值的内容不仅可以吸引新的受众，还可以维护现有受众的忠实度，因为他们会期待品牌在社交媒体上提供有意义的信息和互动。品牌还应该积极参与社交媒体上的对话和互动，包括回应受众的评论和问题、参与行业话题的讨论，以及与受众建立有意义的互动关系。通过积极参与社交媒体，品牌可以展示对受众需求的关注，并建立起与受众之间的信任和亲近感。此外，积极互动还可以增加品牌的可见度和知名度，传播口碑和赞誉。

建立强大的个人形象也需要相似的原则。个人在社交媒体上维护一致、专业和有价值的形象可以增强其在专业领域的声誉和可信度。个人应该分享与其领域相关的有用信息和见解，参与有关话题的讨论，建立起与同行和受众之间的联系。此外，个人还应该积极回应受众的问题和评论，表现对受众的关注和尊重。通过建立一致和专业的个人形象，个人可以在职业生涯中获得更多的机会和成功。

社交媒体是建立品牌和个人形象的强大工具，可以增强公众的信任和品牌忠实度。通过保持一致性、反映核心价值观、提供有价值的内容、积极参与互动和建立联系，品牌和个人可以在社交媒体上塑造积极的形象，吸引受众的关注和支持。在数字化时代，社交媒体形象已经成为赢得声誉和成功的不可或缺的因素，品牌和个人都应该认真对待社交媒体上的形象建设。

8.1.3 有效管理在线互动与反馈

在社交媒体沟通中，有效地管理在线互动和反馈至关重要。这直接影响品牌和个人的声誉，以及与受众之间的关系。在数字时代，社交媒体已经成为人们主要的交流和互动平台之一，品牌和个人需要重视如何应对在线互动和反馈。

及时回应评论和解答询问是建立积极在线互动的重要一环。当受众在社交媒体上发表评论或提出问题时，他们期望能够得到及时的回应。延迟或不回应可能引起受众不满，从而影响品牌或个人的声誉。因此，品牌和个人应该建立一个有效的社交媒体管理团队，确保评论和询问得到及时的回应。这不仅可以解决受众的问题，还可以表现对受众的关注和尊重，增强受众的满意度和忠实度。

另一个关键点是妥善处理负面反馈或批评。在社交媒体上，不可避免地会遇到负面反馈或批评，来自不满意的客户或持不同意见的受众。品牌和个人应该以冷静和专业的态度，而非激烈或攻击性地回应。一种常见的方法是通过私信或直接消息与负面反馈的提出者进行沟通，以解决问题并提供解决方案。此外，公开回应要冷静客观，表明愿意听取反馈并改进。重要的是要避免卷入不必要的争论或情绪化的回应，因为这可能引发更多的负面反馈。

除了回应评论和处理反馈，品牌和个人还可以积极参与社交媒体上的讨论和话题。例如，可以发布与行业趋势、社会事件或当前事件相关的内容。通过参与有关话题的讨论，品牌和个人可以建立起与受众之间的共鸣和联系，展示专业知识和见解，增加受众的尊重和信任。此外，参与讨论还可以帮助扩大品牌或个人的影响力和可见度，因为其声音和观点可以在社交媒体上传播开来，引起更广泛的关注。

保持公开和透明也很重要。在社交媒体上，公开透明是赢得受众信任的关键因素。品牌和个人应该诚实地传达信息，不隐瞒或误导受众。如果犯了错误或出现问题，应该坦率承认并采取措施加以解决。公开透明有助于建立真实可信的形象，受众会更愿意与其互动和合作。

有效地管理在线互动和反馈是社交媒体沟通的关键。通过及时回应评论和询问，妥善处理负面反馈或批评，积极参与讨论和话题，以及保持公开和透明，品牌和个人可以建立积极的在线互动，增强受众的信任和忠诚度。在数字时代，品牌和个人都应该认真对待社交媒体互动和反馈管理。

8.1.4 社交媒体危机管理

在社交媒体时代，危机管理已经成为品牌和个人形象维护的关键环节之一。社交媒体危机在网络上可以迅速蔓延，因此制定有效的危机应对策略至关重要。这些策略包括及时回应、透明沟通和积极参与，以有效管理和减轻危机的影响。危机管理是及时回应的第一个策略。社交媒体上的信息传播速度非常快，如不及时采取行动可能会导致危机加剧。品牌和个人应该建立一个专门的社交媒体危机团队，负责监测和回应潜在的危机情况。当危机出现时，团队应该立即采取行动，发布一份简短而明确的初步声明，表明他们已经注意到问题并正在进行调查。这可以帮助平息受众的担忧，同时显示出品牌或个人的积极态度。

第二个策略是透明沟通。在危机中，品牌和个人应该保持开放和诚实的沟通，向受众提供准确的信息，解释问题的原因和解决方案，并承担适当的责任。不诚实或掩盖真相可能导致信任的丧失，进一步加剧危机。因此，建立透明的沟通渠道，及时抓住受众，是危机管理的关键。

第三个策略是积极参与社交媒体上有关话题的讨论。品牌和个人不应该回避危机，而应该积极参与讨论，解释他们的立场并回答受众的问题。这种积极参与可以改善受众的看法，增加对品牌或个人的理解和支持。此外，通过参与相关话题，品牌和个人还可以塑造自己的形象，表现出他们的专业水平和社会责任感。

除了上述策略，品牌和个人还应该建立一个完善的危机管理计划。该计划应包括危机的定义、危机团队的组成、危机沟通渠道和决策流程等方面的细节。危机管理计划应该经常更新和演练，以确保在危机发生时能够迅速而有效地应对。

社交媒体上的危机管理是品牌和个人形象维护的重要一环。通过及时回应、透明沟通、积极参与和建立危机管理计划，品牌和个人可以有效地管理和减轻危机的影响，保护其声誉和信任度。在社交媒体时代，危机管理已经成为不可或缺的能力，品牌和个人都应该认真对待。

8.2 电子邮件和文字沟通的艺术

在线测试

8.2.1 电子邮件礼仪与格式

电子邮件已经成为现代职业生活中不可或缺的沟通工具。在职业环境中，遵守电子邮件礼仪和格式非常重要，因为它有助于建立专业形象，确保信息传达清晰有效。我们将探讨一些关于电子邮件礼仪和格式的关键原则，以帮助职场人士更好地利用这一沟通工具。

使用专业的语言是电子邮件沟通的基本要求。不管是与同事、客户还是与合作伙伴进行电子邮件交流，都应该避免使用非正式或口头化的语言。电子邮件应该使用正确的语法和拼写，避免使用缩写或俚语。此外，应该避免使用过于复杂或专业的术语，以确保受众能够轻松理解邮件内容。正确的称呼是电子邮件礼仪的一部分。在撰写电子邮件时，发件人应该始终使用适当的称呼。如果知道对方的名字，最好使用“尊敬的”或“亲爱的”等适当的称呼。如果不确定对方的性别或称呼，可以使用更通用的称呼，如“尊敬的客户”或“尊敬的同事”。应避免使用过于亲昵或不适当的称呼，以示尊重和礼貌。清晰的主题行也是电子邮件格式中的关键元素。主题行应该简明扼要地概括邮件的主题或目的。一个好的主题行可以让接收邮件的人立即了解邮件的重要性和内容，帮助他们更好地管理和组织自己的电子邮件。此外，如果邮件是回复或转发的，应该及时更新主题行，以反映最新的内容。

邮件在现代职场中扮演着必不可少的角色，因此电子邮件的结构和格式不容忽视。井然有序的邮件不仅有助于传达信息，还有助于建立专业形象、提高沟通效率。我们将深入探讨如何更好地构建电子邮件的结构。如图 8-1 所示，标准的电子邮件通常由三个主要部分组成：引言、正文和结束语。引言部分是邮件的开端，通常包括问候语和引入邮件主题的句子。这是建立联系和引起读者兴趣的地方，在此部分要用友好、专业的语言表达问候，同时简洁明了地介绍邮件的主题。正文部分是邮件的核心，用于详细说明或讨论主题。在这一部分，要确保信息组织得清晰有条理。建议将内容分成小段，每段都有明确的焦点。避免使用过长的段落或大段的文本，这样可以提高邮件的可读性。同时，要使用恰当的段落间空白，以便读者能够更轻松地阅读和理解内容。结束语部分用于表示感谢、总结或提供进一步的行动建议。这是与读者结束邮件交流的部分，因此要用礼貌的语言表示感谢，并根据需要提供进一步的行动或建议。总结邮件的主要观点或要点，以便读者可以快速理解邮件的要点。

电子邮件中的附件也需要特别关注。如果需要发送附件，应确保附件的文件名清晰明了，并在邮件正文中提到附件的存在和内容。这可以帮助读者快速找到附件并理解附件的重要性。此外，要避免发送过大的附件，以免邮件难以传送。如果附件太大，可以考虑使用云存储服务或压缩文件来减小文件容量。

除邮件的结构之外，电子邮件礼仪也是需要重视的因素。在电子邮件中使用专业的语言和正确的称呼可以树立专业形象。确保使用正确的拼写和语法，避免使用不正当或冒犯性的语言。在主题行中使用清晰明了的主题，以便读者可以快速了解邮件的主题。使用适当的抄送和密送，以确保只有必要的人收到邮件。

电子邮件的结构和格式对建立专业形象、提高沟通效率和确保信息传达至关重要。通过遵守标准的邮件结构，正确使用附件，以及遵循电子邮件礼仪原则，职场人士可以提高他们的电子邮件沟通质量，有效地传达信息，并促进协作。一封清晰有序的电子邮件不仅可以节省时间，还可以为发收信方建立信任和良好的工作关系，有利于职业发展。

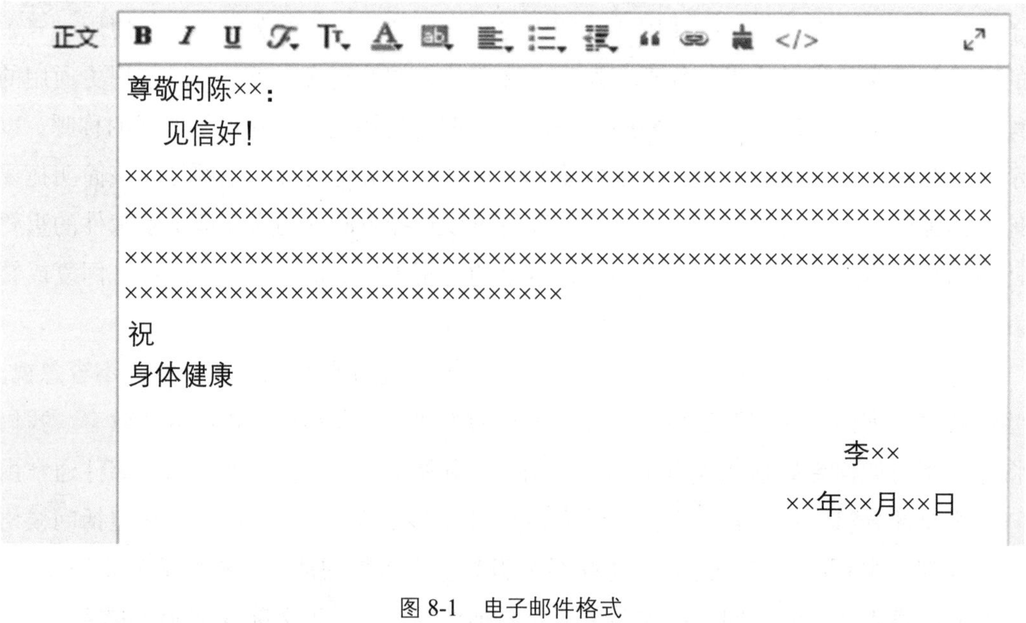

图 8-1　电子邮件格式

8.2.2 清晰与简洁的写作技巧

有效的沟通不仅在于传递信息，还要确保信息被清晰地理解。因此，保持内容的清晰与简洁在电子邮件和文字沟通中至关重要。清晰与简洁的写作技巧为避免冗长和复杂的句子。过于复杂的句子可能会让读者感到困惑，增加他们理解信息的难度。反之，使用简短而明了的句子有助于提高信息的传达效率。例如，将“鉴于我们目前的项目进展情况，我们认为现在是时候采取行动了”简化为“鉴于目前的项目进展，我们认为现在应采取行动”。直接传达核心信息是保持清晰与简洁的另一个关键因素。在电子邮件和文字沟通中，有时人们倾向于在引言或开场白中引入大量背景信息，这可能导致信息被淹没或丧失焦点。相反，应该在邮件的开始部分清晰地陈述主题或目的。例如，在写询问会议时间的邮件时，可以直接写道：“请告诉我下周会议的时间安排”。使用适当的段落和标题可以保持清晰与简洁。长篇幅的段落或没有分段的文本可能会让读者感到困惑和疲惫。将内容分成小段，每段都有明确的焦点，可以提高信息的可读性。标题或小标题可以在文本中引导读者，帮助他们更好地理解文章的结构和主题。

避免使用复杂的词汇和术语，以及确保信息的简洁和清晰，是有效沟通的关键因素之一。无论是在电子邮件、文字内容还是其他形式的沟通中，使用简单而直接的语言通常更容易被理解和接受。我们将进一步探讨如何运用简单和清晰的语言，以及仔细审查和编辑，来提高沟通的质量和效果。避免使用复杂的词语和术语是非常重要的。尽管专业术语在某些情境下是必要的，但在与非专业人士或广泛受众进行沟通时，使用专业术语可能会引起误解或难以理解。如果必须使用专业术语，务必在邮件或文本中提供简明的解释，以确保读者能够理解。例如，可以在使用术语之前简要解释其含义，或者提供实际案例来说明。使用简单而直接的语言有助于确保信息的清晰传达。避免冗长和复杂的句子，尽量使用短句和简洁的表达方式。重要的是要直接传达核心信息，避免使用不必要的修饰词或烦琐的叙述。读者通常更喜欢简明扼要的信息，因为它们更容易被理解和记住。

审查和编辑是保持信息清晰与简洁的关键步骤。在发送电子邮件或发布文字内容之前，务必仔细审查，确保没有拼写或语法错误，并且信息的传达方式是清晰而简洁的。审查还包括检查文本的逻辑结构和组织方式，确保信息的呈现顺序是合理的。如果可能的话，可以请其他人审查文本，以获取他人的反馈和建议。不同的人可能提出不同的见解，有助于进一步改善你的沟通内容。

清晰与简洁的写作技巧在电子邮件和文字沟通中至关重要。除了以上提到的方法，还可以使用适当的段落和标题，以帮助组织信息并使读者更容易阅读和理解。段落的使用可以将不同的观点或主题分隔开，使内容更具条理性。同时，标题可以引导读者，帮助他们在文本中找到特定的信息。简单而直接的语言、避免复杂的词语和术语、审查和编辑，以及拟定适当的段落和标题，都是确保信息清晰传达和被理解的关键步骤。这些技巧不仅有助于提高沟通的效率，还有助于建立专业形象，促进有效的合作。

8.2.3 敏感信息的安全传递

在现代职业环境中，电子邮件已经成为传递信息和文件的主要工具之一。然而，随着越来越多的敏感信息通过电子邮件传递，信息安全也变得至关重要。确保敏感信息的安全传递需要采取一系列关键措施，以防止信息泄露和不当使用（表 8-1）。加密工具是确保敏感信息安全传递的关键。加密是一种将信息转化为密码或代码的技术，只有获得授权的接收方才能解密并阅读信息。在发送包含敏感信息的电子邮件时，应该考虑使用“端到端”加密工具。这意味着信息在发送方和接收方之间都是加密的，即使邮件在传输过程中被截获，也无法被解密。流行的“端到端”加密电子邮件服务包括 ProtonMail 和 Tutanota。此外，即使不使用“端到端”加密，也应该确保使用传输层安全（TLS）协议来加密电子邮件在传输过程中的数据。密码保护是另一项重要的安全措施。当发件人发送包含敏感信息的文件时，可以设置密码，只有知道密码的人才能解锁文件。这可以通过将文件上传到安全云存储或使用专门的文件传输服务来实现，这些服务通常提供密码保护选项。发件人在发送电子邮件时，可以在邮件正文中提供密码，或者通过另一个安全的通道（如电话或短信）将密码发送给接收方。确保密码足够复杂和安全，以防被破解。

表 8-1　敏感信息安全传递的关键措施及应用

措施类型	措施描述	目的/应用
加密工具	使用“端到端”加密工具或传输层安全（TLS）协议加密电子邮件	保护信息在发送过程中的安全，防止信息泄露
密码保护	设置密码保护文件和文档，通过安全通道传达密码	控制文件访问，确保只有被授权人员能查看敏感信息
验证收件人身份	通过电话验证或面对面会议确认接收方身份	防止社会工程攻击和网络钓鱼，确保信息发送给正确的人
删除不再需要的信息	及时从电子邮件系统或存储设备中删除不再需要的敏感信息	减少潜在的安全风险，防止未授权访问或滥用
培训和增强意识	定期开展员工信息安全培训和意识提升活动	提高员工对信息安全的认知，加强对潜在威胁的防范能力

验证收件人的身份以确保信息安全是在处理敏感信息时的关键步骤之一。在数字时代，信息安全是一个持续受到威胁的领域，因此采取适当的措施以验证和保护信息的传递是有必要的。验证收件人的身份是为了防止社会工程攻击和网络钓鱼攻击等威胁。这些攻击通常涉及攻击者伪装成合法接收方，以获取敏感信息或进行欺诈行为。通过验证身份，可以确保发件人把信息只发送给合法和获得授权的接收方，从而减少了不正当获取敏感信息的风险。

为了有效地验证身份，可以采取多种方法，其中一种方法是通过电话验证。在发送敏感信息之前，发件人可以与接收方进行电话沟通，以确认他们的身份。这种方法可以通过提前约定的电话号码来实施，而不是通过在电子邮件中提供电话号码，从而降低了被仿冒的风险。另一种方法是通过面对面会议验证身份。尤其是在处理极其敏感的信息时，与接收方进行面对面的会议可以确保他们的身份是真实的。这种方法在处理高度机密的信息时尤为可靠，如财务数据或法律文件。使用加密通信渠道也是验证身份的重要方式之一。加密可以确保在信息传递过程中，信息不会被未经授权的人访问或窃取。因此，在发送敏感信息时，应考虑使用加密电子邮件或安全的通信应用程序，以进一步保护信息的安全。

除了验证身份，及时删除不再需要的敏感信息也是确保信息安全的关键方面。一旦敏感信息完成其目的或不再需要，应立即将其从电子邮件系统或存储设备中删除。如果不再需要的信息被保留，它们可能成为潜在的安全风险，因为它们仍然可能被未经授权的人访问或滥用。培训和增强员工安全意识对确保信息安全也至关重要。员工应该接受有关如何处理敏感信息以及如何识别潜在威胁的培训。他们应该知道如何报告任何安全问题，并且应该时刻保持警惕，以防范潜在的威胁。定期的培训和意识增强活动可以帮助员工更好地理解信息安全的重要性，并提供应对安全挑战的工具和知识。验证收件人的身份和保护敏感信息的传递是保护信息安全的关键措施。通过采取适当的验证方法，如电话验证、面对面会议、加密通信等，以及定期培训员工和增强安全意识，可以降低信息泄露和不当使用的风险，确保敏感信息得到妥善保护。在现代数字化环境中，信息安全是一个不可忽视的重要问题，应该得到充分重视和保护。

8.2.4　有效管理跟进与反馈

有效地管理电子邮件沟通显得非常关键。除了书写和发送电子邮件，跟进和处理反馈也是电子邮件沟通的重要方面。以下是一些关于如何有效管理电子邮件沟通中的跟进和反馈的方法。

①对收到的回复要及时作出回复。这表明你非常重视对方的回应和反馈。无论是

感谢邮件、回答问题还是进一步讨论，都应该在合理的时间内给予回复。延迟回复可能给对方留下不专业或不关心的印象，因此要确保及时处理邮件。

②要仔细阅读和理解收到的反馈。有时候，反馈中可能包含重要的信息或建议，有助于更好地完成工作或解决问题。因此，我们不仅要阅读反馈，还要仔细分析其含义，并在必要时采取行动。如果有不明确或有疑问的地方，可以通过回复邮件来进一步澄清。

管理电子邮件沟通是现代职业生活中的重要技能。它需要一系列有效的策略和最佳实践，以确保信息传递的有效性、清晰性和及时性。本部分内容将深入探讨管理电子邮件沟通的关键方面和技巧，以提高工作效率和维护良好的职业关系。

整理和存档重要信息对管理电子邮件沟通至关重要。在处理大量邮件时，将重要的信息整理和存档可以帮助你更轻松地查找以前的对话和信息，跟踪进展，并提高组织性。使用文件夹、标签或分类系统组织邮件能帮助管理和检索重要邮件。此外，使用邮件客户端的搜索功能可以快速找到特定的信息，而无须费时翻阅大量邮件。确保电子邮件的主题和内容清晰明了。清晰的主题和内容有助于确保对方能够理解你的意图和要求，减少混淆和误解的可能性。如果需要提出问题或请求，最好将其明确列出，并在需要时使用项目符号或编号来使信息更具结构性。清晰的沟通有助于减少后续的交流和澄清，提高工作效率。

另一个关键方面是建立有效的沟通流程，包括设定期限，以确保及时回应和跟进。如果有多人参与一封电子邮件的讨论，可以明确责任人并跟踪进展。有效的沟通流程有助于确保任务按计划完成，避免延误和失误，并提高工作效率。在管理电子邮件沟通中，时间管理和任务分配是必不可少的技能。管理电子邮件沟通还包括及时回应和理解反馈。及时回应他人的邮件表明你对工作有责任感和尊重对方，有助于建立良好的职业形象。理解反馈是为了更好地满足他人的需求和期望，提高沟通的质量和效果。积极采纳他人的建议和意见，有助于建立良好的合作关系和解决问题。建立良好的职业关系是管理电子邮件沟通的重要目标之一。通过尊敬、礼貌和专业的语言来与他人互动，建立积极的沟通氛围。避免争论和冲突，以及始终保持职业的态度，有助于维护良好的职业关系。建立互信和合作的关系有助于解决问题，优化工作流程，并为未来的合作奠定基础。

管理电子邮件沟通是职业生活中不可或缺的技能。通过整理和存档信息、可以确保清晰性、建立有效的沟通流程、及时回应和理解反馈，以及建立良好的职业关系，提高电子邮件沟通的效率和效果。

8.2.5 避免电子邮件中的常见误会

电子邮件作为一种重要的职业沟通工具，在现代工作环境中发挥着不可替代的作用。然而，正因为电子邮件的广泛应用，它也常常成为误解和沟通问题的源头。这些误解往往是电子邮件的书面性质及缺乏面对面交流的非言语线索导致的。为了减少电子邮件中的误解，以下是一些避免常见电子邮件误解的技巧。

一是使用明确的语言。在电子邮件中，清晰而明确的表达是不可或缺的。避免使用含混不清或模棱两可的语句，因为这可能导致读者产生不同的理解。反之，尽量使用简单明了的语言来传达你的意图和要求。如果有需要，可以重复关键信息或使用列表和项目符号来帮助整理信息。避免使用可能引起歧义的术语或不合时宜的幽默。电子邮件中的幽默和讽刺往往容易被误解，因为缺乏面部表情和语调。如果你希望使用幽默，最好使用明显的幽默标记或笑话符号，以示你的意图。此外，避免使用专业术语或缩写，除非你确定接收者了解它们的含义。如果必须使用这些术语，最好提供解释或上下文信息。

二是注意邮件的格式和排版。清晰的电子邮件排版可以帮助读者更容易理解信息。使用段落和标题来组织内容，避免长篇大论和大段的文字。使用粗体、斜体或下划线来强调重要信息。同时，确保邮件的格式整洁，不要出现错位或混乱的情况。避免情绪化的语言和不必要的大写字母。情绪化的语言和大写字母往往会给读者留下不专业或过于激动的印象。如果你对某个问题感到愤怒或不满，最好在冷静下来后再回复邮件，避免在情绪高涨时做出不明智的回应。

三是仔细审查和校对邮件。拼写错误和语法问题可能导致误解，因此在发送电子邮件之前，务必仔细检查拼写和语法错误。有时候，先将电子邮件保存为草稿，待再次审查时可能有所帮助，因为它可以让你以更客观的眼光来检查邮件。

总而言之，电子邮件是一种重要的职业沟通工具，但它也容易引发误解。通过使用明确的语言、避免歧义术语和不合时宜的幽默、注意邮件的格式和排版、避免情绪化的语言以及仔细审查邮件，可以帮助减少电子邮件中的误解，提高沟通的效率和准确性。这对建立良好的职业关系和有效地完成工作至关重要。

8.3 视频会议的有效沟通

在线测试

8.3.1 视频会议的准备与设置

要举办一场有效的视频会议，必须在会议开始前做好充分的准备和正确的设置。这些准备和设置是确保会议顺利进行、信息传递顺畅的关键步骤，必须受到高度重视。稳定的网络至关重要，网络连接不稳定可能导致会议中断、声音和图像失真以及信息传递困难。为确保良好的网络连接，参与者应在会议开始前检查其网络连接质量，包括检查网络速度、延迟和丢包率。如果可能的话，应该使用有线连接而非无线连接，因为有线连接通常更稳定。此外，还应关闭其他可能占用带宽的应用程序或设备，以确保网络带宽充足。

适当的照明对视频会议也十分重要，良好的照明可以使与会者看清彼此的面部表情和肢体语言，从而增强交流的效果。因此，在进行视频会议之前，要确保环境有足够的光线。最佳的光源是自然光，因此尽量选择靠近窗户的位置。如果无法获得足够的自然光，可以考虑使用人工照明，如台灯或其他照明设备，以确保面部清晰可见。

清晰的音频设备也是视频会议中不可或缺的一部分。无论是使用内置麦克风还是外置麦克风，都要确保其性能良好。在会议开始前，应进行音频测试以确保声音清晰可听。此外，尽量在安静的环境中进行会议，远离可能引起干扰的噪声源，如电视、音响或其他人的谈话声。预先测试所有技术设备以避免会议中的技术故障，这包括测试摄像头、麦克风、扬声器、屏幕共享功能和会议平台的稳定性。

应提前熟悉会议平台的各种功能，以便在会议中能够顺利使用。在会议开始前，最好与其他参与者一起进行技术测试，以保证所有人能正常连接和使用会议工具。

为了进行一场有效的视频会议，必须进行充分的准备和正确的设置。稳定的网络连接、适当的照明、清晰的音频设备和技术设备的预先测试都是保证视频会议顺利进行的关键因素。只有在这些方面都做好准备的情况下，视频会议才能达到预期的效果，实现高效的信息传递和交流。

8.3.2 在镜头前的非言语沟通

在视频会议中，非言语沟通扮演着重要的角色。它包括肢体语言、面部表情和眼神接触等因素。尽管在虚拟环境中，人们无法进行面对面的互动，但通过注意和优化非言语沟通，仍然可以传递强烈的情感和态度，从而提高会议的效果和沟通的深度。在视频会议中，眼神接触是建立信任和联系的关键元素之一。与屏幕上的其他与会者交流时，尽量看摄像头，而不是看自己或其他地方。这会让其他人感觉你正在与他们建立联系，而不是在分散注意力。保持良好的眼神接触还有助于传达自信，使发言更具说服力。面部表情在视频会议中起着至关重要的作用，能够传递丰富的信息。确保面部表情与言辞一致，如在表达兴奋、赞同或理解时，微笑可以增强这些情感的表达；当你表达认真、关切或担忧时，面部表情也应该相应地反映出来。避免表情僵化，因为这可能会引起误解或让人感觉不真诚。

肢体语言在视频会议中的重要性不可低估。虽然与会者只能看到你的上半身，但你的手势、姿势和面部表情仍然扮演着关键的角色，影响沟通效果和对话的质量。在虚拟会议中，通过注意和优化肢体语言，可以提高沟通效果，更好地传达信息，并建立信任取得共鸣。手势可以用来强调重点、澄清观点以及增加对话的生动性。适度使用手势可以增加表达力，但要注意不要过度使用手势，以免分散注意力或让人感到不安。因此，在视频会议中，手势要自然，既能够支持你的话语又不分散注意力。坐姿也非常重要，应该既舒适又端庄，保持直立、肩膀放松、双脚平放在地上，有助于传达自信和专业性。同时，确保座椅和屏幕的高度适当，眼睛尽量与摄像头高度相齐平，从而建立更好的眼神接触。

另一个重要方面是注意自己的面部表情和姿态，它们可以传达情感和态度。在视频会议中，人们通常会关注对方的面部表情，要时刻关注自己的表情，确保与言辞一致。保持微笑和友好的表情有助于营造轻松的氛围，增进与会者的亲近感。当讨论严肃的话题时，表情要适度地表现认真和专注，但要避免过于紧张或担忧。要时刻注意自己的姿态，坐姿和站姿都可能影响自信的传达和沟通效果。保持挺胸和放松的姿态，避免驼背或垂头丧气的姿势。自信的姿态可以让你显得更有自信和权威，从而更容易建立信任和引导对话。

虽然视频会议中的外表不应成为主要关注点，但整洁、得体的外表仍然重要，可以增强专业形象。穿着合适的衣物，保持头发整齐，有信心地展现自己，都有助于赢得尊重和信任。在视频会议中，非言语沟通是构建有效沟通和建立信任的关键因素之一。注意肢体语言、面部表情、坐姿和姿态，以及维持整洁的外表，有助于提高沟通效果，确保对方更好地接收和理解你的信息，为合作和协作创造更有利的条件。

8.3.3 保持会议的参与度与互动

在会议中，可以采取一系列策略来激发所有参与者的积极性，鼓励他们积极发表意见并提出问题。此外，利用互动工具，如投票和屏幕共享，可以有效地提高会议的互动性。鼓励所有参与者积极发言，可以通过在会议开始时明确表达期望，鼓励大家发表意见和观点，分享自己的经验和见解。提供一个开放的讨论环境，每个人都有机会参与并为会议增添活力。鼓励提问是激发参与的关键。参与者可能有各种疑问和困惑，但不敢或不愿意提出来。主持人或会议组织者可以定期鼓励大家提问，并确保每个问题都得到适当回应。这不仅可以增加互动性，还可以帮助解决潜在的疑虑。

除了鼓励发言和提问，互动工具在维持会议的互动性方面也可发挥重要作用。例如，可以使用投票工具收集参与者的意见或观点，迅速了解大家的看法，并发起讨论。屏幕共享也是一种有利的互动工具，可以用于展示图表、数据和其他信息，以帮助参与者更好地理解议题并参与讨论。定期变换会议的主题和内容也可以保持参与度。如果每次会议都围绕相同的主题进行，那么参与者可能感到厌倦。因此，组织者可以考虑在不同会议中引入新的话题或讨论重点，以保持大家的兴趣和积极性。保证会议的时间安排合理也是维持参与度的重要因素，过长或过短的会议都可能导致参与者失去兴趣。组织者应该仔细考虑会议的时间长度，既能充分讨论问题，又不会使人感到疲倦或无聊。

要维持视频会议的活跃和参与度，需要采取多种策略。鼓励发言和提问，利用互动工具，定期轮换主题，以及合理安排会议时间都可以有效地提高会议的互动性，使每个参与者都能积极参与并感到满意。

8.3.4 处理技术问题和中断

在处理技术问题和中断时，保持耐心和专业素养至关重要。能够及时解决技术问题并提供备用解决方案（如切换至电话会议）对确保会议顺利进行是有必要的。在会议中遇到技术问题是不可避免的，这可能包括网络连接问题、音频或视频质量下降、屏幕共享失败等。当发生这些问题时，首要任务是保持冷静，不要感到沮丧或焦虑。因为这些问题通常可以通过合适的方法解决。尝试在会议中查找并识别问题，这可能需要一些技术知识，但了解问题的根本原因是解决它的第一步。如果不确定问题的性质，可以请参与者提供详细信息，如他们遇到的错误消息或问题的具体描述。尝试通过一系列简单的步骤来解决问题。例如，如果是音频问题，可以建议参与者检查麦克风和扬声器是否连接正常，调整音量等。针对视频问题，检查摄像头是否正常工作，是否有遮挡等也是一种常见的方法。

当在视频会议中遇到技术问题时，采取适当的步骤和应对措施至关重要。尽管本书提供了一些基本方法，但有时问题会更加复杂或棘手。在这种情况下，提供备用方案是一个关键因素，以确保会议顺利进行。备用方案可以包括建议参与者切换到电话会议。虽然这无法解决视频或屏幕共享问题，但它可以确保与会者至少能够听到会议内容。在技术问题严重干扰会议进程时，切换到电话会议是一个明智的选择，以确保会议的核心信息得以传达。另一个备用方案是提前准备一个备用的视频会议平台或工具。如果视频会议的首选工具出现问题，可以迅速切换到备用工具，以确保会议不会中断。这需要提前规划和测试备用方案，以确保其顺利运行。

及时处理技术问题也刻不容缓。不要拖延，因为问题可能会逐渐扩大，影响会议的整体效果。如果无法立即解决问题，可以考虑暂停会议，以便有足够的时间来解决问题或与技术支持人员取得联系。在暂停期间，可以给与会者提供休息时间，或者继续讨论非依赖于技术的主题，以充分利用这段时间。与参与者保持透明沟通也是处理技术问题的关键。告诉他们问题的性质和可能的解决方案及正在采取的步骤，这将有助于减轻他们的担忧，让他们知道您在积极处理问题。透明沟通还可以减少与会者的不安和不满情绪，使他们保持耐心。

处理技术问题和中断需要冷静、耐心和专业素养。不要因技术问题焦虑或沮丧，应积极寻找解决方案。通过识别问题、尝试基本解决方案、提供备用方案以及及时沟通，可以保证会议能够顺利进行，即使在技术方面出现挑战也能够有效应对。备用方案、及时处理、透明沟通和冷静应对是关键。这些措施可以保证会议的顺利进行，维护与会者的信任和合作，最终实现有效的虚拟沟通和协作。

8.3.5　跟进和记录会议要点

在视频会议结束后，跟进和记录会议要点是保证会议内容传达和执行的重要步骤。这一过程包括整理关键决策、任务分配以及未来行动计划等信息，以保证所有相关方能清晰地理解并按照会议中讨论的方向前进。会议纪要的核心是总结会议的关键要点，包括涵盖的主题、讨论的重要决策和达成的共识。通过精练和清晰地概括这些要点，可以帮助所有参与者对会议的结果有一致的理解。会议纪要还应包括已分配的任务，这是确保会议讨论的行动步骤能够顺利实施的重要部分。每项任务都应明确列出，包括负责人、截止日期和执行计划。这样可以避免混淆，确保任务被明确分配。

会议纪要还应涵盖未来的行动计划。这些计划包括何时再次召开会议，以审查进展情况，以及如何在此期间进行沟通和协作。明确的行动计划可以确保会议讨论的结果得以有效地实现。此外，会议纪要还可以包括其他相关信息，如会议的日期、时间和参与者名单。这些信息对追踪和记录会议内容非常有用。如果会议期间使用了演示文稿、图表或其他支持材料，也可以在会议纪要中提供相应的链接或附件，以便参与者进一步查看。会议纪要需要在适当的时间内分发给所有相关方。这可以通过电子邮件、共享文档或项目管理工具来完成。保证每个参与者能够访问会议纪要，以便他们可以随时回顾会议要点，了解他们的任务和行动计划。

跟进和记录会议要点是确保会议成果得以实施的关键步骤。通过总结关键要点、明确任务和责任、制订未来行动计划以及分享相关信息，可以确保会议讨论的结果能够有序推进，从而实现会议的目标和目的。

8.4 案例解析

微信沟通注意事项

1. 及时解释和道歉

如果无法及时回复微信，应在方便时向对方解释原因并表示歉意。

2. 优先使用文字

在需要汇报工作或沟通重要且复杂事项时，尽量使用文字而非语音。对方在开会或上课时可能无法方便地听语音，而文字总是更直观且节省时间。

3. 避免信息轰炸

在微信群里聊天时，可以扮演话题引导者和气氛活跃者的角色，但要适度，避免24小时不停发送“垃圾信息”刷屏。

4. 不强求点赞

尽量不要在微信群里发布广告或强行要求群成员点赞。

5. 注意内容

不要发送没有根据或有伤风化的内容。应避免造谣、传谣和信谣，不煽动他人情绪，远离不良信息。

6. 巧用表情符号

聊天时适当使用表情符号可以增进亲近感，更直观地表达情绪，也能传达善意和互动意愿，活跃聊天气氛。但须适度，避免刷屏。

7. 理解网络语气

一些词语带有特定的网络语气含义。例如，“噢噢”比“哦哦”更热情，“嗯嗯”比“嗯”更积极，“呵呵”常表示敷衍。如果对方频繁回复“哦”或“嗯”，可能表示对方忙于其他事或不愿继续聊天，应适可而止。

8. 慎重拉人进群

不要随意拉别人进微信群，除非有明确的解决问题目的。应考虑到被拉进群的朋友可能会收到大量陌生人的好友请求，而这些请求可能让他们感到不适。

9. 注意发送时间

避免在半夜或清晨发送消息，以免打扰他人休息。同时，对方在这些时间可能无法及时回复，如果未得到回复，不要连续发送消息。

9 个人关系中的沟通策略

9.1 家庭内部的沟通模式

在线测试

9.1.1 家庭沟通的基本原则

在家庭内部，沟通是家庭成员之间互动的核心要素。它不仅是信息传递的手段，更是促进关系、增进理解和构建支持网络的关键因素。成功的家庭沟通建立在一系列基本原则之上，这些原则有助于创造一个开放、健康和和谐的沟通环境。家庭沟通的首要原则是尊重。在家庭内部，每个家庭成员都应该被视为一个独立的个体，拥有自己的思想、情感和观点。尊重不仅意味着尊重他人的观点，还要尊重他们的感受和权利。通过表现出尊重，家庭成员能够建立信任，从而促进更深入的交流。第二个关键原则是理解。理解涉及倾听和试图理解对方的立场和情感。家庭成员应该尽力理解彼此的需求和期望，而不仅是听取信息并回应。理解有助于减少误解和冲突，并有助于建立更加亲近的关系。家庭沟通的第三个基本原则是支持。在家庭中，支持意味着为家庭成员提供情感上的支持和鼓励，无论他们面临什么样的挑战。支持是建立家庭凝聚力的关键因素，它能够帮助家庭成员克服困难，共同应对生活中的各种挑战。

开放和诚实的对话是家庭沟通的重要组成部分。家庭成员应该能够坦率地表达他们的想法和感受，而不必担心被批评或否定。开放的对话有助于家庭成员更好地了解彼此，解决问题，并共同制定决策。在实际家庭沟通中，这些基本原则可以通过多种方式来体现。首先，家庭成员可以通过倾听对方的观点和意见来表现尊重。这意味着家庭成员不仅要听取信息，还要积极参与对话、提问，以确保真正理解对方的意图。其次，理解可以通过表达共情来体现，以便更好地理解他人的情感和经历。支持可以通过提供情感支持、鼓励和协助来体现，以帮助家庭成员面对挑战并实现目标。最后，开放和诚实的对话可以通过避免批评、责备或攻击性的言辞来实现，以保持对话的积极和建设性。

家庭沟通的基本原则是建立和维护健康、和谐和亲密关系的基础。尊重、理解、支持以及开放和诚实的对话有助于促进家庭成员之间的联系，解除误解，增强凝聚力，并为共同的成长和幸福创造坚实的基础。遵循这些原则，家庭可以更好地应对生活中的挑战，共同创造更加美满的未来。

不同的家庭沟通模式如图 9-1 所示。

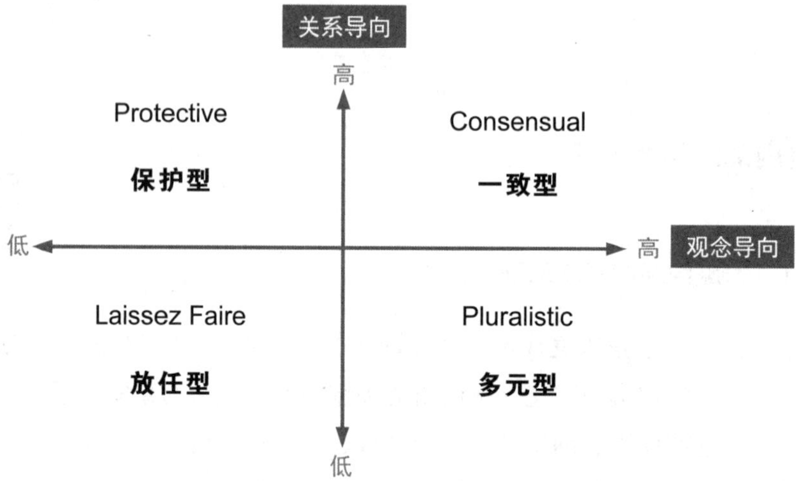

图 9-1　不同的家庭沟通模式

9.1.2　代际沟通的挑战与技巧

代际沟通是家庭内部沟通的重要方面。然而，由于不同年代人的观念、价值观和生活经验各不相同，这种沟通可能面临各种挑战。为了有效地处理代际沟通，一些关键的技巧和策略的使用可以帮助家庭成员建立更加良好的互动，减少冲突和误解。倾听是代际沟通中至关重要的技巧之一。每一代人都有自己独特的经历和观点，倾听是理解和尊重这些差异的关键。倾听不仅是听取言语，还包括关注非言语的信号，如身体语言和情感表达。通过倾听，家庭成员可以更好地理解对方的立场，从而建立更深入的联系。避免判断和批评也是代际沟通中的重要技巧。不同代人可能持有不同的观点和价值观，但对这些观点的判断和批评可能导致冲突和紧张。反之，尝试理解对方的观点，即使你不同意，也可以减少冲突。尊重他人的观点和选择是代际沟通的关键部分。

寻找共同的理解和尊重也是有效代际沟通的技巧之一。尽管不同代人可能有不同的观点，但寻找共同的地方可以帮助建立共鸣和相互理解。这可以通过强调共同的价值观、目标或利益来实现。寻找共同之处可以加强家庭成员之间的联系，并促进更加和谐的关系。沟通的方式也是代际沟通的关键。使用尊重和礼貌的语言，并尽量避免冒犯性的言语。尊重对方的隐私和边界也非常重要。此外，尝试以开放和包容的态度来沟通，鼓励家庭成员分享他们的感受和想法，而不必担心被批评或否定。耐心和包容在代际沟通中也极为重要。不同代人之间的观点和信仰可能不会立即改变，而且可能需要时间来建立更深刻的理解和互相尊重。因此，要有耐心，不断努力，建立一种积极的沟通氛围。

代际沟通可能面临各种挑战，但通过倾听、避免判断和批评、寻找共同的理解和尊重，以及采用尊重和礼貌的沟通方式，家庭成员可以更好地应对这些挑战，建立更加和谐和亲密的关系。耐心和包容也极为重要，因为代际的差异可能需要时间来解决。通过采取这些技巧和策略，家庭成员可以实现更好的代际沟通，促进家庭内部的和谐和亲密关系。

9.1.3 情感表达与支持

在家庭内部，情感的表达和支持是建立亲密关系和增进家庭成员之间联系的重要方面。家庭成员应鼓励和接受彼此的情感表达，同时提供情感上的支持，以建立更加坚固、和谐的家庭关系。情感的表达是家庭沟通的关键组成部分。每个家庭成员都有自己的情感、需求和感受，能够表达这些情感，对建立真正的相互理解和共鸣至关重要。情感的表达可以包括喜悦、悲伤、愤怒和焦虑等。通过表达情感，家庭成员能够更好地了解彼此，同时能够共享彼此的喜悦和困扰，增进亲密关系。情感的表达应该是自由和无条件的。家庭成员应该感到安全和舒适，能够表达他们的情感，而不必担心被批评、否定或忽视。这种无条件的情感表达有助于建立信任和亲密感，并鼓励家庭成员更加开放和坦率地沟通。

除了情感的表达，情感支持也是家庭内部的重要组成部分。情感支持意味着在家庭成员面临困难、挑战或情感波动时，提供情感上的理解和支持。这可以通过倾听对方的感受和想法，表达同情和共鸣，以及提供安慰和鼓励来实现。情感支持有助于家庭成员感到被重视和被关心，同时提高他们应对生活中各种挑战的能力。情感支持也包括在家庭成员取得成就或庆祝重要时刻时的共享喜悦。家庭成员可以通过积极地肯定、祝贺来表达对他人的支持。这种积极的情感支持可以增进家庭成员之间的情感，营造更加和谐的家庭氛围。家庭成员应该努力建立一种互相支持的文化，使每个人感到自己可以依赖和依靠其他家庭成员，无论是在情感上还是在实际的困难时刻。互相支持的文化有助于减少冲突和紧张，增强家庭成员之间的凝聚力。

情感的表达和支持在家庭沟通中起着至关重要的作用。家庭成员应鼓励和尊重彼此的情感表达，同时提供情感上的支持，以建立更加紧密的亲密关系。自由表达情感和无条件支持有助于增进信任和共鸣，促进更加和谐的家庭氛围。通过建立互相支持的文化，家庭成员可以共同应对生活中的挑战，创造更加幸福的家庭生活。

9.1.4 家庭决策过程中的沟通

在家庭决策过程中,有效的沟通是确保每个成员的声音被充分听取和考虑的关键。决策可能涉及家庭的各个方面，如财务、教育、健康等。因此，需要保证每个人的意见都得到充分尊重和参与。有效的沟通有助于建立共识，保证决策过程是公平和包容的。决策过程中的沟通需要以倾听为基础。每个家庭成员都有权表达他们的观点和意见，而其他成员应倾听和尊重这些声音。倾听不仅包括听取语言，还包括关注非语言的信号，如表情、姿态和情感。通过倾听，家庭成员能够更好地理解彼此的需求和期望，建立更深入的联系。决策过程中的沟通应该是双向的。家庭成员应该能够自由表达他们的观点，而不必担心被批评或忽视。双向沟通也意味着每个人都有机会参与讨论，并提出自己的建议和看法。这有助于保证决策过程是包容和公平的，每个成员都有机会影响决策的结果。

另一个重要的方面是透明度。在决策过程中，家庭成员应该分享所有相关信息，包括可能的影响和后果。透明度有助于建立人与人之间的信任，使每个人做出知情的决策。家庭成员应该坦率地分享信息，并回答其他成员的问题，以保证决策的合理性和合法性。建立共识也是决策过程中的目标之一。共识意味着家庭成员就最终的决策达成一致。这不一定意味着每个人都必须完全同意，但至少应该达到一个可以接受的共识水平。建立共识需要进行讨论和妥协，以确保每个人的利益都得到尊重。决策过程中的沟通应该注重解决冲突和处理分歧。不同的观点和利益可能会导致冲突，但通过开放和尊重的对话，家庭成员可以寻找解决问题的方法。处理分歧需要耐心和包容，以确保每个人都感到被听取和尊重。

家庭决策过程中的沟通是建立和维护健康、和谐和亲密关系的关键。倾听、双向沟通、透明度、建立共识和处理分歧都是保证决策过程公平和包容的重要组成部分。通过有效的沟通，家庭成员可以更好地合作，做出明智的决策。

9.2 友谊中的有效沟通

在线测试

9.2.1 建立和维护友谊的沟通技巧

建立和维护友谊在生活中占有举足轻重的地位，而积极的沟通技巧在这一过程中起着关键作用。友谊的建立需要时间和精力，而有效的沟通是深化友谊、增进信任、保持友谊的重要手段。以下是一些有助于建立和维护友谊的沟通技巧：

（1）共享个人经历：通过分享自己的生活经历、喜好、梦想和遇到的挑战，可以让朋友更好地了解我们的内心世界。这种开放性的沟通有助于建立亲近感，使朋友更深入地了解我们的生活，并与我们产生共鸣。

（2）表达关心和支持：朋友之间应该始终感受到彼此的尊重和关心。通过问候、关心朋友的近况并提供支持和鼓励，表现出对友情的珍视。在朋友面临困难或挑战时，提供情感上的支持和帮助，可以加深友谊，使朋友感到信赖。

（3）共同参与活动：朋友可以一起参加各种活动，如户外探险、运动比赛、电影之夜等，这些共同的经历有助于加强友谊。共同参与活动不仅为朋友提供了共同的回忆，还创造了互动的机会，有助于深化友情。

（4）倾听：在友情关系中，倾听与说话同样重要。朋友有时需要找人倾诉、发泄情感或分享他们的故事，可以提供一个倾诉的空间，让朋友感到被理解和支持。积极的倾听有助于增进互相理解和信任。

（5）坦诚和诚实：朋友之间应该能够坦诚地表达他们的感受、需求和意见，而不必担心被误解或批评。诚实的沟通有助于防止误解和不必要的冲突，也有助于建立坚固的友谊。

友谊是一种双向的关系，需要双方的投入和努力。不仅要期待别人对我们好，我们也应该对朋友表现出同样的关心和尊重。友谊建立在互相尊重和互相支持的基础上。只有双方都付出努力，友谊才能得以维持和加深。通过共享个人经历、表达关心和支持、共同参与活动、倾听、坦诚和诚实等积极的沟通技巧，可以加强友谊和增进信任。友谊是一种珍贵的人际关系，通过有效的沟通，我们可以建立和保持长久的友谊，为生活增添丰富的色彩。

9.2.2　听取与分享：友谊中的平衡

友谊是一种珍贵的人际关系，而沟通在其中扮演着举足轻重的角色。平衡倾听和分享是建立坚固友谊的关键。倾听他人的想法和感受，同时分享自己的观点和经历，有助于建立深厚的友情，增进相互理解和信任。倾听是友谊中的重要组成部分，倾听意味着给予对方足够的注意力和关注，以理解他们的表达。在友谊中，倾听他人的想法和感受是表达关心和尊重的方式。当朋友有话要说时，倾听可以让他们感到被听取和支持，从而增进友情。分享也是友谊的关键。通过分享自己的观点、经历和感受，可以让朋友更好地了解我们的内心世界。分享包括对个人生活的故事、梦想和目标的讨论，以及对各种话题的看法。通过分享，我们展示了自己的真实和脆弱，这有助于建立更深入的友情。

平衡倾听和分享对友谊的健康发展至关重要。如果只是倾听而不分享，友情可能会变得单向，朋友会感到被忽视或不被重视。反之，如果只是分享而不倾听，可能会变得以自我为中心，朋友可能感到被忽略或不被理解。因此，平衡倾听和分享是维护友谊的关键。友谊中的倾听不仅是听取语言，还包括关注非语言的信号，如表情、姿态和情感。倾听还包括主动提问，以深入了解朋友的感受和想法。通过倾听，您可以更好地理解朋友的需求和期望，建立更深刻的联系。

友谊是人际关系中的宝贵财富。它建立在互相理解、互相信任和互相支持的基础上。成功的友谊通常需要平衡倾听和分享。友情中的分享应该是坦诚和真实的，坦诚是建立互相信任的基石。朋友之间应该能够分享自己的真实感受、想法和经历，而不必担心被对方否定或批评。诚实的分享有助于增进相互理解，让朋友更好地了解彼此，并建立更深厚的友情。

然而，要确保分享不会伤害朋友，应该避免攻击性或冒犯性的言辞。友谊中的分享应该建立在尊重和关心的基础上，以确保维持友情的和谐和稳定。友谊中的平衡也涉及在适当的时候倾听和分享。有时候，朋友可能需要倾诉，他们可能正在经历困难或需要情感支持。作为朋友，倾听和支持是非常重要的，表明我们关心和在乎他们的感受。有时候，我们可能会与朋友分享自己的感受、经历或想法。友情应该是相互的，我们也有权分享自己的生活和情感。了解何时倾听与分享需要灵活性和敏感性，这取决于朋友的需求和友情的发展。友情中的平衡意味着不仅关注自己，还要关注朋友的感受和需求，以建立相互尊重和稳定长久的友情。

友谊中的沟通是建立和维护友情的关键。通过积极的沟通，我们可以增进相互理解，解决潜在的分歧，强化友情的纽带。友谊是一种互相扶持的关系，通过倾听和分享，我们可以感知彼此生活中的喜怒哀乐，分享彼此的快乐和困难。友谊不仅是分享欢乐，也包括在困难时段互相支持和鼓励。平衡倾听和分享是维护友谊的关键，它有助于建立深厚、持久的友情，为生活增添丰富的色彩和意义。友谊是一种宝贵的人际关系，需要坦诚的分享、平衡的倾听和积极的沟通。通过这些元素的结合，我们可以建立和保持持久的友情，互相支持和共同成长。

9.2.3 应对友谊中的变化与挑战

友谊是一种宝贵的人际关系，但它也可能随着时间和生活状况的变化面临各种挑战。通过有效的沟通，我们可以更好地应对这些挑战，维护长久的友谊。友谊中的变化可能包括生活轨迹的不同步。随着年龄的增长，朋友可能会追求不同的事业、家庭和兴趣，导致生活轨迹的不同步。这可能导致时间上的分离和互动的减少。在这种情况下，有效的沟通是必要的。朋友可以坦诚地讨论彼此的生活状况和需求，以找到适合双方的互动方式。保持联系的愿望和沟通的频率可能需要重新协商，以满足双方的期望。友谊中的变化也可能包括性格和兴趣的转变。人们在不同阶段，性格和兴趣会发生变化，这可能导致在某些方面与朋友的共鸣减少。在这种情况下，沟通可以帮助朋友理解彼此的变化，并尝试找到新的共同兴趣或方式来维护友谊。重要的是要坚持开放和包容的态度，以接受朋友的变化，同时要表达自己的需求和期望。

另一个可能的挑战是友谊中的冲突。冲突是不可避免的，但有效的沟通可以帮助解决问题并加强友谊。当冲突出现时，朋友们应该坦诚地表达他们的感受和想法，而不是忽视或回避问题。通过倾听对方的观点、理解彼此的需求，并寻找妥协和解决方案，可以帮助解决冲突，加强友谊。生活中的重大变化，如失业、家庭问题或健康挑战，也可能对友谊产生影响。在这些困难时刻，朋友的支持和理解尤为重要。朋友应该保持开放的沟通渠道，允许彼此分享感受和需求，同时提供情感上的支持和帮助。面对困难，友谊可以成为一个强大的支持系统。友谊的变化和挑战包括长距离搬迁、工作或家庭原因，可能导致朋友分隔两地。在这种情况下，保持友谊需要持续不断地努力。定期的通信、计划互相见面和分享生活中的重要时刻可以有助于维护远距离友谊。

沟通是维护友谊的纽带，使朋友能够保持联系并共享彼此的生活。友谊中的变化和挑战是不可避免的，但通过有效的沟通，我们可以更好地应对这些挑战，维护长久的友谊。坦诚、理解、支持和解决冲突都是帮助友谊蓬勃发展的关键因素。友谊是一种珍贵的人际关系，通过积极的沟通，我们可以克服各种挑战，保持深厚的友谊，为生活增添了丰富的色彩和意义。

9.2.4 诚实与公开透明的重要性

友谊是建立在互相理解和信任的基础上的，而诚实和公开透明是维护友谊的关键要素。在友谊中，真诚地表达自己的感受和想法，尊重对方的观点，有助于防止被误解，增进信任，以及建立更加健康和坚固的友谊。诚实是友谊中的重要品质。诚实意味着说出自己真实的感受和观点，而不是隐藏或伪装。朋友之间的诚实沟通有助于建立互相信任的基础。当我们诚实地表达自己时，我们向朋友传达了我们对友谊的重视和尊重。朋友知道可以相信我们，因为我们没有隐藏真相或说谎。公开透明也是友谊中的关键元素。公开透明意味着分享自己的信息，包括情感、需求和期望。我们允许朋友更好地了解我们的内心世界，这有助于建立更深刻的友谊；同时，朋友可以与我们分享其内心感受，而不会受到猜疑。

诚实和公开透明还有助于防止被误解。误解是友谊中常见的问题，可能导致冲突和分歧。通过诚实地表达自己的想法和感受，以及透明地分享信息，我们可以减少误解。当朋友清楚地了解彼此的立场和观点时，他们更有可能避免不必要的误解和争吵。诚实和公开透明有助于处理友谊中的问题和挑战。友谊中不可避免地会出现问题，如冲突、误解或失望。通过诚实的沟通，我们可以更好地面对这些问题，寻找解决方案，并维护友谊。诚实地表达自己的感受和需求，以及尊重对方的观点，有助于开展建设性对话，解决问题。诚实和公开透明还有助于增进信任。信任是友谊的基石，而诚实和公开透明是建立信任的关键。当朋友知道彼此可以信赖对方后，他们总是真诚和公开透明地表达自己，信任会更加稳固。信任的存在使友谊更加健康和持久，因为朋友知道他们可以相互依靠和支持。

友谊中的诚实和公开透明是至关重要的。诚实地表达自己的感受和想法，透明地分享信息，尊重对方的观点，有助于防止误解、增进信任，以及建立更加健康和坚固的友谊。

9.2.5 跨文化友谊的沟通策略

跨文化友谊是一种宝贵的人际关系，可以丰富我们的生活，拓宽我们的视野，但也需要特殊的沟通策略和技巧。在跨文化友谊中，了解和尊重对方的文化背景和价值观是基础，同时开放和谨慎的沟通方式有助于克服文化差异，建立深厚的友谊。了解对方的文化背景是建立跨文化友谊的第一步。每个人都受到其文化背景的影响，包括语言、习惯、信仰、价值观和社会规范。因此，了解对方的文化是有必要的。这不仅需要学习一些基本的文化知识，还需要主动向朋友了解他们的文化背景。通过询问、聆听他们的故事，以及参与他们的文化活动，我们可以更好地理解他们的文化背景。尊重对方的文化价值观是维护跨文化友谊的关键。不同的文化可能有不同的价值观和行为准则，这些差异可能会导致误解或冲突。在跨文化友谊中，我们需要尊重对方的文化差异，不对其进行批评或贬低。反之，我们应该尝试理解这些差异，并尊重对方的文化观点。尊重是建立相互信任的基础。

开放和谨慎的沟通方式在跨文化友谊中至关重要。我们应该保持开放的态度，愿意学习和接受新的文化经验。这包括主动寻求对方的意见和观点，以及对文化差异持有敏锐度。当我们遇到不理解或困惑时，应该以谨慎的方式提出问题，以便更好地理解对方的立场。此外，避免使用可能引起误解或冒犯的言辞，以维护友谊的健康。主动参与对方的文化活动也是建立跨文化友谊的有利方式。参加对方的传统庆祝活动、节日，了解其风俗习惯等，可以展示我们的尊重和兴趣，也可以增进相互理解。通过参与文化活动，我们有机会亲身体验对方的文化，加深友谊。建立跨文化友谊需要时间和耐心。文化差异可能导致一些挑战和误解，但通过坚持开放、尊重和谨慎的沟通，我们可以克服这些挑战，建立深厚的友谊。友谊是一种宝贵的人际关系，跨文化友谊可以为我们带来丰富的体验，为生活增添多样性和意义。

跨文化友谊需要特殊的沟通策略和技巧。通过了解对方的文化背景，尊重文化价值观，以开放和谨慎的沟通方式主动参与文化活动等，我们可以建立深厚的友谊，拓宽视野，丰富生活，并促进文化交流。

9.3　处理个人关系中的冲突

在线测试

9.3.1　冲突的识别与理解

在个人关系中，冲突是不可避免的现象。然而，识别和理解冲突是解决问题的第一步。冲突不仅可能带来紧张和不适，还可能导致关系破裂。因此，我们需要学会识别冲突的迹象，理解冲突的根源，并关注各方在冲突中的感受和立场，以找到解决问题的办法。识别冲突至关重要。有时冲突并不显而易见，可能隐藏在表面之下。我们需要注意一些可能的冲突迹象，如争吵、不满、情感波动或沉默。这些迹象可能表明存在潜在的问题，需要进一步关注和探讨。通过观察和倾听，我们可以更容易地识别冲突，并意识到问题所在。理解冲突的根源是解决问题的关键。冲突通常有深层次的原因和动机。理解冲突的根本原因有助于更好地应对和解决问题，而不仅是应对表面的矛盾。可能的冲突根源包括不同的需求、期望、价值观，沟通或历史遗留问题。通过探讨这些根源，我们可以更好地理解冲突的发生和解决方法。

关注各方在冲突中的感受和立场也非常重要。每个人在冲突中都有自己的感受、需求和期望，通常都有自己的观点和立场。了解各方的感受和立场有助于更全面地理解冲突的本质。这意味着我们需要倾听和尊重对方的观点，而不是试图把自己的观点强加给他们。通过尊重各方的感受和立场，我们可以建立更有建设性的对话，找到共同的解决方法。另一个重要方面是要注意冲突可能存在于不同层面。有时冲突可能是临时的，如一次争吵或不满的表达。然而，冲突也可能源自更深层次，涉及复杂的情感、需求和历史因素。因此，我们需要努力深入挖掘冲突的根源，不仅解决表面上的问题，还要处理潜在的深层次问题，以确保冲突不会再次出现。要解决冲突，我们需要建立开放和坦诚的沟通渠道。沟通是理解和解决冲突的桥梁，因此我们需要积极参与对话，分享自己的感受和观点，同时倾听对方的声音。开放和坦诚的沟通有助于促进互相理解和引起共鸣，从而找到解决问题的途径。

通过识别冲突的迹象，理解其根源，关注各方的感受和立场，以及建立开放和坦诚的沟通渠道，我们可以更好地应对冲突，解决问题，并维护健康的人际关系。尽管冲突是个人关系中常见的挑战，但通过适当的方法和技巧，我们可以有效地处理它们，为友情和亲情增添更多的深度和意义。

9.3.2　沟通在冲突解决中的作用

沟通在解决个人关系中的冲突中发挥着不可或缺的作用。冲突是人际关系中不可避免的一部分，但通过有效的沟通，我们可以建立互相的理解、尊重和信任，从而找到解决冲突的方法。沟通是表达自己观点和感受的主要方式。当冲突出现时，我们通常会有一些情感、需求和期望，而沟通是将这些内在感受和想法传达给对方的途径。通过表达自己的感受和需求，我们可以让对方更好地了解我们的立场，从而减少误解和不满。这种表达也有助于释放内心的压力和情感，使我们更加坦诚和真实。沟通也是听取对方观点的重要方式。在解决冲突时，了解对方的立场和感受至关重要。通过倾听对方的观点，我们可以更好地理解他们的立场和需求，从而更容易找到双方都可以接受的解决方案。倾听是尊重对方的表现，也是建立互相信任的关键因素。

沟通在解决冲突时发挥了桥梁的作用。通过开放和坦诚的对话，各方有机会表达他们的观点、感受和需求。这种对话有助于识别问题的根本原因，而不仅是处理表面上的矛盾。通过深入探讨，双方可以找到解决问题的方法，制订行动计划，以共同努力解决冲突。沟通是解决冲突的第一步，为各方提供了解决问题的平台。沟通有助于建立更深层次的理解和信任。当双方愿意坦诚地分享自己的感受、观点和需求时，他们传达了对关系的重视和尊重。这种坦诚和真实有助于建立更加健康和坚固的人际关系。双方的理解和信任是建立在互相尊重和倾听的基础上的。通过沟通，我们可以更好地了解对方的内心世界，体验彼此的情感和需求，进一步加深了解，增进彼此的信任。

沟通在解决冲突时有助于促进妥协和共识的达成。冲突通常涉及不同的意见和利益，但通过积极的对话和协商，各方可以找到共同的地方，达成共识。沟通时，双方可以表达他们的期望和需求，也可以听取对方的意见和建议。这有助于找到双方都可以接受的解决方案，从而解决冲突，维护和谐的人际关系。沟通在友情、亲情和合作关系的建立和维护上扮演着关键角色。友情和亲情需要双方的深入了解、信任和支持。通过开放和坦诚的沟通，我们可以表达对彼此的关心，分享生活中的喜悦，共同感受各种情感。合作关系也需要高效的沟通，以确保各方能够协调行动、共同追求目标。沟通是友情、亲情和合作关系的纽带，有助于建立更加紧密和长久的关系。

总之，沟通在解决冲突和建立亲情、友情以及合作关系方面发挥着至关重要的作用。它不仅有助于各方共同探讨问题和寻找解决方案，还有助于建立深层次的理解和信任，促进妥协和共识的达成，维护健康的人际关系。通过积极沟通，我们可以解决冲突、建立友情和亲情，以及实现成功的合作，为生活增添丰富的色彩和意义。

9.3.3 非攻击性沟通的技巧

非攻击性沟通的技巧在人际关系中是解决冲突和表达需求的重要工具。这些技巧帮助我们在与他人交流时，既能坦诚表达自己的感受和需求，又能避免引起对方防御或受到攻击。以下是一些非攻击性沟通技巧，它们有助于改善人际关系，促进有效的沟通。

使用“I”语句是非攻击性沟通的重要组成部分。使用“I”语句，我们可以更明确地表达自己的感受和需求，而不是将责任归咎于他人。例如，我们可以说“我感到不满意，因为我的观点没有得到尊重”，而不是“你从来不尊重我的观点”，这种方式让我们更关注自己的感受，而不是指责对方，从而减少对方的防御反应。积极倾听是非攻击性沟通的关键。倾听是意味着全神贯注地聆听对方的观点和感受，而不是打断或争辩。通过积极倾听，我们可以表现出对对方的尊重，表明我们关心他们的立场。这有助于建立互相信任的基础，并促进更有效的对话。

使用肯定性的语言是另一个重要的技巧。肯定性的语言是指以积极、鼓励的方式与他人交流。我们可以使用鼓励性的话语来表达对对方的理解和支持，如“我理解你的感受”或“我欣赏你的努力”，这样的语言有助于缓解紧张氛围，增进互相理解。

避免使用攻击性的语言或词语也是非攻击性沟通的关键。攻击性的语言会使对方感到防御，并可能导致冲突升级。我们应该避免使用侮辱性、批评性或责备性的言辞。反之，我们可以选择用更温和、尊重的方式表达自己的观点。

另外，提出建议和解决方案是非攻击性沟通的一部分。当冲突出现时，提出建议和解决方案有助于寻找共同的解决途径。这可以是一个合作的过程，让双方一起思考如何解决问题，而不是互相指责。通过提出建议，我们可以表现出对问题的积极态度，以及解决问题的意愿。保持冷静和情绪控制也是非攻击性沟通的重要方面。冲突通常会引发情绪激动，但我们需要学会在冲突中保持冷静，避免情绪爆发。通过控制情绪，我们可以更好地思考和表达自己的观点，避免说出伤人的话语。控制好情绪有助于维护对话的平和氛围，以便更好地解决问题。非攻击性沟通技巧是解决冲突和改善人际关系的关键。

通过使用"I"语句、积极倾听、肯定性语言、避免攻击性言辞、提出建议和解决方案，以及保持冷静和情绪控制，我们可以建立更健康、更尊重的沟通方式，从而促进有效的沟通和更加和谐的人际关系。这些技巧有助于解决冲突，避免升级，同时增进互相理解和尊重，为更加良好的人际关系奠定坚实的基础。

9.3.4 情绪智能在解决冲突中的应用

情绪智能在解决冲突中的应用是一项重要而有益的技能。情绪智能在解决冲突中的应用及其效果如表 9-1 所示。情绪智能包括识别、理解和管理情绪的能力，以及与他人建立情绪连接的能力。在解决冲突时，情绪智能可以帮助我们更好地处理自己的情绪，理解对方的情绪，缓解紧张情绪，促进更理性和更有同情心的对话，从而更有效地解决问题。

表 9-1　情绪智能在解决冲突中的应用及其效果

情绪智能的应用领域	作用	实施方法
识别和管理自己的情绪	防止情绪控制行为和反应，缓解紧张情绪	深呼吸、冷静思考、寻求支持
理解对方的情绪	减少误解，为建设性对话创造条件	注意对方的言语、面部表情和肢体语言
建立情感连接	增强互相理解和信任，促进合作	显示尊重和关心，表达倾听和理解的意愿
应对他人的情绪反应	缓解紧张局势，鼓励建设性对话	安抚和理解的回应方式
促进理性和同情的对话	保持冷静和理性，增强同情心	避免言语攻击，理解对方立场和感受

情绪智能有助于识别和管理自己的情绪。冲突发生时，我们常常会引发强烈的情绪，如愤怒、焦虑或沮丧。如果我们不了解自己的情绪或无法有效地管理它，那么它会控制我们的行为和反应，导致冲突升级。因此，识别自己的情绪并学会有效地管理它是至关重要的。情绪智能帮助我们更好地理解自己的情感，认识到情绪对行为的影响，并学会采取积极的应对策略（如深呼吸、冷静思考或寻求支持）以缓解紧张情绪，保持冷静，从而更有效地处理冲突。

情绪智能有助于理解对方的情绪。在冲突解决过程中，理解对方的感受和情绪是建立共鸣和互相理解的关键。利用情绪智能，我们可以更好地识别对方的情绪迹象

（如言语、面部表情和肢体语言），这有助于我们更深入地理解对方的立场和感受，而不是仅停留在表面上的矛盾或争论。理解对方的情绪可以减少误解和冲突升级，为更有建设性的对话创造条件。

情绪智能还有助于建立情感连接。情感连接是建立互相理解和信任的基础。利用情绪智能，我们可以表现出对对方的尊重和关心，表达倾听和理解对方的意愿。这有助于建立互相支持和合作的氛围，更容易找到解决冲突的途径。情感连接还能促进更有同情心和同理心的对话，使双方更愿意妥协和寻找共同的解决方案。情绪智能可以帮助我们更好地应对他人的情绪反应。在解决冲突过程中，对方可能表现出情绪激动、愤怒或沮丧等情绪反应。通过情绪智能，我们可以更好地应对这些情绪反应，避免加剧紧张局势。我们可以采取安抚和理解的方式来回应对方的情绪，以缓解紧张局势，鼓励建设性对话。情绪智能有助于促进更理性和更有同情心的对话。在解决冲突的过程中，情绪智能可以帮助我们更好地控制情绪，避免言语攻击或敌对态度。这有助于保持冷静和理性，使对话更加有建设性。情绪智能还可以增强同情心，使我们更容易理解对方的立场和感受，从而更愿意寻求共同的解决方案。

情绪智能在解决冲突中起着重要作用。通过识别和管理自己的情绪，理解对方的情绪，建立情感连接，应对他人的情感反应，以及促进理性和同情的对话。情绪智能有助于改善冲突解决的效果，缓解紧张情绪，可让各方建立更加健康与和谐的人际关系。

9.3.5 修复关系与重建信任的策略

冲突解决后，修复关系和重建信任是必不可少的步骤，它们有助于确保人际关系的持续健康与和谐。发生冲突的双方可能会留下一些负面情绪，通过采取积极的策略和行动，我们可以恢复稳定的关系，并重建彼此的信任。道歉是修复关系的关键。如果冲突中有一方的行为或言辞伤害了对方，道歉是必要的。道歉不仅是一种承认错误的方式，也是表达遗憾和愿意修复关系的方式。道歉需要真诚，应该包括对自己行为的反思，并表明改进的意愿。通过道歉，我们可以向对方传达我们关心他们的感受，愿意为过去的行为负责，并希望能够修复受损的关系。同时，原谅也是修复关系的重要方面。原谅并不意味着忘记或接受对方的错误行为，而是表示我们愿意放下怨恨和仇恨，以便继续前进。原谅是一种解除内心负担的方式，使我们减轻自己的情感负担，并为关系的修复创造条件。当双方能够坦诚地道歉和原谅时，冲突的阴影会逐渐消散，为关系的重建奠定基础。

另一个关键因素是共同努力改善关系的承诺。冲突解决后，双方可以一起制订行动计划，以改善未来的沟通方式并相互理解。这包括明确的规则、期望，以及共同努力解决可能导致冲突的问题。通过共同的努力，我们可以强化关系，防止未来的冲突，并建立更加健康与和谐的亲密关系。持续的沟通是关系修复和信任重建的关键。双方需要保持开放和坦诚的对话，以解决潜在的问题。沟通应该是双向的，双方都应该有机会表达自己的感受和需求，听取对方的观点。通过持续的沟通，我们可以建立更深层次的理解，增进互相信任，并及时解决潜在的冲突。时间和耐心也是修复关系和重建信任的重要因素。修复受损的关系需要时间，不能急于求成。双方都需要耐心地工作，逐渐恢复信任和稳定关系。冲突解决后，关系不会立刻恢复到先前的状态，但通过持之以恒的努力和时间的推移，我们可以建立更牢固的关系，并重建信任。

修复关系和重建信任是冲突解决后不可或缺的步骤。通过道歉、原谅、共同努力改善关系，以及采用持续的沟通和耐心帮助等方式，我们可以修复受损的关系，重建信任，为更加健康与和谐的人际关系奠定坚实的基础。这些策略有助于确保关系的持续发展，更好地应对未来的挑战，并建立更加亲近和有意义的人际关系。

9.4 案例解析

交谈中常用的谦敬语

（1）谦敬称呼用语

称呼尊长——老先生、老同志、老师傅、老领导、老首长、老伯、大叔、大娘等；

称呼平辈——老兄、老弟、先生、女士、贤弟、贤妹等；

自谦——鄙人、在下等。

（2）事物谦敬用语

称姓名——贵姓、尊姓大名、尊讳、芳名（对女性）等；

称年龄——高寿（对老人）、贵庚、尊庚、芳龄（对女性）等；

住处——府上、尊寓、尊府等；

见解——高见、高论等；

身体——贵体、玉体（对女性）等。

（3）自谦辞

称姓名——敝人、免贵姓等；

称朋友——敝友等；

称住处——寒舍、舍下等；

称见解——愚见、拙见等。

（4）谦敬祈使用语

请他人提供方便或帮助——借光、劳驾、有劳、劳神、劳您费心等；

托他人办事——拜托；

麻烦或打断他人——打扰；

求他人解答——请问；

劝告他人——奉劝；

请他人光临——欢迎光临、恭候光临；

请他人不要送——请留步；

请他人提意见——请指教、请赐教；

请他人原谅——请包涵、请海涵。

（5）谦敬欢迎用语

欢迎顾客——欢迎光顾；

欢迎客人——欢迎光临；

初次见面 ——久仰，久仰大名；

许久未见——久违；

访问——拜访、拜望、拜见、拜谒；

没有亲自迎接——失迎、有失远迎；

自责不周——失敬；

拜别——告辞、拜辞；

送别——请留步、请回、不必远送；

中途辞别——失陪。

（6）其他谦敬用语

归还东西——奉还；

赠送东西——奉送；

陪伴——奉陪；

祝贺——恭贺；

请对方宽恕——恕……。

以上谦敬语较为固定且常用。使用时，应情感真挚，发自内心，再辅以表情、眼神和手势，以增强表现力，发挥更大的感染力。

10 自我表达与自我意识

10.1 自我认知的重要性

在线测试

10.1.1 认识自己的价值观和信念

认识自己的价值观和信念是自我认知的关键组成部分。个人价值观和原则的形成如图 10-1 所示。必须深入了解自身的指导原则和信仰，因为它们不仅塑造了我们的个性，还影响了我们的决策、行为方式以及对世界的看法。在这个丰富多彩的内在世界中，我们的价值观和信念充当了指示灯，指引着我们的生活和人际关系。了解自己的价值观和信念对自我认知至关重要。价值观是我们内心深处的核心信仰和原则，它们反映了什么对我们是重要的、有意义的和可取的。这些价值观涵盖道德、伦理、社会、文化和宗教等方面，以及对人生目标和成就的期望。通过深入了解自己的价值观，我们可以更好地理解自己的内在动机和驱动力，从而指导我们的决策和行为，使其与核心价值相一致。价值观和信念深刻影响我们的决策过程。无论是小事还是大事，价值观都会在其中发挥作用。例如，重视家庭的人会在工作与家庭之间权衡，以确保工作与生活的平衡和幸福。注重社会公益的人可能选择参与志愿活动或从事与社会改善相关的工作。认识自己的价值观有助于我们更明智地做出决策，确保选择与我们的内在信仰一致，从而增加生活的满足感和幸福感。

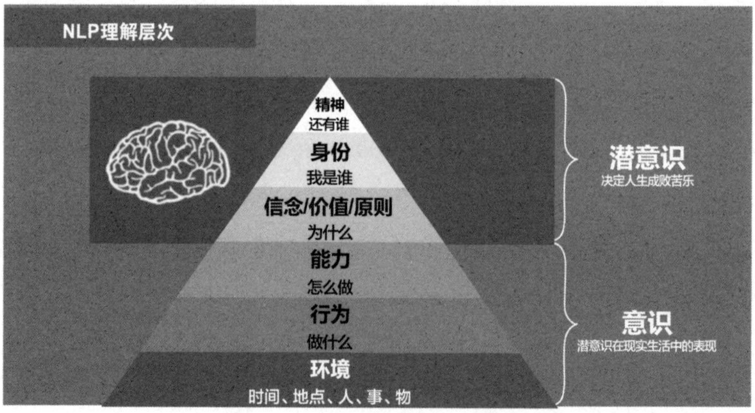

图 10-1 个人价值观和原则的形成

价值观和信念还塑造了我们的行为方式。我们的行为通常受到价值观的指导，这些价值观在我们的行为中得到体现。例如，信奉诚实守信的人会坚守诚信原则，不撒谎、不欺骗。重视尊重和包容的人会在与他人互动时表现出友善和理解。通过了解自己的价值观，我们可以更好地理解、控制和调整自己的行为，使其与我们的价值观一致。此外，价值观和信念还塑造了我们对世界的看法。内在信仰和原则影响着我们对道德、伦理和社会问题的看法，并在我们的意识中形成一种框架，指导我们如何评价和理解世界。例如，重视平等和社会正义的人可能更关注社会不平等和社会正义问题，积极参与社会改革活动。强调自由和个人责任的人可能更注重个人自由和市场经济。通过认识自己的价值观，我们可以更好地理解自己的观点和立场，与他人进行建设性对话和辩论。了解自己的价值观和信念有助于建立更加有意义和满足的生活。当我们的决策和行为与我们的内在信仰一致时，我们会感到更加自信和满足。我们的生活目标和努力会更有方向，因为它们反映了我们真正关心的事情。此外，理解和尊重他人的价值观有助于建立更加深刻的人际关系，增加互相理解和尊重的可能性。

认识自己的价值观和信念是一项深刻的自我反思过程，它有助于我们更好地理解自己的内在动机和驱动力，指导决策和行为，塑造对世界的看法，提高生活的满足感和幸福感。通过深入探索内心世界，我们可以更好地理解自己，为更加有意义和有价值的生活打下坚实的基础。

10.1.2 理解自身情绪的影响

理解自身情绪对思维和行为的影响是一项不可或缺的自我意识工作。情绪是我们内在世界的一部分，可以对我们的决策、行为和交流产生深远的影响。因此，对自己情绪的认识和理解是提高个人和职业生活中交流质量的关键组成部分。本部分内容将深入探讨情绪对思维和行为的影响，以及如何更有效地管理情绪。

情绪对我们的思维过程有重要影响。不同的情绪状态会导致不同的思维方式。例如，当我们处于愉快的情绪状态时，我们更有可能产生积极的思维，表现更加乐观和富有创造性。相反，当我们处于消极的情绪状态时，我们的思维可能变得负面和焦虑。这种情绪会影响我们的判断能力和决策。因此，了解自己的情绪状态对明智地处理问题和做出决策至关重要。情绪对我们的行为产生深远的影响。不同的情绪状态可以导致不同的行为反应。例如，愤怒可能会导致攻击行为，恐惧可能导致逃避或回避行为。情绪还会影响我们的动机和行动计划。处于积极的情绪状态时，我们更有动力追求目标和采取积极的行动；相反，处于消极的情绪状态时，我们可能感到沮丧和无力。因此，了解自己的情绪对于更好地管理自己的行为和反应至关重要。

情绪对我们的交流质量产生重大影响。情绪状态在交流中通过语言、声音和体态表现出来，从而影响沟通效果。情绪可以改变我们的音调和语速，使我们的语言变得更加生动或沉重。情绪还可以通过面部表情和体态传递给他人，从而影响对方对我们的理解和反应。因此，了解自己的情绪状态可以帮助我们更好地控制自己的表达方式，提高沟通的清晰度。

情绪也会影响我们的人际关系。一方面，情绪会影响我们与他人的互动方式和互动质量。如果我们没有意识到自己的情绪，可能会在争吵或冲突中表现出不理智的行为，从而破坏人际关系。另一方面，如果我们能够理解并有效地管理自己的情绪，就能更好地处理冲突，建立更加健康与和谐的人际关系。因此，情绪意识对维护良好的人际关系至关重要。

情绪对我们的职业生活产生重要影响。工作场合通常需要我们与同事、上司和客户进行有效的沟通和协作。情绪影响我们在工作中的表现和职业发展。一方面，如果我们无法有效地管理自己的情绪，可能在工作中表现出情绪失控或不适当的行为，从而影响职业声誉。另一方面，情绪意识和情绪管理可以帮助我们更好地应对工作压力，建立积极的工作关系，提高工作效率和满意度。

理解自身情绪对思维和行为的影响是一项关键的自我意识工作。情绪不仅影响我们的思维和行为，还影响我们的交流质量、人际关系和职业生活。通过深入了解自己的情绪状态，我们可以更有效地管理情绪反应，提高个人和职业生活中的交流质量，建立更加健康和有意义的人际关系，助力实现职业成功。因此，情绪意识是自我发展和成长的关键一步。

10.1.3 自我反省与持续学习

自我反省是一项深入的自我认知过程，旨在深入了解个人的行为、想法和情感。通过自我反省，我们能够审视自己的举止、决策以及与他人的互动，以更全面地理解自己。这个过程不仅有助于提高自我意识，还能够促进个人成长和发展。本部分内容将探讨自我反省的重要性，以及持续学习如何促进自我认知和个人发展的过程。

自我反省是提高自我意识的关键。自我意识是了解自己、认识自己内在需求和动机的核心组成部分。它使我们能够更清晰地认识自己的价值观、信仰和情感。自我反省是达到这一目标的有效途径，因为它鼓励我们审视自己的行为，深入思考自己的决策，以及探索自己的情感和反应。通过自我反省，我们可以更好地理解自己为什么会做出特定的选择，以及为什么会有特定的情感反应。这种深入的自我认知有助于我们更好地理解自己，指导我们的行为和决策，使其更加一致和有意义。

自我反省有助于促进个人成长和发展。在自我反思的过程中，我们不仅审视自己的成功和成就，还会反思自己的失败和挫折。这种全面的自我反思使我们能够从经验中吸取教训，发现自己的弱点和盲点，并寻找改进的机会。通过持续的反思和学习，我们可以不断提高自己的技能和情绪智慧，从而实现个人成长和发展。此外，自我反思还有助于发现新的目标和愿望，激发我们不断追求更高的目标和更大的成就。

持续学习是自我反省的自然延伸。持续学习意味着不断积累新的知识、技能和经验，以不断提高自己的能力。自我反思与持续学习紧密相连，因为前者鼓励我们从自己的经验中学习，发现改进的机会，并探索新的知识领域。通过持续学习，我们能够不断拓展自己的认知边界，探索新的兴趣和爱好，提高个人和职业生活中的竞争力。因此，自我反思和持续学习共同构成了个人成长和发展的关键路径。自我反思和持续学习也有助于提高个人的问题解决能力。通过反思过去的决策和行为，我们可以识别出哪些策略是成功的，哪些是失败的，以及反思失败原因。这种经验反馈有助于我们改进自己的问题，更好地应对未来的挑战和机会。

持续学习也为我们提供了不断改进的机会，因为它使我们能够探索新的解决方案和方法，拓展自己解决问题的工具箱。自我反思和持续学习有助于提高自己的自信心和自尊心。通过深入了解自己的行为和决策，我们可以更好地理解自己的优点和潜力。这种自我认知有助于提高自己的自信心，因为我们知道自己的价值和能力。此外，持续学习也增强了我们的自尊心，因为它使我们感到自己是不断进步和成长的。这种积极的自我认知有助于提高个人的自尊心，使其更加稳固和积极。

自我反思和持续学习是提高自我认知、促进个人成长和发展的关键路径。通过自我反思，我们能够深入了解自己的行为和情感，提高自己的自我意识。持续学习则是不断提高自己的能力和增长知识，实现个人成长和发展的途径。这两者共同构成了个人成长和发展的关键动力，帮助我们不断提高自己的问题解决能力、提升自信心和自尊心。

10.1.4 自我意识在人际关系中的作用

自我意识是一个复杂而深刻的心理过程，在人际关系中扮演着关键的角色。自我意识不仅有助于我们认识自己，还能够帮助我们理解和改善个人在人际互动中的行为模式。本部分内容将深入探讨自我意识在人际关系中的作用，以及它是如何影响我们的互动方式和关系质量的。

自我意识有助于我们认识自己。它是关于自己的自我概念，包括我们的价值观、信仰、需求和情感。通过自我意识，我们能够更清晰地了解自己是谁，以及在人际关系中扮演的角色。这种认识是建立健康、有意义人际关系的基础，因为它使我们能够更真实地表达自己，与他人建立更加真诚和深入的连接。自我意识有助于我们理解个人在人际互动中的行为模式。每个人都有自己的行为模式，这些模式可能是习惯性的、情感驱动的或是基于过去经验的。通过自我意识，我们可以审视自己的行为，并尝试理解这些模式背后的动机和情感。例如，人在面对冲突时表现出回避的行为模式，这可能源于他们的恐惧或不安；而人在挫折面前表现出愤怒，这可能是因为他们的自尊心受到了伤害。自我意识使我们更深入地理解自己的行为，以及知晓这些行为如何影响我们与他人的互动。

自我意识有助于改善人际关系。一旦我们理解了自己的行为模式和情感反应，就可以采取积极的措施来改善我们的互动方式。这可能包括学会更好地表达自己的需求和感受，以及更好地倾听和理解他人的立场。同时，自我意识使我们可以更有效地处理冲突和挑战，找到更有效的解决方案。此外，自我意识还可以帮助我们建立更健康和平衡的人际关系，因为它使我们能够更好地管理情感和反应，避免不必要的冲突和误解。

自我意识有助于提高情绪智能。情绪智能是理解和管理自己的情感，以及理解和管理他人的情感的能力。通过自我意识，我们可以更好地理解自己的情感反应，以及这些情感如何影响我们的行为和决策。这有助于我们更好地理解他人的情感反应，以及如何更好地支持和理解他们。情绪智能对建立亲密和支持性的人际关系至关重要，因为它使我们能够更好地应对情感挑战和互动中的情感冲突。

自我意识有助于提高沟通质量。沟通是人际关系的核心组成部分，而自我意识可以提高我们的沟通效果。通过自我意识，我们可以更好地控制自己的表达方式，避免不必要的情感表达和攻击性的沟通。我们还可以更好地理解他人的立场和情感反应，从而更好地回应他们的需求和关切。这有助于建立更有效和有意义的对话，提高互动质量。

自我意识在人际关系中扮演着重要的角色。它有助于我们认识自己、理解个人的行为模式、改善人际关系、提高情绪智能，以及提高沟通质量。通过自我意识，我们能够更好地理解自己和他人，建立更深入、更有意义的人际关系，以及实现更加积极和健康的互动。因此，自我意识应该被视为人际关系中不可或缺的重要因素，我们应该努力提高自己的自我意识，以建立更有益的人际关系。

10.1.5 提升自我意识的实践方法

提升自我意识是一个重要且复杂的过程，需要我们不断努力和实践，以更好地了解内在世界和外部影响。这个过程可以通过多种方法实现，这些方法可以帮助我们更深入地认识自己、改进自己，并最终达到更高的自我意识水平。以下是一些提升自我意识的实践方法。

定期自我反思是提升自我意识的重要一环。这意味着我们需要在日常生活中留出时间，来思考自己的思维、情感和行为。通过反思，我们可以更好地理解自己的动机、价值观和目标。这种自我观察的过程有助于我们发现潜在的问题，从而能够更好地应对挑战并实现个人成长。

请求他人的反馈也是提升自我意识的有效方式。我们的家人、朋友和同事可能会有不同的视角，可以帮助我们看到自己的盲点和不足。通过寻求他人的意见和建议，我们可以获得宝贵的反馈信息，从而更好地理解自己在人际关系中的表现和影响。

参与自我发展课程或活动是一种非常有益的方式，可以加深我们对自己内在世界的理解，并提升自我意识的水平。这种参与不仅为我们提供了结构化的学习环境，还让我们能够积极探索自己的思维、情感和行为，从而更好地了解自己，实现个人成长。自我发展课程和活动通常涵盖了各种主题，如情绪管理、人际关系、领导能力等等。这些主题都是自我意识的关键领域，因为它们直接影响到我们的行为和决策。通过参与这些课程，我们可以学习到各种工具和技巧，帮助我们更好地理解和管理自己。例如，在情绪管理课程中，我们可以学习到如何识别并处理各种情绪，如愤怒、焦虑和悲伤等。这些技巧可以帮助我们更好地应对压力和情绪波动，提高自己的情绪智慧。

参与自我发展课程或活动提供了与他人互动和学习的机会。在这些环境中，我们可以与其他人分享自己的经验和观点，从他们的经验中学习，也可以接受他们的反馈和建议。这种互动可以帮助我们看到自己的盲点和局限，促使我们更深入地反思和成长。与他人的交流还有助于建立更健康的人际关系，增强我们的社交能力，这也是提升自我意识的重要方法之一。

正念和情绪调节技巧也是提高自我意识的重要工具。正念是一种注重当下的自我觉察方法，它可以帮助我们更深入地感知自己的思维、情感和身体感受。通过正念练习，我们可以培养更强的自我意识，帮助我们更好地理解自己的内在世界。同时，情绪调节技巧可以帮助我们更好地理解和管理自己的情感反应，从而提高自己的情绪智慧。这些技巧可以在日常生活中发挥重要作用，帮助我们更好地处理各种情况。

提升自我意识是需要持之以恒的过程，需要不断地自我观察、反思和学习。通过定期自我反思、请求他人的反馈、参与自我发展课程或活动，以及练习正念和情绪调节技巧，我们可以逐渐提高自己的自我意识水平。这将有助于我们更好地理解自己的内在世界，提高自己的情绪智慧，从而更好地应对生活的挑战，实现个人的成长。

10.2 正直和诚实的表达

在线测试

10.2.1 诚实沟通的基本原则

诚实沟通是良好人际互动的基石。它要求人们在交流过程中始终保持真实性和透明度。我们需要坚定地表达自己的想法、感受和观点，同时确保传达的信息真实准确。诚实沟通的基本原则被视为沟通的核心因素。诚实沟通的核心在于真实性。无论是在个人生活中还是职业领域，我们都应该勇敢地表达自己的想法和感受。这并不意味着我们要毫无保留地分享一切，但是应该避免虚伪和伪装。通过诚实地表达自己，我们建立了诚信的沟通环境，这对建立强健的人际关系至关重要。

诚实沟通要求透明度，不仅要坦诚地表达自己的看法，还要确保对话内容真实准确。透明度意味着不隐瞒信息或故意误导他人。在职场中，透明度有助于建立透明的文化组织，减少误解和不信任；在个人关系中，有助于促进更深层次的理解和互相支持。诚实沟通还包括尊重他人的感受和观点。我们可以坚持自己的观点，但也要倾听他人的意见，并尊重他们的立场。这种尊重可以增强互动的积极性和建设性。诚实沟通也与有效的反馈有关。提供反馈时，我们应该坚持真实性和透明度，并以建设性方式表达，有助于他人更好地理解我们的观点，引导他们做出积极的改变。诚实沟通是建立良好人际关系和有效沟通的关键，要求坚守真实性和透明度，同时尊重他人的感受和观点。通过诚实沟通，我们可以建立信任、促进理解，创造积极的互动环境，取得更好的个人和职业成就。

10.2.2 对敏感话题坚守正直原则

在处理敏感话题时，坚守正直原则尤为关键。这意味着我们在各种情境下都应毫不动摇地表达真实的观点和感受（即使面对困难或争议）。敏感话题通常涉及社会或个人生活中具有高度争议性或情感复杂的问题，如政治、宗教、种族、性别、健康等领域。在讨论这些话题时，必须格外小心。然而，不管话题多么棘手，坚持正直原则仍然至关重要。坚持正直原则意味着我们不应该回避敏感话题。人们有时会因为害怕争议或避免引发不适而选择回避这些话题，但这种回避可能导致问题沉默化，使人们无法就关键问题进行有益的对话并解决问题。因此，即使面对敏感话题，我们也应该坚守真实观点，勇敢地参与讨论。坚守正直的原则要求我们在表达观点和感受时要谨慎。我们应该选择用合适、尊重和理性的语言来表达自己的观点；避免使用攻击性、歧视性或伤害性的言辞，而应采用建设性的方式进行交流。

坚守正直的原则是我们在日常生活中应该秉持的重要品质，不仅要求我们坚守道义，还要求我们在与他人交流和讨论时，积极倾听他人的观点（即使这些观点与我们相左）。这种尊重他人意见的态度是维护诚实沟通的重要组成部分，有助于建立更加包容和理解的社会环境，同时可以推动社会变革和进步。倾听他人的观点是一种尊重和包容的表现。世界上存在着各种各样的人和观点，每个人都有自己独特的背景、经历和价值观。尊重他人的观点意味着我们承认每个人都有权利表达自己的看法。这种尊重可以促进更加和谐和平等的社会关系，减少误解和冲突的可能性。倾听他人的观点有助于我们更好地理解不同立场的来源和背后的情感动机。当我们与他人交流并积极倾听时，我们有机会了解他们的生活经历、文化背景和个人价值观，从而更深入地理解他们为何持有某种观点。这有助于建立更加深刻和持久的关系，减少误解和偏见。通过倾听，我们也可以更好地理解社会中不同群体的需求和关切，更好地应对社会挑战和问题。

坚守正直原则，帮助我们推动改革和进步。很多重大的社会问题都与敏感话题有关，如种族平等、性别平等、气候变化等。如果我们不坚持表达真实观点，这些问题可能会被忽视或淡化，无法实现必要的改革。通过坚守正直原则，我们可以成为改善社会的推动者，促使社会更加公正和平等。当我们坚持自己的原则并勇敢地表达真实观点时，可以激发更多人参与到重要的社会议题讨论中，共同寻找解决方案。

尽管面对敏感话题时可能充满挑战，但坚守正直原则仍然至关重要。在表达自己观点时，我们应该谨慎选择言辞，尊重他人的感受，避免冒犯或伤害他人。同时，我们应该倾听他人的观点，积极参与有益的讨论，以促进更深层次的理解和共识。通过坚持这一原则，我们可以建立更加开放和包容的社会，推动社会进步。因此，坚守正直的原则不仅是一种道德要求，也是积极参与社会发展的责任和机会。

10.2.3 诚实表达对人际关系的影响

诚实的表达对人际关系具有深远的影响，有助于建立信任和增加亲密度，为关系的稳固和真诚奠定坚实的基础。尽管诚实有时可能令人感到不适，但对人际关系的健康和持久至关重要。诚实的表达有助于建立信任。信任是任何成功人际关系的核心要素。当我们诚实地向对方表达自己的想法、感受和观点时，我们展示了自己的真实性和透明度，他人能更容易相信我们，因为他们知道我们没有隐瞒或伪装。尽管信任的建立需要时间，但是诚实的表达是建立信任的第一步。亲密度是人际关系中的另一个重要因素，它涉及情感的分享和深入的交流。当我们诚实地表达自己的感受和情感时，我们展示了自己的脆弱性和真实性。这种脆弱性可以打开关系的大门，使双方更加接近。亲密度的建立需要彼此的理解和共鸣，而诚实的表达是实现这一目标的关键。

诚实的表达在解决冲突和问题时也发挥着关键的作用。冲突在生活中难以避免，但通过诚实地表达立场和需求，我们可以更好地理解对方，找到合适的解决方案，从而加强关系，避免冲突升级，最终解决问题。诚实的表达有助于解决冲突。冲突发生时，往往伴随着双方立场的碰撞。如果我们试图隐藏自己的感受或意见，冲突可能被积压和放大，导致更大的不满和误解。然而，通过坦率地表达自己的观点和情感，我们可以打破这种僵局，让对方了解我们的真实感受和需求。这种开诚布公的交流可以帮助双方更好地理解彼此的立场，并寻找解决问题的方法。例如，在工作中出现了意见分歧时，通过诚实的表达，团队成员可以共同探讨问题，找到妥协或合作的方式，从而解决冲突，维护和谐的工作环境。在人际关系中，信任是至关重要的。当我们诚实地表达自己时，展现出真实和可靠的一面，这有助于他人建立对我们的信任。他们知道我们不会隐瞒或欺骗他们，这可以加强关系的稳固性。此外，诚实的表达也可以增加亲密度，因为它打开了深层次交流的大门。当我们分享内心的感受和想法时，让对方更深入地了解我们的内心世界，这有助于建立更亲近的连接，提高人际关系的质量。

诚实的表达有助于增强自尊和自信。当我们勇敢地表达自己时，我们建立了自己的自尊心，因为我们不害怕被别人评判或拒绝。这种自尊心可以让我们更加坚定地追求自己的需求和愿望，不轻易妥协或忽视自己的感受。这种自信也会在人际关系中传播，使我们更有吸引力和影响力。当我们表现出坚定和自信时，其他人更有可能对我们的意见和建议产生兴趣，并愿意与我们交往和合作。

诚实的表达在人际关系中发挥着重要作用，它有助于解决冲突。尽管有时诚实的表达可能令人感到不适或困难，但从长远来看，它为关系的稳固和真诚奠定了坚实的基础。因此，我们应该努力培养诚实的表达能力，并将其视为维护健康人际关系和解决问题的不可或缺的一部分。通过坚持这一原则，我们可以建立更加开放和诚挚的关系，让自己和他人都受益匪浅。

10.2.4 诚实与自尊的平衡

在维持诚实的同时，我们必须谨记自尊和他人的感受，这需要我们在表达真实想法的同时，采用尊重和同情的方式进行沟通。这种平衡是构建健康人际关系的重要组成部分。诚实的表达需要我们勇敢地分享自己的想法和观点，这不仅是对自己的尊重，也是对他人的尊重。这种自尊心有助于我们建立自信，从而更好地表达自己，推动个人成长和发展。然而，我们也需要考虑他人的感受。诚实的表达并不意味着毫不顾及他人的情感。我们应该采用一种温和的方式来传达自己的观点，以避免伤害或冒犯他人。这包括选择合适的语言和语调，以及考虑到他人的背景和情境。

尊重在维护诚实与自尊的平衡方面是不可或缺的。这种平衡有助于建立健康的人际关系，促进积极的沟通。尊重不仅涉及我们对他人的观点和感受的尊重，还需要我们以包容和谦虚的态度对待他们，避免使用傲慢或轻视的语言。尊重他人的观点和感受是建立互信和积极关系的基础。当我们展现出对他人的尊重时，他们会感到被重视和理解，这有助于相互之间建立信任。信任是建立健康人际关系的关键，它为开放和诚实的沟通创造了有利条件。如果我们以傲慢或轻视的态度对待他人的观点，他们可能感到被忽视和不被尊重。这会破坏关系，导致隔阂和冲突。

同理心是在诚实表达中保持平衡的重要因素。有时，我们可能需要传达一些令人不快的观点或信息，但在这种情况下，同理心和关怀可以减轻他人的困扰。我们可以通过表达理解和支持来平衡诚实和同理心，以帮助他人更好地处理信息。例如，当需要提出批评或建议时，我们可以用关心和鼓励的方式来表达，而不是以严厉或贬低的语气。这样做可以让对方感受到我们的关怀，也能保持诚实和自尊的平衡。

平衡诚实与自尊需要练习和不断改进。每个人都可能在这方面遇到挑战，因为不同的情境和人际关系需要不同的沟通方式。然而，通过实践和反思，我们可以逐渐提高自己的能力。与他人的互动是学习和成长的过程，我们可以从中不断改善自己的沟通技巧，以实现更好的平衡。最重要的是，保持诚实的表达与尊重他人的感受之间的平衡是建立健康人际关系的关键。我们需要坚持真实性，同时要考虑到他人的情感和观点。通过尊重和同情，我们可以实现这种平衡，建立更加积极和支持的人际关系。

10.3 意识到自身的沟通风格

在线测试

10.3.1 识别个人沟通风格

识别个人沟通风格对自我意识和有效沟通至关重要。了解自己在沟通中的倾向和习惯有助于更好地理解自己，以及与他人更有效地互动。这包括识别我们是倾向于直接表达还是间接表达，是更情感驱动还是事实驱动，以及其他沟通习惯。

直接与间接的沟通风格是一个重要的区分点。直接的沟通风格意味着我们通常会直截了当地表达自己的意见和需求，而不拐弯抹角。这种风格通常被认为更坦率和直接，但有时也可能被视为过于冷漠或对情形不加考虑。间接的沟通风格意味着我们可能更倾向于含蓄地表达，使用暗示或比喻，以传达自己的观点。这种风格通常被认为更圆滑和委婉，但有时也可能导致误解或不明确。了解自己在这两种风格中的倾向可以帮助我们更好地选择适当的沟通方式，根据不同的情境和对方的需求做出调整。

情感驱动与事实驱动的沟通风格也是一个重要的区分点。情感驱动的沟通风格强调情感表达和共鸣，通常更关注情感和人际关系。这种风格可以使人感觉更亲近和易理解，但有时也可能导致情感过于显露，影响客观分析。相反，事实驱动的沟通风格更注重客观事实和逻辑，通常更直接和冷静。这种风格可以帮助解决问题和做出明智的决策，但有时也可能被视为缺乏情感或冷漠。

了解自己在这两种风格中的倾向可以帮助我们更好地适应不同的沟通需求，也可以更好地理解他人的沟通方式。此外，还有其他一些沟通习惯和特点，如口头与书面沟通的倾向、沟通的频率和风格的变化等。这些方面都可以影响我们在沟通中的表现和互动。通过自我观察和反思，我们可以更全面地认识自己的沟通风格，并不断提高自己的沟通技能。识别个人的沟通风格是提高自我意识和有效沟通的关键一步。了解自己在直接与间接、情感驱动与事实驱动等方面的倾向，可以帮助我们更好地认识自己的优势，并更好地适应不同的沟通情境和对方的需求。这种自我认识不仅有助于个人成长，也有助于建立更健康和积极的人际关系。因此，不断探索和了解自己的沟通风格很有必要。

10.3.2 适应不同沟通风格的技巧

适应不同的沟通风格是建立强大人际关系和实现有效沟通的关键。这需要我们具备一系列技巧，使我们能够灵活地调整自己的沟通方式，以更好地与不同沟通风格的人交流，从而增强沟通的效果。了解对方的沟通风格是适应的第一步。我们可以通过观察对方的言辞和行为，以及倾听他们的语气和语调来判断他们的沟通风格。有些人喜欢直接、坦率的沟通方式，有些人则倾向于圆滑、委婉的表达方式；有些人注重情感和共鸣，有些人则关注客观事实和逻辑。通过观察和倾听，我们可以更好地理解对方的沟通倾向。采用灵活的沟通方式是适应不同沟通风格的关键。这意味着我们需要根据对方的风格来选择合适的沟通方式。如果对方倾向于直接的沟通，我们可以采用更明确和坦率的表达方式；如果对方倾向于间接的沟通，我们可以更圆滑和委婉地表达自己的观点；如果对方关注情感，我们可以表达共鸣和关怀；如果对方关注事实，我们可以提供客观的数据和逻辑。

倾听和理解对方的观点和需求是一项关键的社交技能，对建立健康而积极的人际关系至关重要。不同的人拥有不同的沟通风格，这些风格反映了他们的价值观、经验和个性特点。因此，适应不同的沟通风格并有效地倾听和理解对方，是建立互信、共鸣和良好关系的基础。倾听对方的观点和需求是建立互信的关键。当我们真诚地倾听并试图理解对方时，对方会感到被重视和被尊重。这种尊重对建立信任十分关键，因为人们倾向于信任那些尊重他们的人。倾听有助于我们与他人建立更深入的联系，因为对方知道我们愿意倾听他们的声音，关心他们的想法和感受。这种信任和联系是积极关系的核心。倾听和理解对方的情感和需求同样重要。沟通不仅是传递信息，还涉及情感和表达。每个人都有自己的情感需求，有时候他们只是希望有人倾听他们的情感，理解他们的感受。通过倾听和回应对方的情感，我们可以建立更深层次的共鸣和亲近感，这有助于加强关系，让对方感受到支持和理解。

适应不同的沟通风格需要灵活应对不同的情境和沟通目的。不同的情境下，人们可能表现出不同的沟通风格，不同的沟通目的也可能需要不同的沟通策略。例如，如果我们的目的是解决问题，那么注重事实和逻辑的沟通方式可能更有效；如果我们的目的是建立亲近关系，那么情感导向的沟通方式可能更合适。

最重要的是，适应不同沟通风格需要不断地练习和改进。每个人都有自己独特的沟通风格，了解和尊重他人的风格是一项长期的学习过程。我们可以通过观察和反思自己的沟通方式，以及与他人的互动，不断提高自己的沟通技能。通过这种方式，我们可以建立更稳固的人际关系，实现更有效的沟通，从而取得更好的个人和职业成就。

适应不同的沟通风格是一项重要的社交技能，有助于建立健康、积极和互信的人际关系。适应不同沟通风格的关键技巧及其应用见表 10-1。倾听和理解对方的观点和需求是建立互信和共鸣的关键，也有助于满足对方情感需求。灵活应对不同情境和沟通目的，并不断提高自己的沟通技能，是实现有效沟通和成功人际互动的关键。通过适应不同的沟通风格，我们可以建立更加深入和富有意义的关系。

表 10-1　适应不同沟通风格的关键技巧及其应用

技巧类型	技巧描述	目的/应用
了解对方的沟通风格	观察和倾听对方的言辞、行为、语气和语调	更好地理解对方的沟通倾向，并做出有效的调整
采用灵活的沟通方式	根据对方的风格选择合适的沟通方式（直接或间接，情感或事实导向）	提升沟通效果，减少误解
倾听和理解	真诚地倾听对方的观点和需求，理解情感和情感需求	建立互信、共鸣和良好关系
灵活应对不同情境和沟通目的	调整沟通策略以适应不同的情境和沟通目的	实现特定沟通目的，如解决问题、建立关系
持续练习和改进	观察和反思自己的沟通方式，并在与他人的互动中持续提升	建立更稳固的人际关系，提升个人和职业成就

10.3.3　沟通风格与冲突处理

个人的沟通风格在冲突处理中起着举足轻重的作用。面对不同的沟通风格可能需要不同的冲突处理方式。识别和适应这些风格可以帮助更有效地解决冲突，避免误解和不必要的矛盾。了解对方的沟通风格有助于更好地理解他们在冲突中的行为和反应。在冲突中，一些人更倾向于直接表达观点和需求，而另一些人可能更倾向于避免冲突或使用委婉的语言。了解对方的沟通风格有助于我们更好地理解他们的立场和意图，从而减少误解和偏见。适应对方的沟通风格可以增强冲突处理的有效性。如果我们发现对方更喜欢直接沟通，那么回应时可以采用类似的风格，以更有效地交流解决问题。相反，如果对方更倾向于委婉或间接的沟通方式，我们可以更加耐心和表达理解，不要强求直接的回应。适应对方的沟通风格有助于降低冲突升级的风险，促进建设性对话。

沟通风格也与冲突处理策略之间存在关联。例如，情感驱动的人可能倾向于在冲突中表达自己的情感和需求。在这种情况下，适宜的冲突处理策略可能包括倾听和引起共鸣，以满足他们的情感需求。相反，事实驱动的人可能关注客观事实和逻辑。在这种情况下，适宜的冲突处理策略可能涉及提供事实和数据，以支持自己的观点。因此，了解对方的沟通风格有助于选择最合适的冲突处理策略。最重要的是，适应不同的沟通风格可以促进更深层次的理解和共鸣。当我们尊重和适应对方的沟通方式时，对方更有可能感到被听见和被理解。这可以降低冲突的紧张程度，制造建设性的对话和解决问题的机会。适应对方的沟通风格有助于建立互信和增加亲近感，从而更好地应对冲突。

个人的沟通风格在冲突处理中扮演着重要角色。识别和适应不同的沟通风格可以帮助更有效地解决冲突，减少误解和不必要的矛盾。适应对方的沟通方式，选择合适的冲突处理策略，以及建立深层次的理解和共鸣都是成功处理冲突的关键要素。

10.3.4　沟通风格对团队工作中的影响

团队工作中，不同成员的沟通风格可能对团队的协作和效率产生深远影响。了解团队内不同成员的沟通风格不仅有助于提高团队沟通的效率，还能增强团队的凝聚力和协作能力。了解不同成员的沟通风格可以促进更好的信息流动。团队中的成员通常具有各种各样的沟通习惯和倾向。了解团队成员的沟通风格有助于确保信息能够以适合每个人的方式传达和接收。这可以减少信息传递的误解和混淆，提高团队的工作效率。了解团队成员的沟通风格有助于更好地分配任务和角色。不同的沟通风格可能反映了不同的技能和能力。了解这些差异有助于团队领导者更好地分配任务和角色，以充分发挥每个成员的优势，提高团队的整体绩效。

了解团队成员的沟通风格有助于增强团队的凝聚力和信任。当团队成员感受到其沟通风格被尊重和理解时，他们会感到被接纳和信任。这可以促进更积极的合作和更良好的人际关系，从而增强团队的凝聚力和协作能力。团队成员之间的信任和理解是团队成功的关键因素之一，而了解沟通风格是建立这种信任的一种方式。了解团队成员的沟通风格有助于更好地应对冲突和挑战。在团队工作中，冲突是难以避免的，但了解成员的沟通风格可以帮助团队更好地处理冲突。不同的沟通风格可能导致不同的冲突处理策略，一些成员可能更愿意直接解决问题，而另一些成员可能更愿意通过间接方式解决问题。了解这些差异可以帮助团队找到最合适的冲突解决方法，从而保持团队的和谐和稳定。

10.4 案例解析

沟通类型调查表

得克萨斯大学管理学院教授Don Hellriegel

针对以下20个问题，请按照每题下方的A、B、C、D 4个选项，根据最符合你性格的顺序进行排序，即1表示最符合（得1分），2表示较符合（得2分），3表示稍微符合（得3分），4表示不太符合（得4分）。

（1）我通常喜欢与哪种性格的人交谈？

□ A. 令人愉快或节奏快的人

□ B. 知识丰富或逻辑性强的人

□ C. 友好或真诚的人

□ D. 聪明或有效率的人

（2）最能激发我动力的因素是：

□ A. 赢得挑战或权利

□ B. 获得声望或奖品

□ C. 拥有安全感或快乐的家庭生活

□ D. 实现个人的价值和目标

（3）我试图说服他人通常采用的方式是：

□ A. 依据逻辑或事实说服

□ B. 凭借热情来说服

□ C. 强制或直接要求他人接受自己的观点

□ D. 靠诚实或对他人需求的敏锐度来说服

（4）在我同意采取行动之前，我所考虑的是：

□ A. 投入的时间、金钱、精力和个人利益的回报

□ B. 是否会涉及不可预知的变化，从而影响我当前的职位

□ C. 是否有足够的资料和数据预示成功的可能性

□ D. 是否会涉及新的、令人激动的体验或项目

（5）当人们第一次见到我的时候，可能会认为我：

☐ A. 冲动或健谈

☐ B. 谨慎或有所保留

☐ C. 谦虚或保守

☐ D. 野心勃勃或直截了当

（6）在做重要决定时，我会：

☐ A. 力求稳妥，尽可能地收集资料

☐ B. 快速行动，相信直觉和本能

☐ C. 确保采用自己的方式，哪怕可能会有很大的风险

☐ D. 行动较慢但彻底，尽可能争取他人的支持

（7）当给人指导时，我会：

☐ A. 采用大量的身体语言，并努力让其他人参与

☐ B. 直接提取要点，但有时太简单或不够耐心，导致不能完整传达信息

☐ C. 准备充分、耐心、善解人意，但有时不能分辨信息的重要程度

☐ D. 准确、精确、有条理，但有时过度纠结而使事情变得更复杂

（8）我知道自己完成了一项很好的工作，当：

☐ A. 财务结果显示良好时

☐ B. 我被赋予更多的责任和困难的任务时

☐ C. 我收到老板或同事的表扬或积极反馈时

☐ D. 我付出的努力得到他人的注意和认可时

（9）有时，人们告诉我，我不应总是：

☐ A. 对任何事情持怀疑态度

☐ B. 有过分的要求

☐ C. 以自己的方式行事

☐ D. 遵循原则而不注意细节

（10）我希望我的上司是这样的：

☐ A. 给我尽可能多的自由和灵活时间

☐ B. 给我尽可能清晰、具体的工作指导

☐ C. 给我尽可能多的知识和信息

☐ D. 给我尽可能多的激励

（11）在工作上，我最大的担心是：

☐ A. 不能完成目标

☐ B. 做错事并受到批评

☐ C. 被拒绝或对自己的了解不够

☐ D. 突发性的事情，没有安全感

（12）当我与人交谈时，有时会失去耐心，并被激怒，因为：

☐ A. 对事情发生的原因做肤浅或没有逻辑性的解释

☐ B. 对方抓不住重点

☐ C. 让人觉得无聊或没有意义

☐ D. 对方没有认真听或不在意我说的话

（13）当他人对我的观点提出挑战时，我的反应是：

☐ A. 感觉很不舒服，有时会迅速妥协以避免冲突

☐ B. 喜欢迎接挑战，并投入辩论，希望能赢得胜利

☐ C. 尝试以平和的方式证明我是正确的，他人是错误的

☐ D. 在辩论中表现出激情但是相信我有能力说服他人，也接受被他人说服的可能

（14）当工作任务太重的时候，我会：

☐ A. 尽可能委托任务，因为我有能力说服他人帮助我完成任务

☐ B. 告诉他人尽量避免委托任务，因为很多重要的细节可能会被忽略

☐ C. 加倍工作，尽量避免委托任务，因为很多重要的细节可能会被忽略

☐ D. 尽量将自己的工作组织和计划好，只将任务委托给真正相信的人

（15）在下列哪种环境中，我感觉到压力很大：

☐ A. 我有很多工作要做，不得不完全改变工作计划

☐ B. 我有很多工作要做，担心会影响我的工作质量

☐ C. 我的工作微不足道，对我的老板、公司毫无重要性可言

☐ D. 我几乎无事可做，没有任何进步

(16) 当我不同意他人时，我会：

☐ A. 平静而有条理地和他人辩论

☐ B. 挑战他人的观点并试图改变其想法

☐ C. 仔细聆听他人的意见，但尽力避免冲突

☐ D. 推荐自己的观点，运用个人魅力和热情说服他人

(17) 如果他人让我失望，我通常会：

☐ A. 即使心里很受伤，也不会表现出来，而是通过暗示表达自己的不满

☐ B. 坦率表达我的气愤和失望

☐ C. 并不感到惊讶，因为我通常不寄望他人会为我做什么

☐ D. 冷静避免冲突，但不会忘记他人的不公平对待

(18) 当一切都不顺利时，我会尝试：

☐ A. 坚持最主要的目标，先完成最基本、最重要的部分

☐ B. 暂停下来，并且经常征求他人的意见

☐ C. 系统地、有条理地分析错误并找出原因

☐ D. 积极看待问题，并始终乐观地相信问题会得到解决

(19) 我会对自己很失望，当我：

☐ A. 忽略了一些相关事实，没有认真分析重要信息

☐ B. 给他人带来负面影响或让他人失望

☐ C. 错过新的、激动人心的机会，并发现为时已晚

☐ D. 没有完成个人目标相关的任务

(20) 在必须进行选择的情况下，我会选择：

☐ A. 权利，而不是大众的认可

☐ B. 隐私，而不是曝光

☐ C. 大众的认可，而不是权威

□ D. 安全而不是挑战

沟通类型调查评分表

题号	选项A	得分	选项B	得分	选项C	得分	选项D	得分
1	I		C		S		D	
2	D		I		S		C	
3	C		I		D		S	
4	D		S		C		I	
5	I		C		S		D	
6	C		I		D		S	
7	I		D		S		C	
8	D		S		I		C	
9	S		D		I		C	
10	D		C		S		I	

说明：D：Dominance（支配性）、I：Influence（影响性）、S：Steadiness（稳定性）、C：Compliance（服从性）

总分：

D:

I:

S:

C:

续表

题号	选项A	得分	选项B	得分	选项C	得分	选项D	得分
11	D		C		I		S	
12	C		D		I		S	
13	S		D		C		I	
14	I		D		C		S	
15	S		C		I		D	
16	C		D		S		I	
17	I		D		C		S	
18	D		S		C		I	
19	C		S		I		D	
20	D		C		I		S	

总分:

D:

I:

S:

C:

现在，请将您前 10 题各项的总分用实线标注到以下的剖面图中，再将后 10 题各项的总分用虚线标注到以下的剖面图中。

续表

D		I	S	C
14				14
15				15
16				16
17				17
18				18
19				19
20				20
21				21
22				22
23				23
24				24
25				25
26				26
27				27
28				28
29				29
30				30
31				31
32				32
33				33
34				34
35				35

DISC沟通类型分析评价表

	D型 支配型、力量型特质	**I型** 影响型特质	**S型** 平和型特质	**C型** 完美型特质
个性	1. 具有强势、好胜的特质，富有进取心，但可能表现出脾气急躁、黑白分明的特点。喜欢挑战权威，偏执固执，不太听取他人意见，有时显得刚愎自用。具备强烈的权力欲望和天生的领导才能，重视面子，易受到他人激将法影响，偶尔缺乏耐心。 2. 支配欲强的人有自己的独立思考，渴望成功，擅长让他人按照自己的方式行事。他们能全面考量情况，并根据情况决定行动，以满足个人需求。在控场方面，他们可能采取直接而有压迫性的方式，但面临不利局面时，也能有效压制异议声音。工作时，这样的人通常像生意人一样忙碌、正式、高效、有组织、注重功能性。 3. 具备果断、反应迅速特质的人，善言辞，言辞尖锐，注重事实和结果。他们自我意识强，常常成为组织中的领导者，因为他们富有竞争意识，喜欢推动变革，不喜欢现状。他们是行动派，追求直接答案，喜欢立即看到结果	1. 爱说话、喜交际，嬉皮笑脸，富有趣味性，易冲动，善于表达和沟通，容易兴奋，擅长与人互动，心地纯真，易相信他人，具有强大的亲和力，注重承诺，重视面子，“大错不犯，小错不断”。不太喜欢过于注重细节的事情。 2. 具有强大的沟通能力，并对自己的社交技巧充满自信。为了满足需求，强影响力的个体会先与他人建立联系，说服他们合作，以团队的方式实现预期目标。性格乐观，大多数情况下将其视为有利条件，与D型的敏感行为不同，他们渴望认识他人并赢得他人的认可，通常具有说服他人合作的能力。他们自我意识强烈，口才出众，但与D型相比，I型个体更加圆滑，对他人的感觉更为敏感。他们非常外向，以人为本，同时重视人际关系。他们喜欢与人交往频繁的环境，因为他们随时都能结交新朋友。 3. 热衷于款待他人，享受美食和社交氛围。这类人追求时尚，喜欢自由和物质享受。他们所处的工作环境友好、个性化且富有创造力。在工作中，步调敏捷且富有灵感，除非他们需要他人的认可，否则通常会忽略细节，显得有些杂乱无章。他们天生乐观，但滥用这一特质的缺点之一是对所有人都过于信任，对他人的话听之任之，会有选择性地倾听符合自己期望或希望听到的内容	1. 偏向于稳重和谨慎，行事低调，不喜欢引人注目。对待他人的请求态度友好，不太愿意拒绝，条理性强，能很好地安排工作。心态平和，举止温和，给人一种与世无争的感觉。喜欢安全稳定的环境，做事踏实，不急功近利。更倾向于考虑现实情况，对未来没有太大的期望。喜欢倾听别人说话，只有在谈论自己专业领域时才会较多发表意见，而且更希望不被打断。这样的人适合在团队中发挥自己的能力，是可以信赖的伙伴。 2. 稳健性使他成为许多组织中的“黄金成员”，因为他不仅忠诚，而且可靠。喜欢按部就班地思考问题，为实现目标而努力。偏好稳定和可预测的环境，如果需要变化，希望能提前知情。重视长期的工作关系，注重服务，耐心、善良，是擅长倾听并且关心他人感受和问题的人，尤其在专业领域中扮演幕僚的角色。通常很谦逊，在开始阶段往往不会直接表达自己的看法。不过，一旦认定了某事，并下定决心，他们也会非常坚持。如果想说服他们改变想法，最好提供充分的证据。在推动他们改变之前，给他们重新思考的时间和空间。 3. 在工作中他们更倾向于穿着轻松舒适的服装，喜欢个性化、友好、非正式的工作环境。他们偏好一贯、缓慢和简单的方法，并有长期专注的能力，使他们能够稳健地完成工作。如果第二特征是支配性，他们可能更注重目标导向，并且直言不讳；如果第二特征是服从性，他们可能会反复询问“你怎么知道这是对的？”。在冒险之前，他们需要充分的证据和信息	1. 重视实际，喜欢按规章办事，不讲情面，言语简洁，追求完美主义。行为上常表现得慢条斯理，喜欢钻研细节，对每个细节都追求准确，做事有条理性，遵守法规，实事求是，不过多幻想美好未来。热衷于阅读书面资料，以便有更多的时间深思熟虑各个细节。 2. 忠于职守，谨慎行事，遵守他人规定。他们与I型人格有明显区别，他们天生精确有序。由于思路清晰，只需明确正确方向即可获得动力，因此喜欢秩序和规则。 3. 对自己和下属要求严格，重视纪律，追求细节严谨和高标准，任何工作都追求完美。在职业层面上，他们往往是杰出的会计师、程序设计师和神经外科医生

续表

	D型 支配型、力量型特质	I型 影响型特质	S型 平和型特质	C型 完美型特质
表现	经常打断别人说话，甚至在电话中打断对方；常常忙碌，有很多事情需要处理；有时候显得有些直接；更倾向于单向传达而非双向沟通；表达观点时倾向于强调自己的观点是不容置疑的事实；直率，言辞直接	充满激情、坦率且友善；能够充分肯定他人的观点；注重事物的积极方面；倾向于以推销和鼓励的方式进行沟通；喜欢表达想法，但不喜欢细枝末节；避免触及尴尬话题；擅长给予建设性的反馈	谨慎行事，通常以单向沟通的形式，边听边点头；只有被询问时才会回答；言语平静有序，喜欢谈论自己熟悉的话题	做事有条不紊，注重细节，彬彬有礼，喜欢分析问题的因果关系，倾向书面沟通，谨慎表达不同观点，善于处理细节但可能忽略关键点，对抽象问题和个人看法不感兴趣，遵循规划行事而非强行指挥
沟通方法	在与他人沟通时，直言不讳；如果有不同意见，提供替代方案；确保对方得以胜出，顾及其面子；及时给予反馈；专注于讨论主题；展现出与对方交谈的兴趣。在谈论产能、功能、期限、成本等方面，聚焦于对方感兴趣的话题	保持积极正面的沟通氛围，鼓励他表达自己的想法，展现热情和关怀，留意他的感受，使用有趣、幽默的语言，着眼于伟大的远景	有逻辑次序地进行，以便清晰地表达观点和信息；问特定问题，以发现他真正的需求，确保沟通有效和有针对性；提供先例，以降低不确定感，让他对解决方案有更高的信心；坚定正义原则，确保处理事务公平公正；创造安全可靠稳妥的环境，让他感到舒适和信任；给他家的感觉，让他感受到温暖和亲切；当他是自己人，以建立亲近感和合作意愿	注意倾听他们的言辞；以冷静谨慎的态度回答问题；在沟通之前准备好所有相关信息；语速缓慢，重点突出；识别关键词，避免跑题；准确表述事实和细节；确保信息完整全面。以“挑剔”的眼光审视产品，渴望超越竞争对手
优点	具有强烈的进取心，同时有强烈的好胜心；喜欢挑战权威，不畏惧强权；勇于承担具有挑战性的工作与任务；喜欢享受工作带来的成就感；凡事自发主动，不需要别人催促；有积极性，对自己的未来规划很现实，也很明确；设定的目标总是相当严格；是一个非常主动争取的人，而且常常希望出头，也很容易获得别人的信任，是个天生的领导者	具有天生的亲和力和出色的口才；反应敏捷，富有创新意识，善于交友，能随机应变；乐观向上，总能成为人群的焦点，是大家的快乐源泉和智囊；热情洋溢，善于传递正能量；随时乐意接受新事物，并能迅速感染他人；在决策时果断坚决	安分守己，具备忍耐力和承受能力；做事细致，追求有序进行；踏实务实，保持内心平和，不嫉妒他人；性格善良，尊重传统，对待他人有礼；热爱团队合作，乐于助人；对专业领域深入钻研，是出色的导向者；注重计划执行，全面把控工作进程	专注、独立、专业、客观、按规定办事，不偏袒权力，具有强烈的忠诚度，对组织和各项规范忠诚；处理事务时不受情感影响，能严格执行规则，追求完美；能持续长时间从事工作或职责，不渴望过多地凸显个人

续表

	D 型 支配型、力量型特质	I 型 影响型特质	S 型 平和型特质	C 型 完美型特质
缺点	言辞直接，可能会伤人；喜欢冒险；有时刚愎自用；缺乏耐心。在表达意见时可能过于强势，给人一种强势专断的感觉	对各种事物都感兴趣，样样都懂一点儿、样样都想尝试，这可能导致难以精通某一专业领域；有时缺乏耐心，情绪波动较大；不太善于拒绝他人的请求；过于注重面子，容易相信他人；感情用事，有时会有些粗心大意	缺乏适应变化的能力，只能适应熟悉的环境；不善于表现自己，对自己缺乏信心	优柔寡断，难以明确重点；在人际交往方面有一些挑战，过于关注细节；口才表达需要进一步提升

建立个人沟通能力成长档案：

记录每周的沟通观念和行为，并分析失败的原因，以培养良好的沟通行为和习惯。

11 职场沟通的策略与技巧

11.1 职场文化与沟通风格

在线测试

11.1.1 理解不同职场文化的沟通特点

职场中，各组织之间存在着多样的沟通文化，这些文化特点对工作环境的有效沟通至关重要。了解不同职场文化的沟通特点有助于我们更好地适应不同的工作环境，建立强大的职场关系，提高工作效率。

不同职场文化在沟通上的一个重要特点是正式与非正式。一些组织注重正式的沟通方式，要求员工在与上级、同事或客户交流时使用正式的语言和礼仪。这种文化强调尊重和专业性，通常包括正式的会议和书面沟通。另一些组织则更倾向于非正式的沟通方式，鼓励员工轻松自由地交流，强调开放性和灵活性，通常包括非正式讨论和即时消息通信。了解组织的正式与非正式沟通文化有助于我们在不同情境下选择适当的沟通方式，与组织的价值观和期望保持一致。直接与间接的沟通方式也是不同职场文化的一个显著特点。一部分组织更倾向于直接沟通，鼓励员工坦率地表达自己的意见和需求，强调解决问题和明确性。这种文化通常包括开放的反馈和直接的解决问题方法。另一部分组织则倾向于间接沟通，员工喜欢使用比喻、暗示或非言语符号来表达观点，强调非言语交流和情感表达。了解组织的直接与间接沟通文化有助于我们更好地与同事和领导进行沟通，减少误解和冲突。

另一个重要的沟通特点是信息的传递速度。一些组织更倾向于快速的信息传递，强调及时性和效率，通常包括迅速的决策和紧急的任务完成。另一些组织则倾向于慢节奏的信息传递，注重深思熟虑和充分地讨论问题，通常包括较长时间的决策过程和更详细的计划。了解组织的信息传递速度有助于我们更好地适应工作节奏，提高工作的效率和质量。不同职场文化对沟通的敏感度有所不同。一部分组织注重人际关系和情感表达，强调团队合作和亲密性，通常包括关怀和支持的言行举止。另一部分组织则注重事实和客观性，强调任务完成和结果导向，通常包括更严格的目标设定和绩效评估。了解组织的沟通敏锐度有助于我们更好地满足领导和同事的期望，建立积极职场关系。

了解正式与非正式、直接与间接、信息传递速度和沟通敏锐度等方面的文化特点有助于我们更好地适应不同的工作环境，提高工作效率，建立更稳固的职场关系。

11.1.2 适应组织的沟通风格

每个组织都有其独特的文化和沟通方式，了解并适应这些方式可以帮助我们更好地融入组织，建立更强大的职业关系，以及提高工作效率。适应组织的沟通风格包括学习使用特定的术语和行业术语。不同的组织可能使用不同的专业术语来描述他们的业务和工作流程。为了与同事和上级更好地交流，我们需要学习和掌握这些术语，以保证沟通能够清晰明了地表达我们的想法和观点。这有助于我们在组织内建立专业声誉，展示我们的专业能力，从而提高在组织中的信任和价值。适应组织的沟通风格还包括调整语气和风格以符合组织的预期。不同组织可能对语气、口吻和风格有不同的偏好。一些组织注重正式和专业的沟通，要求员工在与上级和客户交流时使用正式的语言和礼仪。另一些组织可能更倾向于非正式和轻松的沟通方式，鼓励员工之间更自由地交流。了解组织的偏好并调整我们的语气和风格，有助于我们更好地融入组织文化，提升沟通的效果。

适应组织的沟通风格还包括了解组织内部的沟通渠道和流程（图 11-1）。不同的组织可能使用不同的工具和平台来进行内部和外部沟通，如电子邮件、即时消息、会议等。了解并熟练使用这些工具可以帮助我们更好地参与组织的沟通流程，确保信息及时传达和被接收。此外，了解组织的会议文化和决策过程也是适应组织沟通风格的重要组成部分。知道何时应该参加会议、如何提供反馈意见以及如何参与决策过程，都有助于我们更好地融入组织，并对工作产生积极影响。

最重要的是，适应组织的沟通风格需要积极倾听和学习。我们应该倾听同事、上级和组织文化的反馈，以了解他们的期望和偏好。不断学习和调整自己的沟通方式，以适应组织的需求和要求，是一个持续的过程。通过积极倾听和学习，我们可以不断改进自己的沟通技巧，提高在组织中的职业表现力。

适应组织的沟通风格是职场成功的关键之一。这包括学习使用特定的术语、调整语气和风格以符合组织的预期，了解组织的沟通渠道和流程，以及积极倾听和学习。通过适应组织的沟通方式，我们可以更好地融入组织文化，提高工作效率，建立更稳固的职业关系，从而取得更好的职业成就。适应组织的沟通风格是一个积极主动的行为，可以为我们在职场中的成功铺平道路。

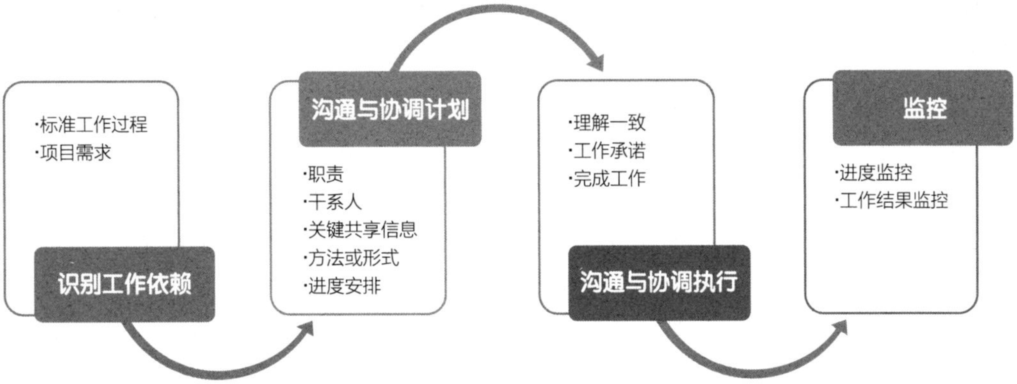

图 11-1　组织沟通路径

11.1.3　权力结构与沟通策略

在职场中，权力结构是一个不可忽视的因素，对沟通策略产生显著影响。了解如何与不同级别的同事沟通，尤其是在向上沟通时，对维护良好的职场关系和取得成功至关重要。

首先，我们需要明确组织中不同层次的职位和权力分配。通常，组织的权力结构可以分为高层管理层、中层管理层和基层员工。高层管理层通常拥有最高的权力和决策权，他们负责制定组织的战略和政策。中层管理层在高层管理层和基层员工之间扮演桥梁的角色，负责实施战略并传达指示。基层员工通常执行具体任务和项目。了解这种权力结构可以帮助我们更好地理解组织内部的决策过程和权责关系，从而指导我们的沟通策略。与不同级别的同事沟通时，需要考虑他们的角色和职责。向上沟通，即与上级沟通，通常需要更加谨慎和明智。与高层管理层或中层管理层沟通时，我们应该确保信息清晰、简洁，并强调与组织目标的相关性。我们需要明确自己的立场和观点，但要以尊重和谦逊的方式表达，避免过于直接或挑战性的言辞。

此外，了解上级的偏好和风格也很重要。有的上级喜欢定期报告和正式的会议，有的则喜欢非正式的讨论和即时反馈。适应上级的风格可以帮助我们更好地与他们建立关系，实现有效的向上沟通。与同级或基层员工沟通时，可以更加直接和开放。在这种情况下，我们可以更自由地分享想法和建议，促进团队合作和问题解决。然而，即使在与同级或基层员工沟通时，也要保持尊重和礼貌，以建立积极的职场关系。

另一个重要的考虑因素是职场文化和组织价值观。不同的组织可能有不同的文化和价值观，这些因素也会影响沟通策略。一些组织开放和平等，鼓励员工与不同层次的同事自由交流；另一些组织则层级化和正式，要求员工遵循特定的沟通流程和规定。

了解组织的文化和价值观，以及它们如何影响沟通方式，对选择合适的沟通策略至关重要。

建立积极的职场关系也需要注意个人品质和沟通技巧。不论与谁进行沟通，尊重和礼貌是任何沟通的基本原则。有效的倾听和理解他人的观点也是建立关系的关键。通过积极的沟通和合作，我们可以建立信任和共鸣，不仅在与上下级的沟通中，也在与同级和基层员工的互动中。权力结构在职场中对沟通策略产生重要影响。了解组织的权力结构、考虑不同级别同事的角色和职责、适应职场文化和组织价值观，以及注意个人品质和沟通技巧，都有助于维护良好的职场关系，提高工作效率，取得成功。有效的沟通是职场中成功的基石之一。通过理解权力结构和相应的沟通策略，我们可以更好地应对不同的职场挑战，实现职业成就。

11.1.4 跨部门沟通的挑战

跨部门沟通在现代职场中是一项尤为重要的任务，但它常常面临各种挑战。这些挑战包括不同部门之间目标和优先级的不一致。为了实现有效的跨部门沟通，必须采取措施应对这些挑战。不同部门通常有各自的任务和职责，其目标和优先级可能因其职能和职位而异。例如，市场部门的主要目标可能是增加销售额，而研发部门的主要目标可能是开发新产品。这种差异可能导致跨部门沟通中的冲突。为了应对此类情况，部门人员需要明确共同的目标和价值观，以保证所有部门都朝着同一个方向努力。这可以通过制订共同的战略计划和目标，以及定期的跨部门协作会议来实现。通过共享信息和资源，不同部门可以更好地协调工作，以实现共同的目标。跨部门沟通还可能受到信息不对称的问题影响。不同部门可能拥有不同的信息和数据，这可能导致误解和不一致。为应对此类挑战，需要建立透明的沟通渠道，保证信息畅通流动。这可以通过定期的信息共享会议、跨部门团队的建立以及使用共享的项目管理工具来实现。通过共享信息和数据，不同部门可以更好地理解彼此的需求和挑战，从而更有效地协作。

另一个跨部门沟通的挑战是不同部门之间的文化差异。不同部门可能具有不同的文化和工作风格，导致沟通障碍。例如，市场部门可能更注重客户关系和销售技巧，而财务部门可能更注重数据分析和风险管理。为应对此类挑战，部门间需要建立共同的文化，鼓励尊重和理解不同部门的工作方式。这可以通过跨部门培训和团队建设活动来实现，以促进团队合作和文化融合。跨部门沟通还可能受到组织结构的制约。一些组织可能具有复杂的层级结构，导致信息传递缓慢和决策困难。为了应对此类挑战，需要考虑重新组织或简化组织结构，以提高沟通的效率。此外，可以采用跨部门团队和项目管理方法，以减少决策层次，加快信息传递，并促进快速反应。通过重新评估组织结构和采用灵活的工作方法，可以更好地应对跨部门沟通的挑战。

跨部门沟通是现代职场中不可或缺的一部分，但它可能面临各种挑战。了解不同部门的目标和优先级、解决信息不对称问题、克服文化差异，以及重新评估组织结构，都是有效应对此类挑战的方法。通过建立透明的沟通渠道和促进跨部门协作，可以实现更有效的跨部门沟通，从而提高工作效率和组织的绩效。跨部门沟通的成功不仅有助于实现组织的共同目标，还有助于维护良好的职场关系和团队合作。

11.1.5 职场中的非正式沟通网络

职场中的非正式沟通网络，通常表现为茶水间的聊天、午餐时的对话或简单的闲聊，在职场生活中扮演着非常重要的角色。这些看似不起眼的非正式沟通，实际上在工作环境中发挥了不可或缺的作用。它们有助于建立工作关系，获取非正式信息，有时甚至对决策过程产生重要影响。我们将探讨职场中的非正式沟通网络的重要性及其有效利用的方法。

职场中的非正式沟通网络有助于建立工作关系。正式会议和项目合作虽然是建立职业关系的重要部分，但非正式的社交互动同样不可或缺。通过与同事非正式的轻松聊天，我们有机会更好地了解他们的兴趣、价值观和个性特点。这种了解有助于建立更加深入和真实的联系，从而增进合作和互信。在职场中，强大的人际关系网络可以为我们提供支持、合作机会和职业建议，这对事业成功至关重要。非正式沟通网络提供了获取非正式信息的渠道。正式信息通常通过正式渠道传达，如电子邮件、会议和报告。然而，一些关键信息可能无法通过这些渠道获得，或者需要更多的背景信息和上下文来理解。在这种情况下，非正式沟通网络可以发挥作用。同事之间的闲谈和讨论可能包含有关组织内部动态和发展的重要线索。通过参与这些非正式对话，我们可以获取内部信息，了解关键变化和趋势，从而更好地准备自己，做出明智的决策。

非正式沟通网络的另一个重要方面是对决策过程的影响。在正式决策流程之外，一些关键决策可能受到同事之间非正式讨论和建议的影响。领导和同事可能会在非正式的场合中分享他们的观点和想法，这些观点可能会被考虑到决策中。因此，积极参与非正式沟通网络可以让我们的声音被听到，影响组织的方向和决策。

然而，要充分利用职场中的非正式沟通网络，我们需要注意一些关键因素。首先，在非正式沟通中保持尊重和礼貌。尽管是非正式的场合，但我们仍然需要遵守基本的职业礼仪，避免冒犯或伤害同事的感情。其次，谨慎处理敏感信息。在非正式的对话中，有时候可能涉及敏感或机密的信息，我们需要谨慎处理，确保不泄露机密信息或引发不必要的问题。最后，平衡正式和非正式沟通。虽然非正式沟通网络很重要，但不应忽视正式的工作和任务。要确保在非正式沟通和正式工作之间取得平衡，以保持工作的高质量和高效率。

职场中的非正式沟通网络在建立工作关系、获取非正式信息和影响决策过程方面发挥着重要作用。通过积极参与这些非正式交流，我们可以更好地融入组织文化，获取有关组织内部动态的信息，并创造机会让自己的声音被听到。然而，我们需要谨慎处理这些机会，以确保在非正式沟通中保持尊重和谨慎，同时不忽视正式工作的重要性。通过正确利用职场中的非正式沟通网络，我们可以增加职业发展的机会，建立更强大的职业关系，实现个人和组织的成功。

11.2 沟通在职业发展中的作用

在线测试

11.2.1 建立专业形象的沟通技巧

在职场中，建立专业形象是取得成功的关键之一，而沟通技巧是影响个人专业形象的核心要素之一。本部分内容将探讨一些关键的沟通技巧，这些技巧有助于我们在职场中建立和维护一个令人信任和尊敬的专业形象。

清晰而准确地表达思想是建立专业形象的基础。在职场中，我们经常需要与同事、上级和客户进行交流，确保我们的意见和信息能够被清晰地传达。清晰的表达包括使用简洁、明了的语言，避免使用模糊或不必要的术语。我们应该确保句子结构清晰，避免烦冗复杂，以及语法和拼写错误。此外，要特别注意在书面沟通中保持准确性，仔细检查邮件、报告和文档，以确保信息的准确性和一致性。清晰和准确的表达将帮助我们在职场中建立信任，因为它显示了我们的专业能力和关注细节的能力。口头和书面沟通中的一致性是维护专业形象的关键。一致性指我们在不同情境下的表达方式和风格应该保持一致。无论是在会议上发言，与同事交谈，还是在电子邮件中写作，我们的沟通风格和专业度应该保持一致。这有助于建立一个统一的专业形象，让人们知道我们是可信赖的专业人士。要实现一致性，可以制定一些沟通准则和原则，确保我们的表达方式在不同情境下保持一致。此外，反馈和自我评估也是保持一致性的重要工具。通过接受反馈和定期审查我们的沟通方式，我们可以不断改进和调整，以维护我们的专业形象。

专业形象的建立也需要考虑客户的需求和期望。在不同情境下，我们可能需要调整沟通方式，以满足受众的需求。这包括了解受众的背景、知识水平和偏好。例如，与技术团队的交流可能需要使用专业术语和详细的信息，而与客户的交流可能需要更加简化和通俗易懂的语言。了解受众的需求并调整我们的沟通方式，有助于确保信息能够更好地被接收方理解和接受。这种关注受众的需求和期望的能力显示了我们的沟通技巧和灵敏度，进一步增强了我们的专业形象。

建立专业形象还包括在不同情境下保持冷静和专业。在工作中，我们可能面临压力、紧急情况或对话困难。在这些情况下，保持冷静和专业是至关重要的。这意味着避免情绪化的反应，以及采用冷静、理性和解决问题的方式处理情况。专业形象不仅体现在我们的言谈举止上，还体现在我们应对挑战和压力的方式上。通过保持冷静和专业，我们可以展现出领导能力和应对能力，增强我们的专业形象。

有效的沟通技巧也包括倾听的能力。倾听是容易被忽视但非常重要的方面，它涉及积极倾听他人的观点和意见。在职场中，倾听有助于建立更好的人际关系，表示尊重和关心。通过倾听，我们可以更好地理解他人的需求和期望，从而更好地满足他们的需求。倾听还有助于避免误解和冲突，因为它可以帮助我们更好地理解他人的立场和观点。因此，倾听是维护专业形象的重要组成部分。

建立专业形象的沟通技巧在职场中至关重要。清晰、准确和专业地表达思想，保持口头和书面沟通的一致性，考虑受众的需求和期望，保持冷静和专业，以及培养倾听的能力，都能帮助我们在职场中建立令人信任和尊敬的专业形象。通过不断改进和发展这些技巧，我们可以提高自己的职业发展机会，建立更稳固的职业关系，实现个人和组织的成功。

11.2.2　沟通在建立人际网络中的作用

在职场中，建立和维护职业人际网络对个人职业发展是有必要的。构建强大并有价值的人际网络，有效的沟通技巧是不可或缺的关键因素。通过积极的倾听、适当的自我表达和持续的关系维护，我们可以扩大职业网络，为职业发展提供支持。积极的倾听是建立人际网络的重要组成部分。倾听不仅意味着听取他人的言辞，还包括理解和回应他们传达的信息。积极的倾听有助于建立信任和尊重，因为它表明我们关心他人的看法和观点。在职场中，积极的倾听还有助于更好地理解同事、上级和合作伙伴的需求和期望。通过积极倾听，我们可以更好地了解他人的动态，发现机会，以及满足他人的需求。这有助于建立更紧密的职业关系，为未来的合作和支持打下坚实的基础。

适当的自我表达也是建立人际网络的关键。虽然聆听很重要，但我们也需要能够清晰地表达自己的思想、观点和意见。适当的自我表达不仅有助于我们在职场中被听到，还有助于我们建立强大的个人品牌。在自我表达时，我们应该保证言辞清晰、准确，避免冗长和模糊的表达。我们还需要适应受众的需求，以保证我们的信息能够被理解和接受。适当的自我表达还包括在不同情境下使用不同的沟通方式，以满足不同的需求和期望。适当的自我表达可以让我们树立自己的声誉和提高影响力，从而扩大我们的职业网络。

持续的关系维护是保持职业人际网络健康和有价值的关键。在职场中，建立关系只是第一步，保持这些关系同样重要。持续的关系维护包括定期与同事和合作伙伴保持联系，分享新的信息和动态，以及提供支持和帮助。通过积极参与职业网络中的活动和社交聚会，我们可以加强已有的关系，同时建立新的联系。这有助于我们获取职业建议、发现新的机会，并在需要时得到支持。持续的关系维护还有助于我们树立积极的声誉，使他人愿意与我们合作和交往。

有效的沟通技巧在建立和维护职业人际网络中起着重要作用。通过倾听，我们可以建立信任和尊重，更好地理解他人的需求和期望。适当的自我表达有助于我们建立个人品牌，并扩大自己的影响力。持续的关系维护则确保我们的职业网络保持健康和有价值。通过结合这些关键的沟通技巧，我们可以建立强大的职业人际网络，为个人职业发展提供支持和机会。

11.2.3 处理反馈与批评的沟通方法

在工作环境中，有效应对反馈和批评是一项关键的沟通技能。这一技能的重要性不可忽视，因为它有助于个人和组织的成长与进步。要成功地处理这两方面的沟通，需要具备丰富的技巧和良好的心态，以确保信息的流动和工作关系的健康。

理解反馈和批评的价值尤为关键，通常是他人对我们表现的观察和反思的反映，有助于我们更好地了解自己的优点和探寻改进的空间。要做到这一点，我们应该学会倾听，不偏不倚地接受他人的观点，而不是将其视为攻击。在接受反馈或批评时，要保持冷静，不要急于回应或反驳。相反，我们应该认真思考他人的意见，并在必要时寻求更多的信息以准确地理解他们的观点。

一方面，积极的反应对建立和维护积极的工作关系至关重要。当我们收到建设性的反馈时，我们可以表达感谢，同时接受他人的意见，并说明将采取措施改进。这种积极的回应可以鼓励他人积极地与我们分享反馈，并帮助建立信任和合作。

另一方面，我们面对批评，要保持冷静和尊重，避免情绪化或责备他人。相反，我们可以提出疑问，以更好地了解批评背后的原因，并寻求解决问题的方法。要记住，批评通常不是对个人的攻击，而是对行为或结果的观察。通过与他人进行建设性对话，我们可以共同找到解决问题的方法，而不是陷入无谓的冲突。

积极参与自我反思也是处理反馈和批评的关键。我们应该定期审视自己的表现，并思考如何改进。这种自我反思有助于我们在面对反馈时更加开放和自信，表示我们在持续学习和成长。要建立这种习惯，可以制订个人目标和计划，定期评估自己的进展，并寻求他人的意见和建议。

营造开放和支持的工作环境也是成功处理反馈和批评的关键。在这样的环境中，员工可以自由地分享他们的观点和担忧，而不必担心遭受惩罚或指责。领导者在营造这种环境方面扮演着关键的角色，他们应该鼓励员工分享反馈，同时确保所有的反馈得到妥善处理。此外，同事之间的互相支持和合作也有助于建立积极的工作文化，使反馈和批评变得更容易接受。

处理反馈和批评是一项必不可少的职场沟通技能。通过理解其价值、积极回应、保持冷静、自我反思，并在支持的工作环境中操作，我们可以更好地应对这些挑战，促进个人和组织的成长和成功。

11.2.4 沟通在谈判与决策中的角色

在谈判和决策的过程中，沟通扮演着不可或缺的角色。它是推动这些活动的引擎，是达成共识和做出明智决策的关键要素。通过有利、有效的沟通，参与者能够明确他们的目标和愿望，理解其他相关方的观点和需求，以及在考虑和权衡各种不同意见时推动进程。

沟通在谈判中的作用不能被低估。谈判通常涉及不同利益相关者之间的交互，他们可能拥有不同的目标、需求和期望。通过明确的沟通，各方能够清晰地表达自己的立场，以及他们寻求的解决方案，有助于减少误解和混淆，为寻求共识打造坚实的基础。

沟通在理解其他相关方的角度和立场方面也起着至关重要的作用。在谈判中，必须了解对方的需求和动机，有助于确定可能的妥协点和共同利益。通过积极倾听和提出有针对性的问题，参与者可以更好地理解其他人的观点，帮助他们更好地推动谈判进程。

沟通在决策过程中也发挥着关键的作用。在面临决策时，各种不同的观点和意见会涌现出来。通过开放、透明的沟通，参与者可以共享他们的看法，也可以倾听他人的声音。这种多元化的意见有助于丰富决策的内容，避免忽视重要因素，并确保决策全面。

有效的沟通可以建立信任和积极的合作关系。在谈判和决策中，信任有助于各方达成共识，并减少争执和对立。通过坚持诚实、开放和尊重的沟通，参与者可以建立起彼此之间的信任，为合作提供坚实的基础。在决策中，沟通还有助于确保决策过程的公平和透明。通过与相关方分享信息和数据，给予所有人平等表达意见和提出建议的机会，可以减少决策过程中的不满和争议，有助于确保决策是公正的，并且符合相关方的利益。沟通在谈判和决策中的作用是动态的，需要不断地调整改进。通过反复交流和回馈，参与者可以及时了解进展情况，并根据需要调整策略和方法，有助于应对不断变化的情况和挑战，确保谈判和决策的成功实现。

沟通在谈判和决策中起着至关重要的作用。它不仅有助于明确目标和理解他人的立场，还有助于建立信任、确保公平，并促进合作。

11.3 处理职场冲突的技巧

在线测试

11.3.1 识别和理解冲突的源头

在工作环境中，冲突是不可避免的现象，而有效处理冲突的关键在于识别和理解其根本原因。冲突的根本原因可能是多方面的，包括但不限于沟通不畅、目标不一致和资源分配不合理等等。深刻理解冲突的本质有助于我们更好地应对并找到合适的解决方案。沟通不畅通常是冲突的主要来源之一。当信息传递不清晰或存在误解时，人际关系和团队协作往往会受到负面影响。这种情况可能包括信息不完整、信息不准确或信息传递不及时。

此外，沟通不畅还可能涉及语言障碍、文化差异或沟通风格不匹配等问题。这些因素都可能导致误解和不满，最终引发冲突。

目标不一致也是冲突的常见根本原因之一。在职场中，不同人可能追求不同的目标和利益。这些目标可能涉及个人职业发展、团队绩效或组织战略。当这些目标不协调或产生冲突时，冲突就很容易发生。例如，一个团队追求保时不保质的项目交付，而另一个团队追求保质不保时，这种目标不一致可能导致紧张局势和冲突的出现。

资源分配问题也是常见的冲突之一。在有限的资源下，不同部门或个人可能竞争获得更多的资源，如预算、时间或人力资源。当资源分配不公平或不透明时，冲突可能会爆发。这种情况下，冲突可能涉及资源争夺、权力斗争和公平性问题。有效处理这种冲突需要明确的资源分配政策和流程，以减少争议和不满。

价值观和文化差异也可能是导致冲突的根本原因。在多元化的工作环境中，不同的个体可能拥有不同的价值观和文化背景。这种多样性可以丰富工作环境，但也可能引发误解和冲突。例如，一种文化注重集体决策和合作，而另一种文化更注重个人成就和竞争，这可能导致沟通问题和冲突。

权力和权威关系也可能是冲突的根本原因之一。在组织中，不同层级和部门之间的权力分配和权威关系可能不平衡，甚至可能导致冲突。这是由于一方可能感受到不公平的待遇或权力被剥夺。解决这种冲突通常需要领导者和管理层的介入，以重新平衡权力关系并促进公平和公正。

识别和理解冲突的根本原因对有效处理冲突尤为关键。这些根本原因可以包括沟通问题、目标不一致、资源分配问题、价值观和文化差异，以及权力和权威关系。深入了解冲突的本质有助于人们采取适当的措施来解决问题，缓解紧张局势，推动合作与团队的成功。

11.3.2　沟通策略在解决冲突中的应用

在解决职场冲突时，采用适当的沟通策略是有必要的。这些策略不仅有助于有效地处理冲突，还有助于改善工作关系和促进团队的协作（表 11-1）。本部分内容将探讨在解决冲突中应用的关键沟通策略。

表 11-1　沟通策略在解决冲突中的应用及其效果

沟通策略	策略描述	目的/应用
开放和诚实的对话	积极参与对话，表达看法和需求，营造开放的对话环境	增进理解，建立信任，深入理解冲突的本质
积极倾听	专注于对方的语言和非语言信息，理解他们的感受和需求	更好地理解对方立场，为解决冲突提供信息和见解
寻求共同点	识别冲突中的共同目标或利益	缓解紧张情绪，为达成共识铺平道路
积极的语言和态度	避免攻击性或指责性的语言，采用建设性的表达方式	缓和紧张局势，营造积极解决问题的氛围
灵活性和适应性	根据冲突情况调整沟通策略	适应各种情况，实现最佳解决方案
明确的行动计划和时间表	制定具体的行动步骤和时间表	确保实施解决方案，防止冲突再次发生

开放和诚实的对话是解决冲突的基础。通过积极参与对话，各方可以表达他们的看法、需求和关切，而不必担心受到批评或指责。开放的对话环境有助于鼓励人们分

享他们的真实感受和观点，这能更深入地理解冲突的本质。诚实的对话也有助于建立信任，因为它能传达出参与者的真诚和诚实。

积极倾听是解决冲突的关键。倾听不仅意味着听取对方的言辞，还包括理解他们的感受和需求。在倾听时，我们应该专注于对方的语言和非语言信息，避免打断或中断他们的发言。积极倾听有助于更好地理解对方的立场和观点，从而为解决冲突提供更多的信息和见解。

寻求共同点是解决冲突的有效策略之一。尽管在冲突中各方可能持有不同的观点和立场，但通常仍然存在一些共同的目标或利益。通过识别这些共同点，我们可以找到共同的起点，为解决冲突铺平道路。寻求共同点也有助于减轻紧张情绪，让各方更容易达成共识。

积极的语言和态度也是解决冲突的关键。避免使用攻击性或指责性的语言，而应采用建设性的语言，以表达自己的观点和需求。同时，保持冷静和尊重，避免情绪化的反应。积极的语言和态度有助于缓和紧张局势，创造积极的解决氛围。

在解决冲突中，灵活性和适应性也是非常重要的。不同的冲突可能需要不同的沟通策略。有时候，我们需要更加坚定地表达自己的观点，而在其他情况下，可能需要更多地倾听和妥协。根据具体情况调整沟通策略是至关重要的，以确保找到最佳的解决方案。

建立明确的行动计划和时间表也是解决冲突的一部分。一旦各方就解决方案达成一致，就应该制定具体的行动步骤，并确定时间表来实施这些步骤。这有助于确保冲突不再重演，并为改进工作关系提供了方向。

沟通策略在解决职场冲突中扮演着关键的角色。开放和诚实的对话、积极倾听、寻求共同点、积极的语言和态度、灵活性和适应性，以及建立明确的行动计划都是有效解决冲突的关键策略。

11.3.3 维护专业关系的沟通技巧

在冲突解决过程中，维护专业关系至关重要。这意味着我们需要在沟通和行为中表现出尊重、专业和成熟的态度，以确保冲突得到解决，不会破坏工作关系和团队合作。以下是一些关键的沟通技巧，有助于维护专业关系。

保持尊重是维护专业关系的基础。无论冲突有多激烈，我们都应该避免使用攻击性或冒犯性的语言和行为。尊重他人的观点、感受和需求是建立信任和合作的关键。当我们表现出尊重时，其他人更有可能对我们的观点和意见持开放态度，这有助于解决冲突。

避免个人攻击是维护专业关系的重要方面。在解决冲突过程中，我们应该集中精力讨论问题本身，而不是攻击或指责他人。避免使用侮辱性语言或威胁性言辞，应集中精力寻找解决方案和共同利益。我们可以缓和冲突，促成建设性对话。积极寻求共同点是维护专业关系的有效策略之一。

在面临冲突时，通常存在一些共同的目标或利益。通过识别这些共同点，我们可以找到共同的起点，为解决冲突创造条件。寻求共同点有助于缓解紧张情绪，让各方更容易达成共识。

保持冷静和专业是维护专业关系的关键之一。在冲突解决中，人的情绪可能激动，但我们应该尽力保持冷静和理性，避免争吵或情绪化的反应。取而代之的是采用冷静的语气和态度处理问题。专业的行为有助于保持冲突解决过程的高效和有效性。

在维护专业关系时，建立明确的界限也非常重要。这意味着我们应该清楚地界定何时讨论问题，何时讨论个人事务。避免将个人问题混入解决冲突的过程，确保讨论是专业的。通过保持界限，我们可以防止冲突升级为个人攻击，从而维护专业关系。

冲突一旦得到解决，我们应该努力继续合作，共同达成共同的目标。这包括共同制订行动计划、监督进展并寻求改进的机会。

通过保持尊重、避免个人攻击、积极寻求共同点、保持冷静和专业、建立明确的界限，以及持续的合作和协作，我们可以有效地处理冲突，并确保冲突解决不会损害工作关系和团队的合作。

11.3.4 在冲突中学习和成长

职场冲突虽然常被视为挑战，但也是宝贵的学习和成长机会。每一次冲突都给予我们洞察的机会，可以帮助我们更好地理解自己、他人和组织，同时提高未来处理类似情况的能力。在这个过程中，我们不仅能够增强个人的职业技能，还能够加强团队的凝聚力和合作精神。

冲突让我们更深刻地认识自己，我们在冲突中会反思自己的反应和行为。这种自我反思有助于我们更好地了解自己的情感、价值观和行为模式。通过审视自己在冲突中的表现，我们可以找到自己的优点和不足。这种自我认知是个人成长的关键，有助于提高我们的情商和人际技能。

冲突也促使我们更深入地了解他人，不仅要处理自己的情感和需求，还要理解他人的观点和立场。这需要我们有积极倾听和共情的能力，以便更好地理解他人的感受和动机。通过与他人建立更深入的联系，我们可以增强与同事和团队成员的关系，建立更强大的工作关系。

冲突也提供了改进沟通技巧的机会，沟通通常是解决问题的技巧。冲突可能源于沟通不畅、误解或信息传递不完整。通过反思冲突发生的原因和沟通过程，我们可以改进沟通的方式和策略。这包括提高表达自己的能力、积极倾听他人、采用清晰且尊重的语言，避免使用攻击性的语言。通过不断改进沟通技巧，我们可以减少冲突，并更好地与他人合作。

冲突也有助于我们更好地理解组织的文化和价值观。不同的组织可能有不同的文化和价值观，这可能影响到冲突的发生和解决方式。通过经历冲突，我们可以更好地了解组织的工作方式和期望，从而更好地融入团队并为组织做出贡献。

冲突也是提高我们解决问题能力的机会。在处理冲突时，我们需要寻找解决方案，同时平衡各方的利益和需求。这要求我们提高解决问题和制定决策的能力。通过不断面对和解决冲突，我们可以提高解决问题的效率和有效性，这对职业发展至关重要。

职场冲突虽然具有挑战性，但也是宝贵的学习和成长机会。通过反思自己的行为，深入了解他人，改进沟通技巧，了解组织文化和价值观，以及提高问题解决能力，我们可以不断成长和发展。冲突不仅是问题，更是机会，有助于推动个人和团队的进步和成长。

11.4 案例解析

案例 1

是欠条，还是还款证明——“还”字多音惹纷争

黄先生承建北京某农业公司 7 栋养猪舍，承包工程款总计 8.4 万元。双方约定：工程开工时，农业公司首付黄先生总工程款的 70%，即 5.88 万元。然而，实际情况是农业公司却只付给黄先生 3 万元，余款一直未付。后来，农业公司出具了一张写有“还欠黄某工程款 2.88 万元”的证明。基于此欠据，黄先生将农业公司告上法庭，要求其立即支付工程款 2.88 万元。

然而在法庭上，被告农业公司不仅承认欠黄先生工程款 2.88 万元，还提供了经手人偿还欠款的还款证明，称字条“还欠黄某工程款 2.88 万元”中的“还”字应读成“huán”，因此，被告不同意黄先生的诉讼请求。

法院认为，被告出具的证明应视为欠款证明，法院对原告的请求予以支持；被告辩称此证明为还款证明，但未提供相关的证据，法院不予采信。

【案例解析】

虽然经过法院调查，事实清楚明了，但只因一字之差引起争议，并导致诉讼。

上述案例提醒我们：书写文字必须准确，写作务必仔细、严谨，避免小失误导致大损失。

案例 2

办学广告纠纷

在上海曾经发生一起中外合作办学项目收费标准的广告纠纷。该学校的收费标准为一学年 10 000 元，考虑到部分学生一次性缴款有困难，校方决定将一学年收费改为两次收费，并在招生广告上将一学年收费 10 000 元改为一学期 5000 元。但在广告登出时，将“一学期”收费 5000 元误写为“一学年”收费 5000 元。随即报名者踊跃前来。这一书写错误带来的负面影响非常严重。尽管校方在开学时向学生及家长做了解释，但是仍然有大量投诉，指责学校乱收费、欺骗宣传等，这一纠纷甚至持续了 3 年之久。

【案例解析】

仅因“学年”和“学期”的一字之差，损害了学校的声誉和形象。这种疏忽带来的后果不容小觑。在文件发出之前，务必反复校对、斟酌，一旦将错误信息公布，可能带来无法挽回的影响。

12 持续学习和提升沟通技巧

12.1 沟通技能的自我评估

在线测试

12.1.1 识别个人沟通风格与偏好

识别个人的沟通风格和偏好对提高沟通的效率和效果至关重要。每个人都有独特的方式来表达自己、理解他人以及与他人互动，这些方式反映了他们的沟通风格。通过深入了解自己的沟通风格和偏好，我们能够更好地发挥自己在沟通中的优势和避免局限性，从而能够有针对性地改进和提高我们的沟通能力。

识别个人的沟通风格是重要的。沟通风格是指个体在与他人交流时的独特方式，包括言语风格、表达方式、沟通频率以及情感表达等方面。一些人可能倾向于直接、坦率的沟通，其他人则倾向于委婉、间接的表达方式。一些人可能会使用大量的肢体语言来丰富他们的沟通，另一些人则注重书面文字和语言表达。通过识别自己的沟通风格，我们可以更好地理解自己在交流中的特点，以及如何发挥特点，进而更有效地与他人互动。

了解个人的沟通偏好也至关重要。沟通偏好涉及个体更喜欢哪种沟通方式或工具，以及在不同情境下如何更舒适地表达自己。一些人可能更喜欢面对面的交流，因为他们能够更好地捕捉到对方的情感和非言语信号；另一些人则倾向于书面沟通，因为他们可以更好地组织自己的思维并表达清晰的观点。了解个人的沟通偏好有助于选择适当的沟通方式，以满足个体的需求和偏好。

认识到沟通风格和偏好的局限性也是非常重要的。每种沟通方式都有其优势和局限，我们需要明白在不同情境下可能会遇到的挑战。通过与他人互动，我们可以更好地识别和了解他们的沟通风格和偏好，这有助于我们更好地适应和协调与不同个体的沟通。例如，一个人更喜欢书面沟通，我们可以在与他互动时选择发送电子邮件或消息，以满足他的偏好。这种灵活性和适应性有助于建立更强大的工作关系和团队协作。

持续地自我反思和学习是提高沟通能力的关键。我们可以通过不断反思自己的沟通方式和与他人的互动来获得改进的机会。这可能包括改进表达能力、提高倾听技巧、提升情绪智商，以及更好地理解他人的需求。通过积极地反思和学习，我们可以不断提高自己的沟通效果，更好地与他人合作，实现个人和组织的成功。

识别个人的沟通风格和偏好是提高沟通能力的第一步。了解自己在沟通中的独特特点，包括沟通风格和偏好，有助于更好地理解自己的优势和局限性，并更好地与他人互动。

12.1.2 分析过往沟通的成功与挑战

回顾和分析过去的沟通经验是提高沟通技巧的重要步骤。这包括审视过去的成功案例及面临的挑战，因为每一次经历都蕴含着宝贵的教训和机会。通过深入分析这些情况，我们能够识别出改进沟通技巧的关键领域，从而更好地应对未来的沟通挑战。成功的沟通经验为有效沟通提供了宝贵见解。通过反思成功的案例，我们可以识别出哪些沟通策略和技巧能在特定情境下取得积极的结果。这可以包括使用明确的语言、建立信任、积极倾听，以及分享关键信息等方面的成功实践。了解这些成功因素有助于我们将它们纳入未来的沟通中，以提高沟通的效果。挑战性的沟通经验也是宝贵的学习机会。在面对挑战时，我们通常会遇到困难和障碍，但这也是发展和成长的机会。通过仔细分析挑战性的沟通情况，我们可以识别出可能导致问题的原因，如沟通不畅、误解或情感冲突。这有助于我们更好地理解在沟通中可能存在的障碍，并寻找解决这些问题的方法。通过克服挑战，我们可以提高应对类似情况的能力。

回顾过去的沟通经验还有助于我们更好地了解自己的沟通风格和偏好。通过分析成功和挑战的案例，我们可以识别出自己在沟通中的强项和弱点。例如，我们可能发现自己在表达观点上很清晰，但在倾听他人时需要更多的改进；或者我们可能发现自己在紧张情况时容易不够冷静，需要提高情绪管理能力。了解自己的沟通特点有助于有针对性地改进和提高沟通技巧。分析过去的沟通经验还可以帮助我们更好地适应不同的情境和受众。每种沟通情境都可能涉及不同的要素，如目标、受众、内容和环境。通过回顾过去的经验，我们可以了解在不同情境下哪些策略和技巧更有效。这有助于我们更好地调整自己的沟通方式，以满足特定情境和受众的需求。通过反思过去的沟通经验，我们可以建立不断学习和改进的文化。将成功的经验和挑战性情况作为学习的机会，有助于我们不断提高自己的沟通技巧，从而更好地应对未来的沟通挑战。这种学习文化可以促进个人和组织的成长，提高沟通的效率和效果。

通过学习成功的案例，了解成功因素和可能存在的问题，识别个人的强项和弱点，适应不同情境和不同受众，以及建立学习文化，我们可以不断提高自己的沟通能力，更好地应对各种沟通挑战，实现个人和组织的成功。

12.1.3 设定沟通技能提升的目标

根据自我评估的结果，设定明确的沟通技能提升目标很关键。这些目标不仅应该具体明确，还需要可量化，并需要制定明确的时间框架，以便有效地跟踪和评估进展。以下是一些关键的步骤和策略，帮助我们制定和实施这些目标，以提高自己的沟通技能。要确保沟通技能提升目标是具体而清晰的。模糊的目标通常难以实现，因此我们需要明确定义我们希望在沟通方面取得的具体进展。例如，具体的目标可能是在下一个季度内提高与团队成员的合作沟通效率，或者在未来六个月内改善书面沟通的清晰度和表达能力。这种明确性有助于我们更好地聚焦和计划。要确保目标是可量化的，可以更容易地进行跟踪和评估。例如，我们可以制定目标，要求在每周的会议上提出至少一个有建设性的问题或建议，或者在每月的报告中减少语法错误的数量。通过这种方式，我们可以明确地测量进展，并知道我们是否达到了预定的目标。设定时间框架也是关键。没有明确的时间限制，达成目标可能会无限期地推迟，最终不会实现。因此，我们需要为每个沟通技能提升目标设定明确的时间。它可以是短期目标，如一个月或三个月，也可以是长期目标，如一年或两年。不同的目标可能需要不同的时间长度来实现，所以应确保时间框架与目标的复杂性和范围相匹配。

要将目标细化为具体的行动步骤。行动步骤是实现目标的具体路径。例如，我们的目标是提高会议中的发言能力，相关的行动步骤可能包括每周练习演讲技巧、积极参与小组讨论，以及寻找反馈和建议等。将目标细化为具体的行动步骤，我们可以更容易地追踪我们的进展并采取必要的措施。寻求反馈和支持是十分重要的。向同事、上司或导师寻求反馈和建议是提高沟通技能的有效方式。他们可以提供宝贵的观点和建议，帮助我们识别需要改进的领域。同时，他们的支持和指导可以激励我们坚持努力，实现设定的目标。定期审查和调整目标是有必要的。提升沟通技能是持续的过程，我们可能会在实施目标的过程中遇到挑战或变化。因此，定期审查目标的进展是有必要的。如果发现目标不合理或需要调整，我们应该及时地进行修改，以保证它们符合我们的需要和目标。设定沟通技能提升的目标是关键的步骤之一，有助于我们提高自己的沟通能力。

通过上述具体的行动步骤，寻求反馈和支持，以及定期审查和调整目标，我们可以更有效地迈向提高沟通技能的道路。

12.1.4 获取他人对沟通方式的反馈

获取他人对沟通方式的反馈是提升沟通技巧的一项不可或缺的资源。这种反馈不仅可以帮助我们更好地了解自己在交流中的表现，还可以为我们提供新的视角和建设性建议，有助于改进我们的沟通技巧，使之更加有效。与同事互动并寻求他们的反馈是重要的步骤之一。他们可能会注意到我们在会议中的发言风格，或者我们在团队合作中的表现。通过与同事建立信任和开放的沟通渠道，我们可以主动询问他们的看法，以了解我们的沟通方式在工作场合中的影响。

朋友和家人也可以提供宝贵的反馈。尽管他们可能不太了解我们在工作环境中的具体表现，但可以从个人和社交角度提供有关我们沟通方式的评价。朋友和家人可能会指出我们在日常生活中的表达习惯、倾听能力以及与他们交往时的情感表达，这种反馈可以帮助我们更全面地了解自己的沟通方式，揭示一些潜在的改进点。

导师和教育者也是有价值的反馈来源。他们通常具有丰富的经验和专业知识，可以为我们提供更深入的指导。导师可以帮助我们识别在专业领域中需要改进的沟通技巧，而教育者可以给予我们针对性的培训和建议，以提高我们的沟通能力。通过积极与导师和教育者合作，我们可以获得专业水平的反馈，有助于更高效地发展自己的沟通技能。

在寻求他人的反馈时，需要采取一些策略来确保反馈的质量和有效性。一是要提出明确的问题，以引导对方提供具体的反馈。例如，可以询问“你认为我在团队会议中的表现如何，有哪些方面可以改进？”这样的问题，有助于对方更有针对性地提意见。二是要保证反馈是建设性的，而不是批评性的。这有助于建立积极的反馈文化，鼓励他人提供真实而有益的建议。三是要接受反馈并保持开放的心态。有时候，他人的反馈可能会让我们感到不适或挫败，但好的反馈可以帮助我们成长和改进。接受反馈并且感激他人的诚实意见是提高沟通技巧的关键。四是要积极倾听反馈，不争辩不辩解，而是考虑如何应用这些反馈来改进自己的沟通方式。五是要将反馈纳入行动计划。我们在获得反馈后，不仅要将其视为信息的传递，而且要将其转化为实际的改进行动。制订具体的计划和目标，以应对反馈中提到的问题或挑战。

通过积极行动和不断改进，我们可以逐渐提升自己的沟通技巧，实现更高效的沟通和更好的人际关系。获取他人对自己沟通方式的反馈是提高沟通技巧的重要渠道。通过与同事、朋友、导师和教育者建立沟通渠道，询问明确的问题，保持开放的心态，并将反馈纳入行动计划中，我们可以获得宝贵的反馈和建议，有助于改进和提高自己的沟通能力。这不仅对个人职业发展有益，还有助于建立强大的人际关系并提高工作效率。

12.1.5 使用评估工具和资源

使用各种沟通评估工具和资源，如在线问卷、沟通技巧培训以及相关书籍等，是提升个人沟通能力的有效途径之一。在线问卷是一种常见的评估工具，通常涵盖各种沟通方面的问题，包括口头和书面沟通、倾听技巧、情感表达以及合作方式等方面。通过问卷调查，我们可以获得有关自己沟通能力的反馈。问卷结果可以反映我们的强项和弱点，帮助我们更有针对性地制订改进计划。

沟通技巧培训是提高沟通能力的有效方式，通常由专业导师或培训机构提供，涵盖了各种沟通技巧和策略。参与这些培训可以帮助我们学习新的沟通技巧、提升技能，以及应对特定沟通挑战。培训课程通常包括模拟练习、角色扮演和反馈机制，有助于我们将理论知识转化为实际能力。

书籍和学习资源也是提升沟通技能的重要来源。有许多关于沟通技巧和人际关系的书籍可供选择，涵盖了从基本沟通原则到高级谈判技巧的各种主题。通过阅读这些书籍，我们可以深入了解不同方面的沟通，获得专家的见解和建议，从而不断提高自己的沟通能力。此外，还有许多在线学习平台提供了沟通技巧课程，可以根据个人的时间表进行学习。

观察他人的沟通方式是有益的学习途径之一。我们可以从领导者、同事、朋友或公众演讲者中学到很多。观察他们的语言、肢体语言、表达方式和倾听技巧，可以为我们提供有关成功沟通的实际案例。通过模仿和学习榜样的做法，我们可以改进自己的沟通技巧。

实际的沟通经验也是提高沟通能力的关键。通过积极参与各种沟通场合，如会议、演讲、团队合作和社交互动，我们可以应用已学到的技巧，不断提高自身表现。这种实际经验可以帮助我们将理论知识转化为实际行动，逐渐培养更强大的沟通技能。

与他人分享和讨论沟通经验也是提高沟通能力的一种方式。与同事、朋友或导师进行反馈和互动，可以互相分享在沟通中遇到的挑战和成功经验。这种互动有助于我们从他人的经验中汲取智慧，了解不同行业和文化中的沟通实践，以及获取建设性建议。

利用各种沟通评估工具和资源是提高个人沟通能力的关键。通过在线问卷、沟通技巧培训、书籍和学习资源，我们可以更系统地学习和改进沟通技巧。

观察他人的沟通方式、积累实际经验，以及与他人分享和讨论沟通经验，也是提高沟通能力的重要途径。

12.2 学习新的沟通方法

在线测试

12.2.1 探索不同的沟通模型和理论

研究和深入探索各种不同的沟通模型和理论是提高沟通技巧的重要途径。这种学习过程不仅可以为我们提供新的视角和方法，还有助于我们更深入地理解沟通的动态和复杂性，从而使我们在不同情境下更加灵活和高效地应对各种沟通挑战。非暴力沟通是有助于建立互信和解决冲突的沟通模型。非暴力沟通模型的核心理念是关注情感、需求和解决方案，而不是指责和攻击。通过学习非暴力沟通模型，我们可以更好地理解自己和他人的情感和需求，以及如何在冲突情境中建立有效的对话。这种模型提倡倾听和尊重他人的观点，有助于改善人际关系，减少误解和紧张情绪，并促进合作和解决问题。

交易分析是用于分析人际关系和沟通的理论框架。交易分析理论关注个体之间的交往模式和交流方式。通过学习交易分析理论，我们可以识别自己和他人在交往中的角色和模式，了解人际关系的动态。这有助于我们更好地理解为何某些沟通模式可能导致冲突或误解，以及如何通过改变自己的交往方式来改善沟通和人际关系。

情绪智商理论是关于情感管理和社交技能的重要理论。情绪智商强调了情感意识、情感表达和情感管理的重要性。通过学习情绪智商理论，我们可以更好地理解自己的情感反应及如何与他人建立情感联系。这种理论还强调了倾听和同理心的重要性，有助于提高我们的情感沟通技巧，建立更深层次的人际关系。

批判性思维是分析和评估信息的重要方法。批判性思维能帮助我们审视和评估信息的来源、可靠性和偏见，以及如何做出明智的决策。通过学习批判性思维，我们可以提高分析信息的敏锐度，更好地理解他人的观点，并能够更有效地表达自己的观点。这种思维方式有助于我们在沟通中更清晰地表达和理解想法，减少误解和争论。

跨文化沟通是重要的领域之一，涉及不同文化背景的人之间的交流和理解。通过学习跨文化沟通理论和技巧，我们可以更好地应对不同文化之间的差异，避免文化冲突和误解。这种学习有助于我们更加开放和包容，提高与来自不同文化背景的人进行有效沟通的能力。

深入学习不同的沟通模型和理论有助于改善个人的沟通技巧。

12.2.2 适应数字时代的沟通变革

数字时代彻底改变了我们的沟通方式和习惯，对个人和职业生活都有深远的影响。了解和适应数字时代的沟通变革是提高沟通效率和成功的关键。本部分内容将探讨社交媒体沟通、电子邮件礼仪和视频会议技巧等方面，以帮助我们更好地利用数字时代的沟通工具。社交媒体是我们日常生活中不可或缺的一部分，也是个人和专业沟通的重要渠道。了解如何有效地利用社交媒体平台有助于我们扩大社交网络、传播信息和建立个人品牌。我们需要学会创造有吸引力的内容，在社交媒体上与关注者互动，并保持专业的形象；同时，要注意隐私和安全问题，确保个人信息得到保护，避免潜在的风险。电子邮件是我们日常工作中常用的沟通工具之一，电子邮件礼仪变得越来越重要。发送电子邮件时，需要注意邮件的主题、格式和内容。主题应该简洁明了；邮件格式应该清晰，包括适当的分段和使用标点符号，以便阅读和理解；邮件内容应该明确、礼貌和专业，避免使用错别字、冒犯性语言，注意字母大小写，以免被误解为缺乏礼貌或耐心。另外，要注意回复电子邮件的及时性，以维护良好的沟通关系。

视频会议是远程工作和合作的重要方式。参加视频会议时，我们需要注意一些关键技巧，以确保会议的顺利进行。首先，要测试视频和音频设备是否完好，以确保其正常工作。其次，要选择适当的背景和环境以避免分散注意力，提供专业的形象。再次，要注意摄像头的角度和眼神接触，以建立良好的视觉联系。在会议中，要积极参与讨论，提出问题和回应他人。最后，要遵守会议的时间表，准时参加和结束会议，以尊重他人的时间。

移动通信技术也是数字时代沟通的重要组成部分。了解如何有效地使用手机和移动应用程序，可以帮助我们便捷地与他人保持联系，处理工作任务和获取信息。要注意在移动通信中保持专注，避免在开会或与他人交流时分散注意力。此外，要保护个人信息和隐私，避免不必要的风险。数字时代的沟通也包括在线协作工具和项目管理平台。掌握这些工具可以提高团队协作和项目管理的效率。有效利用这些工具可以帮助我们与团队成员协作、跟踪任务和进度，以及分享文件和信息，进而更好地管理工作流程，提高生产力和团队合作。

数字时代的沟通变革深刻地影响了我们的个人和职业生活。了解和适应数字沟通工具是提高沟通效率和成功的关键。通过有效利用社交媒体、遵守电子邮件礼仪、掌握视频会议技巧、有效使用移动通信技术，以及熟练使用在线协作工具和项目管理平台，我们可以更好地应对数字时代的沟通挑战，掌握更多的沟通技巧。

12.2.3 学习跨文化沟通技巧

在全球化的背景下，跨文化沟通技巧已经变得尤为重要。在多元文化的环境中，掌握这些技巧可以帮助我们更有效地交流，建立良好的人际关系，以及应对职业挑战。本部分内容将探讨跨文化沟通技巧的重要性以及如何学习和运用这些技巧。跨文化沟通技巧的重要性不容忽视。随着全球化进程的不断推进，人们与来自不同文化背景的人打交道的机会越来越频繁。无论是在国际企业工作、跨文化团队合作，还是国际旅行和国际交流，都需要面对不同文化之间的沟通挑战。如果不了解和不尊重不同文化的沟通习惯和偏好，就容易出现误解、冲突和交流障碍。因此，学习跨文化沟通技巧已经成为提高职业竞争力和个人发展的重要一环。了解不同文化的沟通习惯和偏好是学习跨文化沟通技巧的关键。每个文化都有其独特的沟通方式和价值观，包括语言、非语言沟通、社交规则和文化背景等方面。了解这些差异有助于我们更好地适应不同文化环境，避免冒犯他人，并建立互信关系。

积极倾听和尊重他人的观点是学习跨文化沟通技巧的重要部分。在跨文化环境中，我们可能遇到不同的意见和观点，需要我们保持开放的心态，尊重他人的观点，避免用自己的文化标准来评判他人。积极倾听意味着真正关注和理解对方的立场和感受，而不是急于表达自己的看法。这种倾听方式有助于建立信任和建立良好的人际关系，从而更容易实现合作和达成共识。

灵活性和适应性也是学习跨文化沟通技巧的重要特质。在不同文化环境中，我们可能需要调整自己的沟通风格和策略，以适应当地的文化习惯。这意味着我们需要具备适应性，能够灵活地改变自己的行为和表达方式，以保证沟通的顺畅和有效。适应性也包括尊重和遵守当地的社交规则和礼仪，以避免冒犯和误解。

此外，寻求反馈和建议也是提高跨文化沟通技巧的有效方式，通过听取他人的观点和建议，可以不断改进自己的沟通方式。学习跨文化沟通技巧需要时间和实践，这并不是一蹴而就的，而是一个持续学习和提高的过程。通过与不同文化背景的人交流，参与跨文化项目和活动，以及不断反思和调整自己的沟通方式，我们可以逐渐提高跨文化沟通的能力。学习跨文化沟通技巧是在全球化时代更加重要的一项技能。了解不同文化的沟通习惯和偏好，积极倾听和尊重他人的观点，具备适应性和灵活性，以及持续学习和实践，都是提高跨文化沟通能力的关键。

12.2.4 借鉴公共演讲和演示技巧

公共演讲和演示技巧在职业沟通中占据着重要的地位。无论是在大型会议上演讲，还是在小组讨论中进行演示，都需要具备一定的演讲和演示技巧，以确保我们的信息能够清晰、生动地传达给观众，同时赢得他们的信任。本部分内容将讨论学习如何有效地进行公共演讲和制作演示的重要性以及一些关键技巧。公共演讲和演示是一种重要的沟通形式，特别是在职业环境中尤为重要。在职场中，我们经常需要向同事、客户、合作伙伴或上级领导传达信息、提出建议或汇报工作进展。而通过公共演讲和演示，我们可以在一个结构化的框架内有效地表达自己的思想和观点，使信息更容易被理解和接受。无论是推销产品、解释复杂的数据、提出项目计划，还是分享见解和经验，公共演讲和演示都是非常有用的技巧。学习如何进行有效的公共演讲和制作演示有助于提高我们的沟通能力，包括语言表达能力、演讲技巧、演示设计和传递信息的能力。通过不断练习和改进技能，我们可以更自信地面对公众演讲的挑战，提高自己的表达能力，以更好地吸引观众的注意力。这些技能不仅在职业生涯中有用，还可以在个人生活中提高我们的自信和影响力。

要进行有效的公共演讲，需要先明确演讲目标和观众。了解观众偏好，他们的需求和期望是什么，可以帮助我们调整演讲内容和风格，以满足观众的需求。此外，还要明确演讲的主题和重点，确保信息传递清晰、有条理。在演讲中，使用具体的例子和案例来支持观点，以使演讲更具说服力。

演讲技巧也是确保公共演讲成功的关键。这包括语言表达、发音和语调的掌握。要保证演讲者用词准确、清晰，并避免使用过于专业或复杂的术语。发音清晰，语调准确，可以使演讲更易于观众理解。

此外，要注意演讲的节奏，以避免让观众感到单调乏味。在演讲中，使用肢体语言和面部表情可以增加表现力，使演讲更加生动和引人入胜。

演示制作也是成功演示的重要组成部分。制作演示时，要选择清晰、简洁和有吸引力的幻灯片设计。每个幻灯片应包含简明扼要的信息，避免过多的文字和复杂的图表。

使用图片、表格可以更好地传达信息，吸引观众的注意力。在演示中，要确保幻灯片的顺序和逻辑有条理，以便观众能够跟随并理解信息的流程。

演讲的实践和反馈是提高公共演讲和演示技巧的关键。通过多次练习和演讲，我们可以熟悉演讲的内容和流程，提高自信和流利度。

此外，寻求他人的反馈和建议也是提高演讲能力的有效途径。听取他人的合理观点和意见，可以帮助我们发现演讲中的改进空间，并不断提高自己的演讲水平。

公共演讲和演示技巧在职业沟通中扮演着重要的角色。学习如何进行有效的公共演讲和制作演示有助于提高沟通能力、表达思想和观点，并赢得观众的信任。通过明确演讲目标和受众、掌握演讲技巧、制作吸引人的演示，以及不断练习和反馈，我们可以不断提高自己的公共演讲和演示能力。

12.2.5 利用技术工具提高沟通效率

在现代工作环境中，技术工具已成为提高沟通效率和效果的不可或缺的部分。这些工具包括协作软件、即时通信平台和项目管理工具等，它们不仅改变了我们的工作方式，还促进了信息传递、合作和决策的迅速发展。本部分内容将探讨如何利用技术工具来提高沟通效率，以及这些工具在职场沟通中的重要性。协作软件是现代职场中的一项重要工具，它可以让团队成员之间进行协作和信息共享。这些软件包括但不限于团队聊天工具、在线文档编辑器和共享日历。通过使用这些工具，团队成员可以随时随地访问和编辑文件，协作项目，以及实时交流。这种实时协作的方式使团队能够更快速地取得进展，避免了传统邮件和电话沟通带来的延迟。即时通信平台也在提高沟通效率方面发挥着关键作用。这些平台包括电子邮件、即时消息应用程序和视频会议工具。通过电子邮件，我们可以快速发送和接收信息，安排会议，共享文件，而无须等待传统邮件的投递时间。即时消息应用程序使我们能够与同事进行实时沟通，解决问题，快速做出决策。视频会议工具则允许远程团队进行面对面互动，促进了虚拟团队的协作。

项目管理工具也对提高沟通效率和工作协作起到了关键作用。这些工具可用于跟踪任务、分配工作、设置截止日期，并确保项目按计划进行。项目管理工具通常具有提醒功能，可以及时通知团队成员有关任务和截止日期的信息。这有助于减少沟通误解和工作延迟，提高项目的整体效率。云存储和文件共享平台也在提高沟通效率方面发挥了重要作用。文件和文档被存储在云端，团队成员可以随时随地访问和共享这些文件，共享信息更加便捷，减少了文件版本的混乱，并提高了文件的安全性。在职场沟通中，技术工具的使用具有重要的意义。它们不仅可以节省时间，还可以提高工作的效率和质量。然而，要充分利用这些工具，个体和组织需要投资时间来培训和熟悉它们的使用。此外，要确保使用者在使用这些工具时，保护敏感信息的安全性，遵守相关的隐私法规和数据安全政策。

技术工具在现代职场中起到提高沟通效率的作用。协作软件、即时通信平台、项目管理工具和云存储平台等工具使团队能够更加高效地合作、交流和共享信息。这不仅有助于提高工作效率，还有助于减少沟通误解和延迟，从而为个体和组织创造更多的机会和成功。因此，熟练掌握并合理应用这些技术工具对在现代职场中取得成功至关重要。

12.3 接收和提供有效反馈

在线测试

12.3.1 理解反馈的价值

在个人和职业发展的道路上，反馈是一把宝贵的钥匙，可以打开知识和成长的大门。反馈不仅是信息交流的方式，还是提升自己的机会。通过认识到反馈在个人和职业发展中的价值，我们可以更好地利用它，获得关键的见解和指导，以改善自身的性能和增进技能。反馈为我们提供了一种客观的、外部的视角。通常情况下，我们对自己的表现和行为有一定的主观看法，这种主观看法可能受到个人偏见或自我认知的限制。反馈来自他人，他们可以提供更客观、更中立的观点，帮助我们看到自己的盲点和不足之处。这种非主观的视角是改善自己的关键，它可以揭示我们需要改进的方面，帮助我们更好地理解自己。反馈可以帮助我们识别和利用个人的优势和潜力。除了指出不足之处，反馈还可以看到我们的优势。了解自己的优势有助于我们更好地发挥自己的潜力，将其应用到不同的领域和情境中。

反馈还可以加速我们的学习和成长。当我们接受反馈时，我们有机会从他人的经验和知识中汲取智慧。这些反馈可以指导我们朝着正确的方向前进，避免犯相同的错误，快速学习和适应新的情境。反馈是一种宝贵的学习工具，它可以帮助我们不断进步，提高自己的技能和知识水平。

反馈还有助于建立更强的人际关系。当我们积极地寻求和接受反馈时，我们表现出开放和合作的态度，这有助于增进与他人的信任和合作。在职场中，建立良好的人际关系至关重要，因为它可以促进团队合作，提高工作效率，并创造更多的机会。

反馈有助于我们实现个人和职业目标。通过接受反馈，我们可以及时调整和改进自己的行动计划，以确保我们朝着正确的方向前进。反馈可以帮助我们识别障碍和挑战，找到解决问题的方法，并在职业生涯中取得成功。反馈是一个不断完善和提高自己的过程，有助于我们实现自己的梦想和抱负。它提供了非主观的视角，帮助我们识别优势和不足，加速学习和成长，建立更强的人际关系，实现个人和职业目标。因此，积极寻求和接受反馈应成为我们个人和职业发展的重要部分，这将为我们开启更广阔的发展空间。

12.3.2 保持开放态度接受正面与负面反馈

在追求个人成长和职业发展的道路上，保持开放的态度来接受正面和负面反馈被认为是至关重要的。这一态度反映了一个人的成熟和职业素养，它包括认真倾听他人的意见和看法，反思反馈内容，并从中提取有用的信息，即使这些信息可能挑战现有的观点或方法。本部分内容将深入探讨为什么开放态度对接受正面和负面反馈如此重要，以及如何培养这种开放的心态。

保持开放态度接受正面反馈是为了不断改进和提高自己的表现。正面反馈通常来自他人对我们的表现或成就的赞扬和肯定。当我们接受正面反馈时，我们不仅感到鼓舞和受到激励，还能够更好地了解自己的优势和成功之处。这有助于我们更好地发挥自己的潜力，将优势应用到不同的领域和情境中。通过积极倾听和接受正面反馈，我们可以建立自信心，提高工作效率，以及在职场中获得更多的机会。开放态度也包含接受负面反馈的能力。负面反馈通常指的是对我们的不足和改进空间提出的批评或建议。虽然负面反馈可能让我们感到不适和挫败，但它实际上是一个宝贵的学习机会。当我们保持开放的态度来接受负面反馈时，我们能够更好地了解自己的局限性和需要改进的方面。这有助于我们识别和解决问题，避免犯相同的错误，快速学习和适应新的情境。通过接受负面反馈，我们可以不断完善自己，提高自己的技能和知识水平。

接受负面反馈并不容易。它可能触发我们的自尊心和自我价值感，让我们感到受伤或不安。因此，培养开放的态度来接受负面反馈是至关重要的。这可以通过以下方式来实现。

①要保持冷静和理性。当我们听到负面反馈时，我们的情绪可能会波动，但要尽量保持冷静和理性。不要立刻做出回应，而是给自己一些时间来思考和反思。考虑反馈的来源和内容，看看是否有合理的依据，以及如何改进。

②要寻求更多的信息。有时候，负面反馈可能不够具体或清晰，我们可以主动向反馈提供者寻求更多的信息和细节，以便更好地理解问题所在。这种主动的态度表明我们真正想要解决问题并愿意采取必要的行动。要学会从负面反馈中提取有用的信息，即使反馈可能是以批评或指责的形式提出的，我们仍然可以尝试找到其中包含的有用建议。有时候，批评的方式可能不太友好，但我们可以忽略批评的语气，专注于核心问题和改进的机会。

③要积极采取行动。接受负面反馈后，重要的是采取积极的行动来解决问题和改进自己的表现。这可能包括制订行动计划、寻求帮助或培训，以及持之以恒地努力提高。保持开放的态度来接受正面和负面反馈是个人成长和职业发展的关键。正面反馈鼓舞和激励我们，帮助我们发挥优势和成功之处。负面反馈提供了宝贵的学习机会，帮助我们识别不足。通过培养开放的态度，我们可以更好地理解自己，提高自己的绩效，建立更强的人际关系，并在职业生涯中取得更大的成功。因此，积极寻求和接受

反馈应成为个人和职业发展中不可或缺的部分。

12.3.3 提供有建设性和有益的反馈

在个人和职业发展的过程中，提供反馈是一项关键的任务。无论是在工作环境中还是在日常生活中，反馈都可以帮助他人改进自己的表现和行为。然而，提供反馈并不是一项简单的任务，因为它需要考虑到接收反馈的人的感受和需求。因此，提供建设性和有益的反馈是至关重要的。本部分内容将探讨为什么建设性反馈如此重要，以及如何确保提供反馈时具有建设性和有益性。建设性反馈对于个人和职业发展至关重要，它可以帮助个人识别自己的不足之处，并提供改进的方向。通过具体而明确的建议，接收反馈的人可以更容易地采取行动来改进自己的表现。建设性反馈还可以促进个人积极地成长和学习，因为它鼓励个人不断改进和提升自己的能力。

建设性反馈有助于建立更强的人际关系。当我们提供具体和有益的反馈时，表现出关心和支持的态度，有助于增进与他人的信任和合作。受反馈影响的个人可能感到被尊重和重视，从而更愿意倾听和接受反馈。这有助于建立更健康和积极的人际关系，提高团队合作和工作效率。建设性反馈有助于解决问题和提升绩效。通过提供具体的改进建议，我们可以帮助受反馈影响的个人克服障碍和挑战，从而提升他们的绩效。建设性反馈还有助于识别问题的根本原因，并提供解决问题的方案。这种有效的反馈过程可以推动个人和团队不断进步和创新。

提供建设性和有益的反馈并不总是容易的，它需要一定的技巧和意识，以保证反馈是具体和针对行为而非个人的。以下是一些提供建设性反馈的关键原则。反馈应该是具体的，而不是提供模糊的评论或一般性的意见。反馈应该尽可能具体和详细，具体的反馈可以帮助受反馈影响的个人更好地理解问题所在，并提供明确的改进建议。反馈应该针对行为而非个人，避免将反馈变成个人攻击或指责。相反，要将反馈集中在具体的行为、表现或结果上。这有助于提供建设性的反馈，而不是伤害个人的自尊心。反馈应该是积极的，尽量以积极的语气提供反馈，强调改进的机会和潜力。避免使用负面或指责性的语言，以免伤害受反馈影响的个人的情感。反馈应该是双向的。鼓励受反馈影响的个人参与反馈过程，提供他们自己的观点和反应。这有助于建立更开放和合作的对话，以便更好地理解问题和找到解决问题的方法。提供建设性和有益的反馈对个人和职业发展至关重要。它可以帮助个人识别不足之处，建立更强的人际关系，解决问题并提升绩效。通过遵守具体、针对行为而非个人、积极和双向的原则，我们可以确保提供的反馈是有效和有益的。因此，提供建设性反馈应成为个人在职业生涯中的重要任务，以促进成长。

12.3.4 在不同情境中的反馈技巧

在个人和职业发展的过程中，提供反馈是一项关键的任务。然而，要确保反馈在不同情境中都能产生最佳效果，需要根据具体情境调整反馈的方式和方法。不同的情境可能需要不同的反馈策略（表 12-2）。例如，在正式评估和日常交流中的反馈方式可能会有所不同。了解何时及如何提供反馈是提高其效果的关键。本部分内容将探讨在正式评估情境中的反馈技巧。正式评估通常包括员工绩效评估、学术考试或项目评估等，这些情境下的反馈对个人和组织的发展至关重要。在这种情境下，反馈通常需要更加详细和具体。它应该基于事实和数据，避免主观性评价。反馈应该明确指出表现的优点和不足之处，并提供具体的改进建议。此外，在正式评估情境下，反馈通常需要记录和归档，以供未来参考和跟踪进展。因此，提供正式评估反馈时，要确保准确、客观、具体，并关注未来的改进计划。

表 12-2 情境反应策略

情境	反应策略
解决冲突	保持冷静，使用“I”语言表达观点
团队合作	鼓励团队成员参与，重视每个人的意见
情感支持	保持同理心，倾听他人需求，而非仅给出建议
意见交流	尊重不同意见，寻求共同点
求助	清楚表达需求，感谢他人的帮助

日常交流中的反馈技巧也至关重要。在日常工作或学习中，经常会发生各种交流和合作情境，这时的反馈可以及时纠正错误、指导方向，提高效率。在这种情境下，反馈通常更加灵活和及时。它可以口头或书面提供，取决于情境和个人偏好。关键是反馈应该及时和具体，以便接收反馈的人可以立即采取行动。此外，在日常交流中，建设性的反馈可以通过鼓励和支持来传达，而不是通过批评或指责，这有助于保持积极的工作氛围和团队合作。

除了正式评估和日常交流，还有一些特殊情境需要特别考虑反馈技巧。例如，在跨文化情境中的反馈可能需要更多的跨文化敏感性和意识。在跨文化交流中，语言、文化和价值观差异可能引起误解和冲突，因此反馈需要更加谨慎和尊重。在公共演讲或演示情境中，反馈可能需要更多关于演讲技巧、传达效果和表达清晰性的建议。在团队合作和领导情境中，反馈可能需要更多关于协作、领导和团队动态的指导。根据不同情境调整反馈方式和方法是提高其效果的关键。正式评估情境需要准确、客观和具体的反馈，以支持绩效提高和目标达成。日常交流中的反馈需要及时、灵活和建设性，以促进合作和学习。特殊情境可能需要特别考虑特定领域的反馈技巧。无论在何种情境下，提供反馈都应该受到尊重和支持，以确保其产生最佳效果，推动个人和组织的发展。因此，了解何时和如何提供反馈是一项重要的沟通技能，对个人和职业发展都具有重要意义。

12.3.5 沟通技巧反馈的整合与应用

在个人成长和职业发展的过程中，接收关于沟通技巧的反馈是提高自己的关键一步。然而，接收反馈只是第一步，真正的改进和提高需要将这些反馈整合并应用于实践中。本部分内容将探讨如何有效地整合和应用沟通技巧的反馈，以提高个人的沟通能力和效果。整合反馈需要认真地分析和理解收到的反馈信息。这包括仔细阅读反馈报告、听取他人的意见和观点，以及反思自己的沟通行为。了解反馈的内容和背后的意图非常重要，因为这有助于确定需要改进的具体方面。同时，要注意反馈的来源和信誉度。有些反馈可能来自有经验或专业的人士，而其他反馈可能来自同事、朋友或家人。每个来源都有其独特的视角，可以提供不同的见解。将反馈整合到实际沟通实践中需要制订明确的改进计划。这包括确定具体的目标和行动步骤，以便逐步实现改进。目标应该是具体、可量化的，以便能够衡量进展。例如，如果反馈指出需要改进的是口头表达能力，目标可以是在下一个演讲或会议中提高清晰度和自信度；然后，制订实际的训练计划，可能包括参加演讲课程、练习公共演讲或寻求导师的建议。

在整合和应用反馈时，持续练习和反思是至关重要的。练习可以帮助个人巩固新的技能和习惯，逐渐将其融入日常沟通。反思是一个重要的过程，它可以帮助个人不断地评估自己的进展，并进行必要的调整。反思可以通过记录反馈的改进计划和目标的实现情况来进行，以及通过与他人讨论和分享反馈的经验来进行。这有助于保持对改进的关注，并不断迭代和优化反馈的应用。寻求反馈的周期性也是重要的。在整合和应用反馈的过程中，不仅要依赖自己的自我评估，还要定期向他人寻求反馈。这可以通过与同事、朋友或导师进行定期的讨论和反馈会议来实现。定期的反馈可以帮助个人保持在正确的轨道上。

整合和应用反馈是一个持续的过程。沟通技巧的改进不是一蹴而就的，而是需要时间、努力和坚持。个人应该保持耐心，并持续努力，不断学习和成长。在整个过程中，坚信自己能够取得进步并提高沟通效果是非常重要的。整合和应用沟通技巧的反馈是个人和职业发展中的关键步骤。通过认真分析反馈、制订明确的改进计划、持续练习和反思，以及定期寻求他人的反馈，个人可以不断提高自己的沟通能力和效果。这不仅有助于个人在职场中取得成功，还有助于建立更健康和积极的人际关系。

12.3.6 创建持续反馈和改进的环境

在现代社会中，个人和组织的成功与否往往取决于其反馈和改进的能力。因此，创造一个持续反馈和改进的环境是长期学习和成长的基础。这样的环境鼓励开放的交流，支持持续学习和发展，有助于个人和组织不断进步。持续反馈和改进的环境需要建立在开放的沟通基础之上。这意味着个人和团队应该感到自由，能够自由地表达自己的观点和意见，而不必担心负面后果。开放的沟通环境鼓励建设性的讨论和反馈，而不是指责或批评。这可以通过建立信任、尊重和共享价值观来实现，以确保每个人都能够参与到沟通中，发表自己的看法。持续反馈和改进的环境需要建立在学习和成长的文化之上。这意味着个人和组织应该视反馈为机会而不是威胁，将其视为改进和发展的动力。在这样的环境中，失败和挫折被看作是学习的一部分，而不是打击自尊心的事情。个人应该被鼓励不断提高自己的技能和知识，而组织应该提供培训和资源来支持这一过程。

持续反馈和改进的环境需要建立在透明和公平的原则之上。这意味着反馈应该是公正和客观的，不受个人偏见或偏见的影响。透明度意味着个人和组织应该公开分享关于绩效和进展的信息，以便每个人了解自己的位置，以及知晓如何改进。这有助于建立信任和公平竞争的环境，激发个人和团队的动力。主动学习意味着主动要求反馈，积极参与培训和发展活动，寻求导师的建议，并主动探索新的机会和挑战。这种积极的学习态度有助于个人不断提高自己的能力和积累丰富的知识。持续反馈和改进的环境需要建立在反馈循环的基础之上。这意味着反馈不应该是一次性的事件，而应该是一个连续的过程。个人和团队应该定期回顾和评估他们的绩效和进展，测试他们的改进计划是否有效。这种反馈循环有助于保持对目标的关注，及时纠正偏差，并持续改进。创造一个持续反馈和改进的环境对个人和组织的成败至关重要。这种环境鼓励开放的沟通、学习和成长的文化，建立在透明和公平的原则之上，倡导主动学习，并建立反馈循环。

12.4 案例解析

顾维钧在巴黎和会上的表现

顾维钧在其外交活动中，为国家和民族做出了重大贡献。最为世人赞颂的是他在1919年巴黎和会上拒绝签字的行为，这被称为近代中国外交史上划时代的里程碑。1919年1月18日，巴黎和会在法国召开。年轻的驻美公使顾维钧作为中国政府的全权代表，赴法国参加此次会议。日本代表团在此次会议上无理要求继承德国在山东的特权。1月28日，顾维钧在巴黎和会上就山东问题代表中国发言，与日本代表团展开了激烈的辩论。在辩论中，顾维钧脱稿，出口成章，英语流利，用词准确，慷慨陈词。面对日本咄咄逼人的攻势，顾维钧以他特有的机智和幽默，巧取日本全权代表牧野的一块金怀表，激怒了牧野。牧野斥责顾维钧为“盗贼”，这正落入顾维钧的圈套。顾维钧反诘：“日本掠夺了中国的山东省，是不是世界的‘盗贼’呢？一块怀表引起牧野如此愤怒，那么山东三千六百万百姓丢失山东该不该愤怒，四万万中国人民该不该愤怒呢？”继而，顾维钧从历史、人文、主权、经济等方面阐明了中国必须收回山东的严正立场。他的发言获得了全世界人民的一致称赞，而日本代表的强词夺理行为受到普遍的谴责。

日本没有想到，中国对山东问题态度如此强硬，尽管他们处心积虑地计划侵占山东，却遭到如此大的阻力。然而，操纵和会的“三巨头”——美国总统威尔逊、法国总统克里孟梭、英国首相路易乔治，为了平衡列强之间的利益，对山东问题竟然作出了违反公理的决定，规定由日本继承德国在山东的特权。消息传到中国后，人民群众义愤填膺，从而引发了反帝反封建的五四运动。

顾维钧和中国代表团多方斡旋，试图扭转和会的决定，均告失败。软弱的北洋政府竟逼迫代表团屈从列强，在《凡尔赛和约》上签字。代表团团长陆徵祥等人既不愿签字，又无力抗争，代表团最后只剩顾维钧和南方军政府代表王正廷两人。顾维钧和王正廷以民族大义为重，拒绝在《凡尔赛和约》上签字。在巴黎和会上，顾维钧脱颖而出，被誉为“青年外交家”，受到许多国家政要及代表的敬重和钦佩。

顾维钧在巴黎和会上拒绝签字的行为，是中国人第一次挺起胸膛向列强说“不”！被历史学家誉为中国近代外交史上光辉的一页。

顾维钧的发言在当时的历史条件下，积极维护了民族利益，是近代外交史上少有的机智勇敢的表现。

参考文献

[1]张晨霞,张蓉,靳晓乐,等.不同生源、年级高职护生人际沟通能力的调查研究[J].现代职业教育,2023(36):82-85.

[2]周建峰,高欢欢,杨兰香.新型社交媒介对大学生人际交往的影响分析[J].教育教学论坛,2023(51):45-48.

[3]朱文娟.护理人际沟通与礼仪课程考核模式改革研究[J].大学,2023(32):113-116.

[4]陈万军.社会交换理论视角下大学生人际关系构建的三重路径[J].哈尔滨学院学报,2023,44(10):132-135.

[5]黄玉婷,陈斐,潘美娟,等."FDPE-DFE 双联动协作式"提高高职课程思政教学效果的研究——以护理礼仪与人际沟通为例[J].现代商贸工业,2023(22):220-222.

[6]李晟文.基于儿童视角的小学心理健康校本课程的设计与开发——以"'健立方'人际沟通"课程为例[J].现代教学,2023(19):24-25.

[7]罗吾民.运用"非暴力沟通"理念设计班会,提升学生人际沟通能力[J].中学生博览,2023,(30):9-11.

[8]刘铁英.媒介融合背景下思政教育有效沟通模式创新[J].中学政治教学参考,2023(36):40-43.

[9]彭麒燕,李晓玲."护理人际沟通与礼仪"课程体系改革的效果评价[J].护士进修杂志,2023,38(18):1714-1717.

[10]谷秀芳.新时代大学生沟通能力培养场景与途径研究[J].兰州石化职业技术大学学报,2023,23(3):32-36.

[11]郑颖.以团队游戏为载体提升小学班级人际沟通有效性的实践探索[J].现代教学,2023(12):78-81.

[12]余荣芳.训练过程中教练员与运动员沟通行为的特征及影响因素研究——以业余体校为例[D].上海:上海体育学院,2023.

[13]李杨卓.人际沟通情境下说服的发生过程及其认知神经基础[D].上海:华东师范大学,2023.

[14]张莉莉.基于AIDET沟通模式情景教学在《护理人际沟通》中的应用研究[D].南昌：南昌大学,2023.

[15]王琪.《人际沟通》省级一流课程建设与实践研究[J].湖北开放职业学院学报,2023,36(7):165-166,169.